西藏民族学院法学文库
Tibet Institute for Nationalities

老年人监护制度研究

倪娜 / 著

厦门大学出版社 国家一级出版社
XIAMEN UNIVERSITY PRESS 全国百佳图书出版单位

"西藏民族学院法学文库"编委会

编委会主任委员
朱崇实　刘洪顺

编委会副主任委员
王学海　侯　明

编委会委员
朱福惠　邱伟杰　侯利标　徐崇利
朱炎生　蒋东明　陈福郎　施高翔
陈立明　朱玉福　杨长海　姚俊开
黄军锋　胡晓琴　李　红

总序

由厦门大学出版社和西藏民族学院联合推出的西藏自治区首部法学理论研究丛书——"西藏民族学院法学文库"即将问世，这是国家实施对口援藏战略以来，厦门大学支持西藏民族学院学科建设的又一重要成果，也是西藏民族学院法学研究的重大进展，值得热烈祝贺！

身处中国改革开放最前沿的厦门大学和地处祖国腹地的西藏民族学院的合作，具有战略意义。自2002年开始，国家教育部确定国内一流高校对口援助西藏民族学院。由著名爱国华侨领袖陈嘉庚先生于1921年创建的厦门大学，是中国近代教育史上第一所华侨创办的大学，也是中国唯一地处经济特区的国家"211工程"和"985工程"重点建设的高水平研究型大学。秉承"自强不息，止于至善"的校训，厦门大学的办学水平和科研实力享誉国内外。作为西藏高等教育的开拓者，1958年创建于关中平原、古都咸阳的西藏民族学院，不仅光荣地扮演着"西藏干部摇篮"和"西藏人才基地"的醒目角色，而且也是中国藏学研究重镇，西藏在祖国内地的窗口。她以"爱国、兴藏、笃学、敬业"为校训，坚持面向西藏、服务西藏的办学宗旨，肩负着为培养西藏社会主义事业合格建设者和可靠接班人的历史使命，创造了辉煌的办学业绩，全面而深刻地影响了西藏和平解放以来的历史进程。2008年10月，中共中央总书记、国家主席胡锦涛致信祝贺西藏民族学院建校50周年，对她的历史功绩给予高度评价。厦门大学和西藏民族学院两校间构架起来的对口援藏和全面合作机制，不仅使尚处发展阶段的西藏民族学院获得了积极推进学科建设、提升教育教学质量的高端平台，而且对传承西藏民族文化，加快西藏跨越式发展，维护国家统一和民族团结，实现中华民族的伟大振兴具有重大的意义。

法学专业是西藏民族学院的特色专业和重点发展专业。创办于20世纪90年代初的西藏民族学院法学专业，虽然历史不长，但成绩斐然，已经成为西藏法学专业人才的培养基地。1993年，根据时任西藏自治区党委书记的胡锦涛同志的指示，西藏民族学院正式开办法学专业，开创了西藏地方培养社会主义法律专业人才的先河。近20年来，西藏民族学院法学专业经历了由专科到本科，由单一方向到多方向培养，由传统综合法学到专业特色凸显的巨变，具备了较强的办学实力。2009年，法学专业被确定为西藏自治区特色专业。法学教学团队也在2010年被确定为自治区级教学团队。2010年5月，西藏民族学院法学院正式成立，标志着法学专业的发展已经跃升至新的历史起点。

法律专业人才对西藏社会稳定和发展的意义不言而喻。自1950年西藏和平解放到1965年建立"西藏自治区"，中国共产党在西藏的民族区域自治政策取得了历史性的胜利，成为新中国民族政策的成功范本。作为中国最大的民族区域自治地区之一，迫切需要一大批政治素质过硬、法律素养扎实、富于使命感的法学专门人才，致力于积极推进中国特色的民族自治政策的顺利实施，不断完善党的民族区域自治政策，传承和弘扬民族文化，促进各民族融合和共同发展，维护西藏的和谐稳定，捍卫国家安全。与此同时，西藏民族学院培养的法学专门人才，在西藏各级立法、执法部门，以自己良好的职业素养和高度的责任感，为推进西藏地方法律体系建设，健全民族区域自治政策，保障西藏社会经济发展，作出了出色贡献。随着西部大开发和中央第五次西藏工作座谈会的召开，西藏又将迎来发展的伟大历史机遇，同时对法学人才的需求又将大大增加。法学人才在西藏当代社会发展和国家长治久安的历史进程中，必将扮演着更加重要的角色。我们必须从战略高度认识人才队伍建设,精心培养西藏自己的法学领域专家学者,不断形成面向西藏、服务西藏且具有相当影响的研究特色,全力打造西藏法学理论的研究基地。"西藏民族学院法学文库"丛书的出版,将有力助推西藏民族学院法学学科和专业发展,有利于更好地培养西藏法学专业人才,有利于西藏的发展和稳定,共襄中华民族的伟大复兴大业。

厦门大学出版社志存高远,无私援助,以西藏民族学院朱玉福博士的《中国民族区域自治法制化:回顾与前瞻》为开卷之作,隆重推出"西藏民族学院法学文库",并将陆续出版西藏民族学院学者的法学著作,对西藏民族学院法学学科建设和学科梯队的构建以最直接的扶植,其学术眼光和文化使命感令人钦佩。我期望西藏民族学院法学院不负厚望,制定规划,抓住契机,在未来可预期的时期内,以此为高端平台,推出系列化学术精品,提升法学研究的水准,构建富于特色的法学学科框架,把西藏民族学院的法学研究推向新的境界,为西藏的法制建设和社会文明作出历史性贡献。

西藏民族学院院长　刘洪顺
2010年7月16日

内容摘要

本书围绕"老年人监护制度"这一主题展开。全书除"导论"部分外,共分为四章。其中,第一章确立了讨论老年人监护问题的基础和背景。第二章从价值层面探讨构建老年人监护制度的价值所在。假如不能从价值的角度证明老年人监护制度构建的正当性和合理性,那么具体构建该制度的必要性就值得怀疑了。第三章主要是对国外成年人监护制度改革和老年人监护制度的构建所进行的介绍与分析。通过这种介绍与分析,我们可从中发现能够被我国未来老年人监护制度构建所借鉴之处。第四章是对我国老年人监护制度的未来构建所提出的一些建议。以下分别对各章的主要内容进行说明。

第一章"监护制度概述"。首先,对监护的概念、性质、分类和功能进行了分析和概括,为监护制度的深入探讨奠定了基础;其次,对监护制度的历史沿革进行了梳理;最后,对监护制度与现代民法中其他具体制度的关联进行了分析,尤其是对监护制度与行为能力制度作了较为深入的分析。该部分主要有以下几点基本认识:第一,从对监护的概述和历史沿革的梳理中可以发现,监护制度的根本功能是保护弱者。监护制度具体形式和内容的差别无非是保护范围、保护程度以及保护方式方面的差别。第二,现代民法没有为老年人设置专门的保护制度,其主要原因在于行为能力制度被作为监护制度的逻辑前提,而行为能力制度又是以理性作为判断标准来判定哪些人属于"弱者"从而需要法律保护的。老年人并没有被认定为理性上的弱者,因此也就没有被监护制度作为保护对象加以考虑。

第二章"老年人监护制度的价值之维"的主要内容由三部分构成。第一部分,讨论了老年人社会地位的变迁,并以此为现实基础进一步探讨了老年人监护制度之价值。第二部分,主要分析了人文价值在现代语境中的内涵以及这种内涵与老年人监护制度的内在关联。第三部分，关注的是老年人监护制度与正义价值之间的关联。以上部分所反映的主要观点是：第一，现代语境中的人文价值或者人文精神主要是在与科学精神相对的意义上来讲的，而法律以监护制度的形式对老年人加以保护正体现了人文价值在现代社会的内涵和要求，因为这种保护恰恰是以排除理性的算计与考量而得以实现的，因此闪现出了不同于科学精神的人文光辉。第二，分配正义通过利益分配的方式来实现。法律就是一种权利义务的分配体系，因此法律技术本身就应体现分配正义。而老年人监护制度作为一种保护弱者的制度，通过向弱势的老年人进行权利分配的倾斜，从而达到分配正义的要求。

第三章"老年人监护制度域外立法研究"的内容主要包括三个方面。第一，介绍了国外成年人监护制度改革的概况，主要包括立法背景、观念支持和立法概况等内容。第二，介绍了大陆法系国家和地区的成年人监护制度改革：一是扩大受监护制度保护的对象，尽可能将需要监护的老年人纳入保护范围；二是更加注重对需要监护者的具体情况的考量，并增加保护的层级和类型，以适应监护的多样化需求，但同时加强了监护监督制度；三是赋予法官对于监护个案更大的自由裁量权；四是创设了意定监护制度，更加尊重当事人对于自身事务的安排。第三，介绍英美法系国家的监护制度改革：一是持续代理制度，二是公共监护制度。以上监护制度的改革在一定程度上都是为了应对以前监护制度对老年人保护不够的问题，因此，在这个意义上，也可以称之为老年人监护制度改革。这些改革措施对我国建立老年人监护制度有着重要的借鉴意义。

第四章"我国老年人监护制度之构建"的主要内容有三：第一，我国构建老年人监护制度的社会背景和法制背景；第二，我国老年人监护制度体系的具体建构；第三，我国老年人监护制度构建所需要的良性运行环境。我国未富先老，且老年人的人口总数巨大，老龄化的速度惊人，老龄人口中高龄老人增速很快。同时，由于家庭结构的变化以及现代社会人口的高流动性，使得传统社会家庭养老的功能弱化。此外，我国的社会保障体系也还很不完善。这样的社会背景使得老年人处于一种非常弱势的地位,急需法律的关怀和保护。因此,老年人监护制度的构建有着紧迫的现实需要。该部分的主要观点有:第一,我国未来的老年人监护制度体系应主要由法定监护制度、意定监护制度和公共监护制度构成,并通过转介条款之立法技术被《老年法》所吸纳,形成公、私法的接轨。第二,文化认同是制度运行的源头活水。具体到老年人监护制度上,我国传统文化中的伦理观念及孝道精神值得重估与褒扬。

关键词 老年人监护;弱者保护;意定监护;公共监护

目录

导论 ··· 1
 一、论题说明 ··· 1
 二、研究的动因 ·· 2
 三、研究现状综述 ·· 3
 四、研究方法和结构安排 ·· 14

第一章 监护制度概述 ·· 19
 第一节 概述 ·· 19
  一、监护的概念 ·· 19
  二、监护的性质 ·· 25
  三、监护的分类 ·· 30
  四、监护的功能 ·· 33
 第二节 监护制度的历史沿革 ··· 38
  一、罗马法中的监护制度 ·· 38
  二、近代民法中的监护制度 ··· 46
  三、监护制度的现代新发展 ··· 53
 第三节 现代民法体系中的监护制度 ···································· 61
  一、监护与行为能力 ··· 61
  二、监护与代理 ·· 66
  三、监护与扶养 ·· 71

第二章 老年人监护制度的价值之维 ··· 75
第一节 老年人地位之历史变迁 ··· 76
一、西方社会中的老年人 ··· 77
二、我国社会中的老年人 ··· 82
三、对现代社会老年人之地位及其保护的观察 ··················· 88
第二节 老年人监护与人文主义 ··· 90
一、人文主义简述 ··· 90
二、人文主义之于现代民法 ··· 100
三、人文主义之于现代监护制度 ······································ 103
第三节 老年人监护与正义 ·· 107
一、正义简述 ·· 108
二、正义之于民法 ·· 114
三、正义与老年人监护制度 ··· 118

第三章 老年人监护制度域外立法研究 ·································· 124
第一节 老年人监护制度域外立法概述 ·································· 124
一、社会背景 ·· 124
二、观念支持 ·· 127
三、立法概况 ·· 130
第二节 大陆法系国家和地区的老年人监护制度立法 ··············· 135
一、法国 ·· 135
二、德国 ·· 138
三、日本 ·· 140
四、韩国 ·· 143
五、我国台湾地区 ·· 145
第三节 英美法系国家的老年人监护制度立法 ························ 149
一、英国 ·· 149
二、美国 ·· 153

第四章 我国老年人监护制度之构建 ···································· 161
第一节 构建我国老年人监护制度的背景 ······························· 161

  一、人口现状 …………………………………………… 161
  二、家庭结构 …………………………………………… 164
  三、立法现状 …………………………………………… 166
 第二节　我国老年人监护制度之构建 ………………………… 175
  一、法定监护制度之改革 ……………………………… 176
  二、意定监护制度之创设 ……………………………… 179
  三、公共监护制度之构建 ……………………………… 182
  四、《老年法》对监护制度之引入 ……………………… 186
 第三节　老年人监护制度所需的良性环境 …………………… 193
  一、重估传统伦理观念之价值 ………………………… 194
  二、重拾我国传统孝道精神 …………………………… 198

结　语 …………………………………………………………… 203

参考文献 ………………………………………………………… 205
附录一 …………………………………………………………… 215
附录二 …………………………………………………………… 221
后　记 …………………………………………………………… 225

导 论

一、论题说明

本书以"老年人监护制度研究"为题,首先对该题目有以下几点需要加以说明:第一,本书所称之"监护"和"监护制度",并非拘泥于概念法学的窠臼,而是从功能分析的角度出发,在广义上使用这些称谓的。霍姆斯大法官曾经说过:"法律的生命在于经验而不在于逻辑。"笔者折服于这位洞悉法律真谛的大法官的智慧,并得益于这种智慧的启发而悟到,对于监护制度的研究和思考,应该从功能分析中求得经验王国中呈现的丰富启示,而放弃在概念法学的孤塔下死守形式逻辑的慰藉。第二,"老年人监护制度"这个概念并不是在描述意义上而是在一种分析意义上使用的。具体来说,笔者试图用它来概括所有与监护制度有关的对老年人的法律保护形式,主要是在概括和综合的意义上来使用它,而无意于将"老年人监护"作为一个概念法学背景下具有确切含义的法律术语或者法学概念来使用。也就是说,它是指一个以老年人保护为出发点的一系列相关制度的总称。只不过,它主要依托的是监护制度而已。既然有形式民法和实质民法之分,那么与此类似,也就应该有形式监护制度和实质监护制度之分。"老年人监护"是在实质监护制度的意义上使用的。第三,题中虽使用了"制度"一词,但笔者无意于过分强调老年人监护制度的独立性。因为笔者深知,尽管老年人群体有其自身的特点,因此以老年人作为保护对象的老年人监护制度自有其独立性,但其独立性仅仅是在一种有限的意义上来谈的。事实上,老年人监护制度往往是在成年人监护制度的大框架下得到讨论和研究的。然而,在我国社会老龄化的严峻背景下,探讨"如何让监护制度更好地发挥保护老年人的功能"这个问题还是具有紧迫的现实意义的。

二、研究的动因

本书的写作动因首先起于从斯芬克斯谜语中受到的启示。在希腊神话故事《俄狄浦斯》中有一个以隐谜害人的怪物斯芬克斯。她曾给俄狄浦斯出过这样一个谜语:"什么东西早晨用四只脚走路,中午用两只脚走路,傍晚用三只脚走路,而且脚越多时越无能?"俄狄浦斯回答:"是人。在生命的早晨,他是个孩子,用两条腿和两只手爬行;到了生命的中午,他到了壮年,只用两条腿走路;到了生命的傍晚,他年老体衰,必须借助拐杖走路,所以被称为三脚。"俄狄浦斯回答对了,而且他的智慧隐含在这个看似简单的谜语的背后。这智慧就是对我们人类个体生命历程的深刻洞悉:在体能的角度,我们人类个体一生需要经历一个初生时幼弱,继而逐渐强壮,到老年又复归衰弱的过程;其实,在智能发展上,人类个体又何尝不同样遵循着类似之规律?"老吾老以及人之老,幼吾幼以及人之幼"、"童叟无欺"等表述已经证明我们人类对于自身老幼两个较弱阶段早有洞悉,并对个体体能和智能的发展变化规律深有感悟。

那么,从民法学的角度来看,上述对人类个体生命历程的深刻洞悉和感悟是否在现代民法中得到体现了呢?笔者遗憾地发现,答案是否定的。因为,较之斯芬克斯谜语对人的三分式之理解,民法却是对人进行了一种二分式之理解,即对自然人只作了成年与未成年之二分,而不考虑成年后的人并不是一成不变而是会因年老而再度趋于衰弱。而如果再进一步从监护制度的角度来看,民法对人的二分式的狭隘理解则表现为,对于老幼这两种弱势身份,近代民法却并没有对两者均等地加以保护,而是厚小薄老。对少小者,即未成年人,各国民事立法均有未成年人监护制度;但是民法对于老年人的保护,却直到最近几十年前都还一直付诸阙如。对此,我们不由要追问:现代民法为什么没有设置对老年人的特别保护制度?现代社会中的老年人应不应该、又需不需要得到法律上的保护?如何对需要保护的老年人进行法律上的保护?正是这些问题激发了笔者的研究并催生了本书的写作,成为引导笔者进行思考的主线。

尽管从希腊神话的智慧中得到了启示,但笔者的研究和思考绝不仅仅是无谓的玄想,而是本着对现实的关切并建立在我国社会现实的依据之上的。这些现实依据主要有两个方面:一是我国社会的人口年龄构成现状及其发展趋势;二是我国监护制度的立法现状。就前者而言,根据联合国关于老年型社会的标准我国已于2000年步入了老年型社会。并且,根据学者们的预测,我国今后几十年里老年人口的比例还将继续增大。此种社会现状使法学不能回避对于社会老龄问题的关注。如何在法律层面上保护人数不断增长的弱势老年人就是一个值得研究的问题。就后者而言,我国目前关于老年人的专门立法主要是1996年颁布实施的《老年人权益保障法》。民法中仅在广义的扶养制度中对作为父母的老年人有所涉及。现有立法在制度上共同存在的一个明显弊端就是将对于老年人的照管义务实际上完全交给了家庭,尤其是成年子女。① 这样的制度设计固然有其合理性,但也存在以下问题:(1)由家庭完全承担扶养和照管义务必然受限于家庭成员的实际扶养能力和生活状况;(2)限制了老年人可能从社会中获得帮助的范围;(3)在一定程度上淡化了政府的义务,虚化了政府职责。这些问题的存在促使我们从民法学的角度寻求新的解决途径。而具有弱者保护功能的监护制度则是一个值得探索的方向。其他国家和地区的立法改革和实践也正是在这个方向上进行的。国际社会普遍的老龄化以及老年人越来越明显的社会弱势地位,已经引起包括法学在内的各学科的广泛关注。在这个背景之下,各国近几十年来都已经开始通过对监护制度的立法修订,在成年监护制度改革中将老年人作为重要的保护对象纳入其保护范围。从目前的情况来看,虽然各国的成年监护制度对于老年人的保护条件和保护程度的规定不尽相同,但是将对老年人的保护纳入监护制度体系的做法已经成为一种大的趋势。但我国目前相关的理论和立法实践似乎仍然较为滞后。因此,笔者希望通过对老年人监护制度的研究,为我国未来老年人法律保护制度的建构稍尽薄力。

三、研究现状综述

(一)我国的研究现状

从我国目前对老年人监护问题进行研究的相关文献来看,理论界的研究成果还不够丰硕。这些成果主要有以下一些:首先,相关的专著仅有一部,即李霞教授所著《民法典成年保护制度》(2007年)。其次,目前在"中国博士学位论文全文数据库"中还未见到一篇被收入其中的博士论文;在"中国优秀硕

---

① 《老年人权益保障法》的第二章为"家庭赡养与扶养",其中第10条规定:老年人养老主要依靠家庭,家庭成员应当关心和照料老年人。

士论文全文数据库"中,也仅有3篇对老年人监护制度进行专门研究的硕士论文,即黑龙江大学张黎的硕士论文《老年人监护制度研究》(2009年)、李娜的硕士论文《老年人监护立法研究》(2008年)和扬州大学张芳的硕士论文《老年人监护制度研究》(2008年)。再次,已发表的相关学术论文数量也相对较少。在"中国期刊全文数据库"中进行检索可以发现,近10年来发表的题目中包含"老年人监护"的论文仅有13篇。在以上已发表的成果中,《民法典成年保护制度》对成年人监护制度进行了相对系统的研究,并在这个大框架下对于老年人监护问题也有所涉及,尤其是关于老年人人权保障的国际标准、国外社会老龄化的背景介绍以及国外老年人保护的相关立法介绍等方面的内容对于老年人监护制度研究具有一定的借鉴意义。另外,张芳的硕士学位论文《老年人监护制度研究》从比较法的视角出发,首先对国外的相关立法进行了比较分析;在此基础上,又针对我国社会现实和法制现状提出了构建我国老年人监护制度的一些建议。张黎的硕士学位论文《老年人监护制度研究》则首先从历史的角度梳理了监护制度的发展脉络,进而也对国外成年人监护制度的相关立法改革进行了介绍和分析,最后立足于以上介绍和分析探讨了我国老年人监护制度的构建。李娜在其硕士学位论文《老年人监护立法研究》中首先以分析我国的人口现状入题,在此基础上谈及老年人法律保护的必要性;紧接着也对国外的相关立法进行了介绍并对我国老年人监护制度的构建提出了一些设想。已发表的讨论老年人监护制度问题的学术论文其内容一般也都涉及现状分析、国外法介绍以及我国制度建构的设想等内容。总体来讲,以上研究成果为老年人监护制度的深入研究奠定了一定的基础,具有方法论和比较法方面的参考价值。

但是,毋庸讳言的是,目前的研究还存在一些不足与缺陷。

1. 目前的理论缺乏对老年人监护制度在宏观上的系统研究。目前的研究主要集中于对外国立法例以及各国在成年监护制度方面的法律修订的介绍和分析。但是,老年人监护制度只是整个民法体系中以监护制度为大框架和大背景的一个具体制度,它是和其他诸多民法的具体制度有着紧密的逻辑联系的。首先,它和行为能力制度有着密切的联系。可以说,在近代民法体系中,行为能力制度构成了监护制度的前提。学者也认为监护制度的设立目的主要就在于补充被监护人的行为能力。① 从民法体系的逻辑要求出发也的确如此。但是,正如学者所言,关于行为能力的规定是强行性规范。② 换言之,行为能力制度是一种"拟制",它虽然在一定程度上向实然进行了靠拢和具体化还原,但并没有也不可能靠拢和还原到完全与实然相符的程度,因为在实然层面上,个体的意志状况始终是千差万别的。而行为能力对于自然人主体意志状况的强制性规定与实然之间的距离在立法上正是通过拟制来弥合的。我国《民法通则》之法条中运用了"甲是乙"这样的句式结构以及"视为"这样的措辞,从立法技术的角度也告诉了我们行为能力是一种拟制。但是,作为监护制度前提的行为能力制度自身的局限性也必然会表现在监护制度中。这种局限性主要集中在两点:第一,我们通常所谓之行为能力是以理性为基础的,并且是一种对于人的理性状况所作的简单化处理。而监护制度以此为前提,则在被监护人实际状况的千差万别面前,这样的简化处理就显得捉襟见肘了。第二,正因为行为能力的前述特点,它主要适用于财产领域的行为。但从监护的内容来看,它既涉及被监护人的财产保护,也涉及被监护人的人身照顾。而对于被监护人的人身方面的照顾而言,行为能力的理性基础的逻辑解释力就大打折扣了。也正因为近代监护制度带有因行为能力所致之如上局限性,现代对于监护制度的改革也就针对上述局限而有的放矢。李霞的《民法典成年保护制度》中介绍了各国成年监护制度改革内容方面的共性:对于成年人的保护不再以其不具备完全行为能力为要件,而且针对不同个体的保护方式也灵活多样。③ 另外,监护制度也与扶养、代理等制度有联系。高留志所著《扶养制度研究》(2006年)中谈到,"扶养义务人的主要义务是为无力生活者提供物质生活资料或提供食物,照料生活或提供扶养费。"而在谈到监护时,认为监护的职责也包括"照顾生活"。④ 可见,扶养和监护在具体内容上是有重合的。此外,监护人的监护义务之一还包括担任被监护人的代理人,从而与代理制度也有联系。因此,如果缺乏宏观上对监护以及老年人监护进行的研究,则很难对该问题有一个深入的理解与认识。

---

① 徐国栋:《民法总论》,高等教育出版社2007年版,第254页。
② [日]富井政章:《民法原论》(第1卷),陈海瀛、陈海超译,中国政法大学出版社2003年版,第88页。
③ 李霞:《民法典成年保护制度》,山东大学出版社2007年版,第81~83页。
④ 高留志:《扶养制度研究》,法律出版社2006年版,第19~20页。

2. 在对老年人监护制度进行的微观研究中,针对我国当前社会现状自身特点的具体思考还显得不够。目前已有一些学者开始关注我国的老年人监护问题,并出现了论文形式的研究成果,如,何宏莲、王威武的《老龄化社会背景下我国成年监护制度的立法完善》(2007年),张丽娟的《论我国老年人监护制度的立法完善》(2009年),任凤莲、高成新的《关于构建我国老年人监护制度的思考》(2009年),康娜的《我国老年人监护制度探究》(2006年),龚梅的《试论我国老年监护制度的构建》(2009年)等。这些论文中虽然也都有对于我国立法现状以及人口老龄化问题的一些分析,例如,都谈到了我国现行立法对受监护的对象之范围规定过窄,监护制度层次单一,监护人的选任忽略了被监护人的意愿,对于法人或其他组织担任监护人的规定很不具体等缺陷,以及我国未富先老,且老年人口增速快,家庭养老功能又出现弱化的趋势等现状。并且,这些论文也都介绍了国外监护制度立法改革的特点,比如,扩大受监护者的范围,引入意定监护制度,细化监护措施,设立监护监督等。但是,这些对于现状的分析和对国外立法的介绍却往往形成了缺乏逻辑关联的两张皮。换句话说,目前的研究似乎并没有将国外立法例与我国现状进行结合,来具体分析哪些方面我们可以借鉴国外,哪些方面国外的立法例与我国的实际情况不符因而不具有可借鉴性。例如,我国未富先老和家庭养老功能的弱化等现状绝不是仅靠引入国外的监护制度立法改革就可以实际解决的;并且未富先老与家庭养老功能的弱化之间的内在矛盾构成了我国老年人监护制度建构中最突出的现实问题。我国1996年颁布实施的《老年人权益保障法》则明显暴露了这一矛盾:该法第3条至第8条都规定的是国家和地方政府以及社会各界应当关心、保障并促进老年人的权益,但这些规定全都过于原则化而缺乏规范性,但该法紧接着在其第二章"家庭赡养与扶养"部分规定了较为具体的家庭成员养老义务。如此一来,等于是将对于老年人的义务大多都推给了家庭成员,在加重家庭成员负担的同时也淡化和虚化了政府和社会的职责与义务。但是,由于现代社会人口流动性大,而且成年人的工作和生活节奏又普遍很快,导致了家庭规模的缩小以及养老功能的弱化。然而,这一突出矛盾似乎并未成为学者们目前重点思考的对象。笔者认为,研究我国的老年监护问题应立足于我国目前存在的突出现实困境而寻求可行的解决之道。可喜的是,一些社会学领域的学者们已经开始了有益的思考与研究,例如,黄少宽、林琳的论文《我国人口老龄化问题及其社区服务之对策》(2000年)中对于老人社区服务的研究极具启示意义,但同时也谈到了老人社区服务还有赖于制度的进一步完善等问题。老年人监护社会化是一个大的趋势,同时也正是需要老年人监护制度研究为之提供制度建设之理论依据的领域。因此,笔者借鉴了相关社会学的研究方法和成果。这也是笔者在研究方法和思路上的一点创新尝试。

3. 对该问题的研究缺乏价值角度的深入思考。李霞所著《民法典成年监护制度》中第三章的内容是关于成年监护制度的一般原理的,其中谈到了法律家长主义理论、自我决定权理念和正常化理念等,已经涉及对成年监护制度的价值思考。但是这种思考的深入程度似乎还不够。例如,对于法律家长主义,李著谈到:"作为一个限制自由或自治的保护理论和制度,法律家长主义理论和制度完全可以满足我国的民法成年监护制度的理论需求,为其妥当性提供理论基础。"①但是,从这段话中我们可以发现,法律家长主义恰恰不是价值本身而是作为某种价值的实现方式被提出的。正如作者所言,它的理论和制度是"一个限制自由或自治的保护理论和制度",至于它在哪些情况下限制哪些人的自由或自治,此种限制的正当性又如何,以及对这种正当性的评判标准等问题才真正是价值研究所应该关注和思考的。再如,自我决定权理念和正常化理念也主要体现在成年监护制度的微观制度设计上,而不足以展现成年监护制度的整体价值。就自我决定权理念而言,它主要体现在监护人的选任及监护事务的执行、意定监护较之法定监护的优先适用等具体方面;就正常化理念而言,它往往体现于监护人对于监护义务的履行方面,也没有达到体现成年监护制度之价值的高度。美国著名哲学家、伦理学家约翰·罗尔斯在其名著《正义论》中谈道:"正义是社会制度的首要价值,正像真理是思想体系的首要价值一样。一种理论,无论多么精致和简洁,只要它不真实,就必须加以修正或拒绝;法律和制度,不管它们如何有效率和有条理,只要它们不正义,就必须加以改造或废除。"②曾担任过英国女王法律顾问之职的丹尼斯·罗伊德在其所著之《法律的理念》一书中也讲到,"每一个法律体系,至少在暗中,都蕴藏某种价值系统,透过法律表现出来",并且他认为,"仅仅宣称'法律的目标在于正

---

① 李霞:《民法典成年监护制度》,山东大学出版社 2007 年版,第 97 页。
② [美]约翰·罗尔斯:《正义论》,何怀宏等译,中国社会科学出版社 1988 年版,第 1~2 页。

义'并不能取代价值系统,因为没有它们,实质上的不公平就会假正义之名以骇人听闻的形式出现"。① 我国学者杨震在其所著之《法价值哲学导论》中也谈到:"在不同历史时期,不同民族的法律价值的表现形态并不相同"。② 以上学说观点给了笔者如下启示:第一,法律与制度最终应以正义作为最高的价值旨归。否则,法律与制度自身将无从被评价和衡量。第二,正义作为普遍价值具有抽象性,因此对于正义的具体考量需要依赖于一个社会特定的价值系统。第三,一个社会的价值系统并非一成不变,而是在不同时期有不同的表现形式。以上启示对于研究老年人监护制度的价值问题同样适用。这些启示也构成了笔者进行老年人监护制度价值研究的基本思路。

(二)其他国家和地区的研究现状

其他一些国家对于老年人的法律保护已经在立法上形成了较为具体的制度,主要表现为大陆法系国家的成年人意定监护制度和英美法系国家的持续代理制度和公共监护制度。因此,国外学者对于老年人保护的研究内容及其文献资料也主要集中在这些具体制度的相关方面,以下进行简要介绍。

1. 几个大陆法系国家和地区的研究现状

(1)日本

日本国会于1999年12月1日通过了《关于修改民法的一部分的法律》、《关于任意监护契约的法律》、《关于监护登记等的法律》以及《关于伴随施行〈关于修改民法的一部分的法律〉修改有关法律的法律》等关于成年人监护制度的法律,并于2000年4月1日起施行。日本学者对于包括老年人监护在内的成年人监护制度的研究主要围绕本次立法改革进行,其中最重要的研究专著是田山辉明所著,分为上下两卷的《成年后见法制の研究》(2000年)。该著作对成年人监护制度的研究全面、深入而系统,其内容涵盖了新的成年监护制度的基础理论、旧成年监护立法所存在的问题、新成年监护制度的概要、新创设的辅助制度、新的任意监护制度等,对我们研究老年人监护制度很有借鉴价值。该著作涉及的以下几个方面的具体分析对我国老年人监护制度的构建尤

---

① [英]丹尼斯·罗伊德:《法律的理念》,张茂柏译,新星出版社2005年版,第106~107页。

② 杨震:《法价值哲学导论》,中国社会科学出版社2004年版,第45页。

其具有参考价值:第一,旧成年监护法在保护痴呆性高龄者方面的不足;①第二,法定成年监护制度对于痴呆性高龄者及智障者的保护;②第三,成年人任意监护制度对于痴呆性高龄者及智障者的保护。③ 该著作还讨论到了私法上的扶养制度与社会保障法之间的关系问题,对研究我国老年人监护问题上公法和私法的接轨也有一定的启示意义。

除了田山辉明先生的专著,宇田川幸则的论文《浅论日本关于成年人监护制度的修改》(2003年)也是研究日本成年监护制度改革的重要资料。该文详细介绍了日本成年监护制度改革的主要内容:修改之后的成年监护制度由法定监护制度和任意监护制度构成。法定监护制度是通过修改旧法而成,而任意监护制度则是通过制定特别法的形式增加的新制度。法定监护制度对旧法主要作出了以下修改:第一,取消了原来关于"禁治产人"和"准禁治产人"的规定,代之以"因精神上障碍而经常处于欠缺事理认识能力的人"、"因精神上的障碍而辨别事理能力明显不足的人"和"因精神上的障碍而辨别事理能力不足的人"的规定,经申请分别为其设立"监护"、"保佐"和"辅助";第二,相应地废止了"禁治产宣告"和"准禁治产宣告"以及对禁止产人和准禁治产人在其户口簿上进行记录的"玷污户口"制度,而代之以在相关机构进行登记的制度。任意监护制度是由本人在有判断能力的情况下预先委任监护人,授权该监护人在本人将来判断能力不足时承担有关本人的全部或一部分监护事务;同时,家庭裁判所对此等监护人实施监督。该新制度的特点就在于增加了家庭裁判所对于本人和委任监护人之间的委托代理关系之监督,将两个原来不相关的制度结合在一起形成了一个新的制度,来弥补原来委托代理关系中本人在判断能力不足时无法监督代理人的行为之缺陷。由于任意监护制度最大限度地尊重了本人对于其监护人的选择,因此,原则上任意监护制度应优先于法定监护制度。这样一来,法定监护制度首先增加了监护制度的保护范围,将有一定程度精神障碍的老年人也纳入了其保护范围,任意监护制度又让本人的意愿得到了最大限度的尊重。而且新的登记方式也既保护了受监护者的个人信息,

---

① [日]田山辉明:《成年后见法制の研究》(上卷),成文堂2000年版,第158页。
② [日]田山辉明:《成年后见法制の研究》(上卷),成文堂2000年版,第175页。
③ [日]田山辉明:《成年后见法制の研究》(下卷),成文堂2000年版,第309页。

同时也考虑了保护可能的相对人之利益。①

(2) 德国

日本学者田山辉明在其著作《成年后见法制の研究》中有一部分专门对包括德国在内的欧美国家成年人监护制度改革进行了介绍，尤其重点介绍了德国的成年监护制度改革，对德国新的照管制度(Betreuungs)着墨颇多。德国于 1992 年 1 月 1 日起实施的《照管法》(*Betreuungsgesetz*)对成年人的监护作出了新的规定；不过，此种监护在名称上用了"Betreuungs"一词(中文往往将其译为"照管")，以区别于指称未成年人监护的"Vormund"。因《照管法》的出台，德国旧民法典在涉及成年人照管方面主要作出了以下修改：第一，废除了原来对于成年精神障碍者宣告禁治产并剥夺其行为能力的制度，代之以对于精神障碍者、智力障碍者、身体障碍者以及老龄人等由法院依申请或者在涉及精神障碍者时依职权并根据此等人的实际状况和需要，为其选任照管人(Betreuer)的新制度；第二，新制度对于人身监护事务作了许多具体的规定，弥补了旧制度偏重于对受监护人的财产监护之不足。② 由此，新制度就将需要照管的老年人纳入了其保护范围。德国学者的相关研究涉及了被照管人的法律行为能力问题③、照管人的设置、被照管人的参与决定权、照管人的任务范围等。④

(3) 韩国

韩国法务部于 2009 年 2 月成立了由 37 位委员组成的民法修改委员会。该委员会分成 6 个分组，其中第二分组负责行为能力方面的修改。该分组的工作成果——成年监护制度的导入被确定为修改委员会法案并经法务部研究后进行了立法预告。因此，韩国学者的研究也主要是围绕这一关于成年监护制度的立法预告修改案的内容进行的。其中，尹洪喆和朴仁焕两位学者的研究较具有代表性。尹洪喆教授的论文《韩国民法典的修改现状与今后的课题》(2009 年)介绍了韩国 2009 年民法修改委员会第二分组的任务是对于行为能

---

① [日]宇田川幸则：《浅论日本关于成年人监护制度的修改》，载渠涛：《中日民商法研究》(第 1 卷)，法律出版社 2003 年版，第 391 页。
② [日]田山辉明：《成年后见法制の研究》(上卷)，成文堂 2000 年版，第 18～20 页。
③ [德]迪特尔·施瓦布：《民法导论》，郑冲译，法律出版社 2006 年版，第 124～125 页。
④ [德]迪特尔·梅迪库斯，邵建东译：《德国民法总论》，法律出版社 2001 年版，第 411～416 页。

力和成年人监护制度进行改革的具体内容。据该文介绍,韩国成年监护制度改革具体涉及对禁治产制度的废除、特定监护制度以及任意监护制度的引入等重要内容。① 朴仁焕教授的论文《有关韩国成年监护制度的民法基本方向和主要内容》(2010 年)则对韩国的成年人监护制度改革作出了更为详细的分析与介绍。

作者首先分析了旧监护制度对于老年人保护的不足和新制度在这方面所作出的完善,并进一步介绍了韩国成年人监护制度改革以下几个方面的内容:韩国新的法定成年监护制度启动的原因,为"因为疾病、高龄等其他事由精神受到制约,持续缺乏处理事务的能力",这样就扩大了成年人监护制度所保护的对象和范围,将老年人尤其是高龄老人纳入保护的可能性范围,对于韩国的社会老龄化问题作出了积极的应对。其任意监护制度则一方面允许当事人在"因为疾病、高龄等其他事由精神受到制约,处理事务的能力不足或将要不足"的情况下签订将其财产管理或者人身保护的相关事务委托他人处理的监护合同,但由家庭法院根据委托者本人的实际精神状况及需要选任任意监护监督人之后此等合同才开始发生效力。这样也就给老年人提供了一种保护自己财产和人身利益的可能选择。②

(4)我国台湾地区

我国台湾地区于 2008 年 5 月 23 日公布了对于其"民法亲属编"第四章"监护"部分的修正,并于公布后 1 年零 6 个月施行之。该修正对于"监护"章的条文变动共计 32 处,其中修订的有 20 处,增加的有 10 处,删除的有 2 处。另外,"监护"一章的第二节节名也从原来的"禁治产人监护"改成了"成年人之监护与辅助"。此外,"民法总则编"的几个条文也因该修订而作了相应的修正。我国台湾学者郭钦铭先生在其专著《亲属继承:案例式》(2008 年)中,从分析和对比新旧法条文之不同规定的角度对此次成年人监护制度改革进行了研究。从作者的介绍和分析中我们可看出,台湾此次的改革从术语的改进、对受监护人主体范围的扩大以及对受监护人最佳利益的保护和对其本人的尊

---

① 该论文被收入《第四届罗马法、中国法与民法法典化国际研讨会论文集(下)》,中国政法大学出版社 2009 年版,第 983~985 页。

② 该部分的相关信息得自韩国仁荷大学教授朴仁焕在与厦门大学法学院的学术交流活动中的会议论文。

重等几个方面对成年人监护制度进行了完善。完善后的成年人监护制度更加符合社会现实的需要,也能更加全面细致地对心智有障碍者进行保护,因此对大陆未来的成年人监护制度之改造具有积极的借鉴意义。

2. 英美法系中的持续代理制度及公共监护制度

(1)持续代理制度

英美法系国家对老年人的重要法律保护之一是通过持续代理制度实现的。按照传统的代理法,当本人行为能力丧失时,代理权即终止;但在持续代理制度中,即便本人丧失行为能力,代理关系仍然持续。而且持续代理的内容既可以是财产管理也可以是人身照顾。因此,不少老年人即利用此种制度来安排自己的财产或者人身事务,而且不必担心因其丧失行为能力而使此种安排不能继续有效地发挥其作用。许多学者关于老年人法律保护的研究也主要围绕该制度进行。首先,有学者指出,持续代理制度是建立在代理法的基础上的,然而代理法以本人有完全能力且可以监督代理人的代理行为作为其前提;而持续代理的前提则是本人可能失去行为能力。由于这两种前提预设的不同,持续代理制度就不能够在代理法的框架下得到很好的运行。通过对美国的《统一代理权法》(*The Uniform Power of Attorney Act*,简称 The UPOAA)和英国的《意思能力法》(*The Mental Capacity Act*,简称 The MCA)所规定的持续代理权的比较研究,该学者进一步指出,由于缺乏有效的监督和相关的程序性措施,在美国持续代理权被滥用已经成为一个普遍的问题,因此建议美国立法应借鉴英国的登记、通知和签字见证等具体措施,来加强对持续代理的监督以防止因持续代理权的滥用造成的对于包括老年人在内的本人的侵害。[①] 另外,还有学者通过案例研究和对立法趋势的分析指出,作为一种低成本的、灵活的私法性制度,持续代理较之传统的监护制度有着较大的优势。但该学者同时也指出,该制度的优势也带来相应的风险:一是持续代理人的可信任度问题,二是第三人是否愿意承认持续代理人的授权,三是授予持续代理权的本人的家庭是否愿意配合。因此,该学者认为,要在持续代理制度的低成本、灵活便捷与保护本人、代理人及第三人权益之间保持平衡,立法和司法还

---

① Jenniffer L. Rhien, No One in Charge: Durable Powers of Attorney and the Failure to Protect Incapacitated Principals, *the Elder Law Journal*, 2009, Vol. 17, No. 1, p. 170.

任重而道远。① 此外,还有学者通过案例研究分析了老年人的法定代理人可能面临的各种伦理问题及其可能的对策。②

(2)公共监护制度

公共监护制度是英美法系国家另一项重要的保护弱势成年人尤其是老年人的制度,是其监护制度的重要组成部分。担任公共监护职务的主体一般是由政府提供资金支持的机构,这些机构主要为两类群体服务:一是失去为决定之能力的无行为能力的老年人,二是有精神缺陷或发展型残疾而无判别能力者。公共监护人可以作为财产监管者、人身照护者,或者有时也可充当指定的受偿人或替代被监护人作决定者。但有学者也指出,美国的公共监护制度尚有一些不尽如人意之处:第一,公共监护的数据记录还不完善;第二,法庭很少指定公共监护人来充任权力范围受到限制的有限监护人之职;第三,公共监护的监督与责任不均衡,监督少而责任重。还有一些学者指出,公共监护制度的有效运行有赖于充分的资金以及人员的支持,并认为公共监护应该与私人监护相互配合,并且在一定程度上起到监督私人监护者的作用。③ 还有学者从受监护人的角度来研究公共监护制度,重点探讨如下一些问题:第一,公共监护受监护人的满意度;第二,他们认为公共监护人在代表他们时多大程度上考虑了他们的自治与自尊;第三,公共监护人如何对其服务对象,即受监护人,作出回应以及如何代表他们;第四,公共监护中,监护人与受监护人的互动关系的本质是什么。④

纵观以上其他国家和地区对成年人监护制度的研究现状,笔者认为以上研究在微观制度层面的研究上较为具体和全面,尤其是英美法系国家的学者往往采用实证研究的方式,通过对实地调查所获得的数据进行分析来说明相

---

① Linda S. Whitton, Durable Powers as an Alternative to Guardianship: Lessons We Have Learn, *Stetson Law Review*, 2007, Vol. 37, No. 1, p. 18.

② A. Frank Johns, Guardianship Adjudications Examined within the Context of the ABA Model Rules of Professional Conduct, *Stetson Law Review*, 2007, Vol. 37, No. 1, p. 251.

③ Pamela B. Teaster, Erica F. Wood, Susan A. Lawrence, Winsor C. Schmidt, Wards of the State: A National Study of Public Guardianship, *Stetson Law Review*, 2007, Vol. 37, No. 1, p. 214.

④ Pamela B. Teaster, The Wards of Public Guardians: Voices of the Unbefriended, *Families and the Law*, 2002, Vol. 51, No. 4, p. 349.

关问题,这是我们应该借鉴之处。但任何事物都有两面性。注重微观和实证的研究方法往往给人以"只见树木,不见森林"的感觉,这是因为这些研究都缺乏从宏观上、尤其是哲学的高度上对价值层面的问题进行深入的思考与探讨。因此,笔者在自己的研究中将尽量避免重蹈其覆辙。

四、研究方法和结构安排

笔者在上文中谈到了本书主要关心的问题以及目前研究的不足。正是沿着这些问题所指引的方向,并力图在一定程度上克服以往研究的缺陷并弥补其不足,笔者确定了自己的如下研究方法和结构安排。

(一)研究方法

本书的研究和写作主要涉及历史分析的方法、比较分析的方法、社会学上的功能分析方法和价值分析方法。

1. 历史分析的方法

历史分析的方法在本书中主要用于对监护制度发展脉络的梳理和对老年人社会地位的观察。监护制度早在古罗马时代即已存在。古老的《十二表法》中就有关于监护和保佐的内容。但是时至今日,监护制度的具体内容和形式已经发生了很大的变化。我们唯有在梳理监护制度的历史发展轨迹中,才能对监护制度本身获得一种深刻理解,也才可能寻求监护制度对于今天社会中的弱势老年人进行保护的可能性。对于老年人社会地位的观察同样离不开一种历史的视角。因为,人既是自然的存在,更是社会的和历史的存在。老年人作为个体是自然生命历程的一种特定的展现形式。但是这种展现形式必然会被打上个体生活于其中的社会的印记。而老年人群体本身就构成了反映社会生活的一种样态,则更是直接展现着一个社会的动态变迁。由此我们可以看出,无论是在个体还是在群体的意义上,老年人的生活状况和社会地位都和整个社会的历史变迁发生着互渗与连动。因此,以一种历史的视角来观察老年人的地位随着社会变迁所发生的改变对于老年人监护制度的背景研究尤为重要。

2. 比较分析的方法

有比较才有借鉴。在本书中,笔者对国外的相关制度进行了比较分析。因为,我们介绍和了解国外有关老年人监护的相关制度的最终目的还是为了在构建我国的老年人监护制度时加以借鉴。然而,如果我们对于外国的制度仅仅停留于大而化之的介绍,而缺乏细致入微的分析,则这种介绍本身就失去了意义。其实,包括老年人监护制度在内的许多制度的设计往往大同而小异,因此往往是在细微处见智慧。如果我们忽略掉这些细节上的差别,则失去的恰恰可能是最具借鉴价值的部分。因此,我们不但要动用比较的方法,而且这种比较还不应该仅局限于大的方面,而是应该深入更加微小的层面。"大同"中的"小异"往往很容易被忽略,这也是以往的研究还不够细致的一个表现。但"大同"中的"小异"也往往更能启发智思,为制度借鉴提供智慧的火花。因此,笔者正努力尝试对国外的相关制度从具体的方面进行比较分析。

3. 社会学上功能分析的方法

功能分析是社会学上的一种重要的分析方法。以该种分析方法见长的功能学派认为,任何一种社会制度都有满足人类实际生活需要的作用,即都有一定的功能。它们中的每一个与其他现象都互相关联、互相作用,都是整体中不可分的一部分。① 由此可见,功能分析的方法有两个重要特征:第一,对制度进行的是一种整体的考察。因为功能的发挥离不开整个制度的协调与配合。所以只有采取整体的视角,才能以整体为参照系来证成某一具体制度的功能。第二,以制度的功能为考察尺度和标准,对制度进行开放的、相互联系的观察,并从制度所处的环境以及制度与其他相关因素的联系中说明制度功能发生作用的机制。功能分析方法的上述特征决定了它是一种更易抓住制度本质的方法。在本书中,功能分析的方法主要被用来分析监护制度的功能。通过这种分析,笔者得出的结论是:监护制度的功能从根本上而言是保护弱者。只有对监护制度的功能有了此种认识,我们对于老年人监护制度的构建才可能建立在坚实的根基之上。

4. 价值分析的方法

不知从何时开始,对于具体制度的研究出现了一种实证化的、不问价值的时髦倾向。当然,任何方法在一定的适用范围内都是有其价值和意义的。实证研究的方法当然也不例外。尤其是在自然科学研究领域,实证的方法的确显示了很大的优势。但是如果将它过多地、尤其是作为一种主打方法而运用于包括法学在内的人文学科的研究上,则是有其局限性和弊端的。实证方法的最大特点和优势在于其结论可以经过重复验证。这对自然科学当然是适用

---

① 费孝通:《乡土中国》,上海世纪出版集团2007年版,第421页。

的。因为自然科学研究的对象主要是物的关系,而物的关系是可以通过人为的设计使其在特定情形下再现和重复的。但人文学科研究的对象是人的关系以及人与物的关系。而人本身以及人类社会生活在时间的维度中具有不可复制性、不可预知性和无限延伸性。因此,实证研究基于对人类活动的有限过去的不完全归纳,其结论对于不可全面预知和无限延伸的未来的意义无疑是非常有限的。正是由于这个原因,许多学者仍然肯定并坚守着价值研究。邓正来先生就曾经说过:"不知道目的地,选择走哪条路或确定如何走某条路都是无甚意义的;然而,不知道目的地的性质,无论选择走哪条路还是如何走某条路,却都有可能把我们引向深渊。"①价值就是我们构建制度时的目的地。没有价值作为指引,制度本身的优劣甚至都是无从评判的。基于以上认识,笔者在本书中以专章的形式和篇幅探讨了老年人监护制度的价值基础。笔者的观点或许并不成熟,但这种探讨本身却仍然是有意义的。

(二)结构安排

本书的结构安排是沿着笔者对老年人监护制度的思考路径展开的。全书除"导论"部分外,由四章构成。在这四章中,第一章主要想回答"现代民法为什么没有设置对老年人的特别保护制度"这一问题;第二章试图回答的问题是"现代社会中的老年人应不应该、又需不需要得到法律上的保护";第三章和第四章共同指向的是"如何对需要保护的老年人进行法律上的保护"这一问题。以下对各章的主要内容分别进行说明。

第一章题为"监护制度概述",共分为三节。第一节对监护的概念、性质、分类和功能进行了分析和概括,为后文对监护制度的探讨奠定了基础。第二节对监护制度的历史沿革进行了梳理。第三节对监护制度与现代民法中其他具体制度的关联进行了分析,尤其是对监护制度与行为能力制度作了较为深入的分析。通过以上内容,笔者得到了以下几点基本认识:第一,从对监护的概述和历史沿革的梳理中可以发现,监护制度的根本功能是弱者保护。监护制度的具体形式和内容的差别无非是保护范围、保护程度以及保护方式方面的差别。第二,现代民法没有为老年人设置专门的保护制度,其主要原因在于行为能力制度被作为监护制度的逻辑前提,而行为能力制度又是以理性作为判断标准来判定哪些人属于"弱者"从而需要法律保护的。老年人并没有被认

---

① 邓正来:《小路上的语与思》,北京大学出版社2006年版,第217页。

定为理性上的弱者,因此也就没有被监护制度作为保护对象加以考虑。

第二章题为"老年人监护制度的价值之维",主要内容由三节构成。第一节讨论了老年人社会地位的变迁。因为这是探讨老年人监护制度之价值的现实基础。价值本身并非空中楼阁,而是建立在对特定现实的分析基础之上,并对这种现实提出一种应然意义上的期许。第二节涉足了老年人监护制度的人文价值之维,分析了人文价值在现代语境中的内涵以及这种内涵与老年人监护制度的内在关联。第三节关注的是老年人监护制度的正义价值之维。虽然正义是一切制度都共同追求的目标,但是正义本身有着多面性,而且不同制度对于正义的具体体现方式也可能有所不同。因此,探讨具体制度中的正义问题并非多余。在这部分中,笔者的主要观点是:第一,现代语境中的人文价值或者人文精神主要是在与科学精神相对的意义上而言。而法律以监护制度的形式对老年人加以保护正体现了人文价值在现代社会的内涵和要求,因为这种保护恰恰是以排除理性的算计与考量而得以实现的,因此闪现出了不同于科学精神的人文光辉。第二,正义可以通过利益分配而得以体现,这就是分配正义。如果我们也认同法律构成了一种权利义务的分配体系的话,那么法律技术本身就应体现分配正义。而老年人监护制度作为一种保护弱者的制度,通过向弱势的老年人进行权利分配的倾斜,就正好符合了分配正义的要求。

第三章题为"老年人监护制度域外立法研究",分为三节。第一节介绍域外成年监护制度改革概况,主要涉及立法背景、观念支持和立法概况等内容;第二节、第三节分别对一些大陆法系国家和英美法系国家的成年人监护制度立法改革进行介绍。大陆法系国家的成年人监护制度改革主要表现为:第一,扩大受监护制度保护的对象,尽可能将需要监护的老年人纳入保护范围;第二,更加注重对需要监护者的具体情况的考量,并增加保护的层级和类型,以适应监护的多样化需求,但同时加强了监护监督制度;第三,赋予法官对于监护个案更大的自由裁量权;第四,创设了意定监护制度,更加尊重当事人对于自身事务的安排。英美法系国家的监护制度改革主要表现为两种具体制度的建立:一是持续代理制度,二是公共监护制度。以上监护制度的改革在一定程度上都是为了应对以前监护制度对老年人保护不够的问题,因此在这个意义上称之为老年人监护制度改革也不为过。这些改革措施,尤其是一些细节的处理,对我国建立老年人监护制度有着重要的借鉴意义。

第四章题为"我国老年人监护制度之构建",共分为三节。第一节主要分析我国构建老年人监护制度的社会背景和法制背景。我国未富先老,且老年人的人口总数巨大,老龄化的速度惊人,老龄人口中高龄老人增速很快。同时,由于家庭结构的变化以及现代社会人口的高流动性,使得传统社会家庭养老的功能弱化。此外,我国的社会保障体系也还很不完善。这样的社会背景使得老年人处于一种非常弱势的地位,急需法律的关怀和保护。但是遗憾的是,我国的老年人保护立法和制度都还很不完善。因此,老年人监护制度的构建有着紧迫的现实需要。第二节探讨我国老年人监护制度体系的具体建构。笔者认为,我国未来的老年人监护制度体系应主要由法定监护制度、意定监护制度和公共监护制度构成,并通过转介条款之立法技术被《老年法》所吸纳,形成公、私法的接轨。第三节主要探讨了我国老年人监护制度构建所需要的良性运行环境,认为文化认同是制度运行的源头活水。具体到老年人监护制度上,笔者认为我国传统文化中的伦理观念及孝道精神值得重估与褒扬。笔者深知,老年人的法律保护是一个重大而复杂的现实问题,因此从理论研究的角度提出的建议和设想恐怕难免有书生意气之嫌。但是书生之见也许终有一用,那将是笔者甚感欣慰之事。

监护制度概述

监护制度无论是在英美法系国家还是在大陆法系国家都是一种较为重要的制度,具有其独立的制度价值。但是由于立法传统的不同,相比较而言,大陆法系中的监护制度由于受法典编纂的总体逻辑结构的统摄,其自身的体系性较强,与其他制度的联系也相对较密切一些;并且从历史的角度来看,其发展演变也有着较为清楚的脉络。因此,如果要对监护制度有一个整体的了解,则大陆法系中的监护制度更具有典型性。笔者关注的老年人监护问题,其实也是从属于整个监护制度的大框架的。因此,要对老年人监护制度进行较为深入的研究,首先就离不开对传统大陆法上监护制度的一个总体把握。有鉴于此,本章首先对现代监护制度作一个简单的概述,接着回顾其历史沿革,最后对监护制度在民法体系中与其他一些相关制度的关系进行分析。

第一节 概 述

监护的概念是监护制度得以讨论的前提;监护的性质是监护制度研究的基础;监护的类型可以将对监护性质的认识进一步深化;监护的功能则是理解监护制度最为重要的依据。以下分别进行讨论。

一、监护的概念

(一)学者们对监护概念的表述

学者们对于监护的概念,有以下几种较为典型的表述:

1.监护是依照法律的规定,对于无民事行为能力人和限制行为能力人的人身和财产进行监督和保护的制度。①

2. 监护是指对未成年人或精神病人的人身、财产及其他合法权益由监护人监督和保护的民事法律制度。②

3. 监护是指对于不在亲权照护下的未成年人、精神病人等无民事行为能力人和限制民事行为能力人,以及民事行为能力不充分的老年障碍人,为其人身权利、财产权利的照护而设置的民事法律制度。③

4. 监护是监护人对未成年人和需要保护的成年人的人身、财产和其他合法权益依法实行的监督和保护。④

5. 监护是指对于法律上那些由于年龄或精神原因而不能自我保护的人给与监督和保护的、由民法所赋予的必要的权利和义务。⑤

6. 监护制度是指对于不在亲权照顾下的未成年人和不能自我保护的特定的成年人,为其人身和财产权益的保护而设立的民事法律制度。⑥

7. 监护是指依照法律规定,对特定自然人的人身权益和财产权益进行监督和保护的法律制度。⑦

以上关于监护概念的共识是显而易见的。首先,以上概念都认同监护是一种对特定自然人进行监督和保护的法律制度。其次,这些概念都认为监护的内容主要包括受监护人的人身和财产权益。这些共识是我们理解监护制度的基础,对于我们认识监护制度很有助益。

当然,我们也发现以上概念之间存在着如下几个方面的差异:首先,对于受监护人的表述不尽相同,有的表述为"无民事行为能力人和限制行为能力人",有的表述为"未成年人或精神病人",有的则将前两者结合,表述为"未成年人、精神病人等无民事行为能力人和限制民事行为能力人",并加上了"民事行为能力不充分的老年障碍人",还有的表述为"未成年人和需要保护的成年人",另外还有学者将之表述为"特定自然人"。其次,有学者强调了监护与亲

---

① 马忆南:《婚姻家庭继承法学》,北京大学出版社2007年版,第216页。
② 韩松:《民法学》,中国政法大学出版社2004年版,第88页。
③ 杨立新:《亲属法专论》,高等教育出版社2005年版,第290页。
④ 徐国栋:《民法总论》,高等教育出版社2007年版,第253页。
⑤ 龙卫球:《民法总论》,中国法制出版社2001年版,第276页。
⑥ 李霞:《民法典成年保护制度》,山东大学出版社2007年版,第18页。
⑦ 杨大文:《亲属法》,法律出版社2004年版,第266页。

权的划分,认为监护仅针对"不在亲权照护下的未成年人"及其他一些特定的成年人。表述的不同往往反映着不同的认识。笔者在下文对此试作分析。

(二)对已有概念的分析

尽管以上表述都在不同层面、不同角度上为我们理解监护制度提供了有益的参考,但应当承认,它们也还存在着以下几个方面的缺憾:

1. 认为受监护人为"无民事行为能力人和限制行为能力人"显然是突出了行为能力制度和监护制度在逻辑上的关联,强调行为能力制度是监护制度的前提。但是,最近一些国家和地区的成年监护制度立法改革却都断开了监护制度与行为能力制度的关联,甚至将此二者的逻辑关系翻转了过来。因后文将对此作出详细分析,此处仅以日本和我国台湾地区的监护制度改革为例进行简要分析。《最新日本民法》在第21条(限制行为能力人的相对人的催告权)第1项的规定中,以间接的方式在括号中对限制行为能力人作出了界定,阐明限制行为能力人是指未成年人、成年被监护人、被保佐人以及受到按第17条第1项裁定的被辅助人,并指出该界定具有普遍适用性。① 我国台湾"民法总则编"在新修订后其第14条规定:对于因精神障碍或其他心智缺陷,致不能为意思表示或受意思表示,或不能辨识其意思表示之效果者,法院得因本人、配偶、四亲等内之亲属、最近一年有同居事实之其他亲属、检察官、主管机关或社会福利机构之声请,为监护之宣告。修订后的第15条规定:受监护宣告之人,无行为能力。从以上两例中,我们可以看到,立法修订已经将行为能力和监护的逻辑关系翻转了过来:未修订前的立法是先规定无行为能力人或限制行为能力人,然后对其监护,因此行为能力制度是监护制度的前提;而修订后的立法是先规定对特定自然人的监护,然后将受监护者确认为限制行为能力或无行为能力,在此,监护制度成了行为能力制度的前提。因此,将受监护人表述为"无民事行为能力人和限制行为能力人"显然无法解释新的立法修订中监护与行为能力的关系,因此存在着局限性。

2. 将受监护人表述为"未成年人或精神病人",是在我国《民法通则》的框架下进行的阐释。但是,"精神病人"是一个意义不甚明确,有待医学标准的界定,而且带有歧视性意味的用语;"精神病人"不能作为一个有确切内涵的术语来使用。因此,成年监护制度的改革中都"删简就繁",对于应当受监护的成年

---

① 渠涛编译:《最新日本民法》,法律出版社2006年版,第8页。

人采取了较为复杂的、描述性的说明,而放弃了"精神病人"这个虽然简单但却含义模糊的说法。另外,这种说法也仍未跳出行为能力制度的窠臼,因为,未成年人和所谓的"精神病人"都是行为能力制度下的无行为能力人或者限制行为能力人,是以旧有的行为能力与监护的逻辑关系为基础的。而这个基础却已经发生了笔者在上文已经提到的改变。

3. 在受监护人的范围内加上"民事行为能力不充分的老年障碍人",倒是考虑到了目前立法的不足,将"老年障碍人"作为一类保护对象特别提了出来。但这种表述本身却是值得商榷的。因为,行为能力是由民法的强行性规范来进行界定的,"无行为能力"和"限制行为能力"都有着严格的标准,它们并不是对实然情况的描述,而是一种法律的推定。正如学者所言:"现代民法,以具有意思能力为赋予自然人民事行为能力之前提条件。有意思能力,始有民事行为能力;无意思能力,即无民事行为能力。须注意的是,此所谓意思能力,并非法律所赋予的地位或资格,是指自然人认识自己行为的动机与结果,并根据此认识决定其正常的意思之实际的能力。意思能力,亦称判断能力或者识别能力。意思能力之有无,是事实问题,应当就各个具体的法律行为,考虑行为人的年龄、智力及精神状况而决定之,本不应有统一之标准。但这在实践上又难以贯彻。因此,民法采取变通办法,以达到一定年龄且精神正常为标准,规定哪些自然人具有意思能力,因而具有民事行为能力。"①该段论述中最后一句很明白地告诉我们,行为能力是民法认定实然的意思能力时所采取的"变通办法",是由民法所"规定"的。也正是在这个意义上,学者们认为关于行为能力的规定是民法上的强行性规范。再结合民法上无行为能力人使用诈术的相关规定,以及《民法通则》第12条和《合同法》第47条等,都可说明行为能力是一种推定。但是,"行为能力不充分"中对于行为能力一词的使用显然是在实然意义上的,并且不具有上述的法律限定性。

4. 将监护制度表述为"对未成年人和需要保护的成年人"进行保护的制度是较符合现代监护制度的立法精神的。而且,这种表述摆脱了行为能力制度的掣肘,从"需要保护"的角度来界定监护制度的保护范围和标准,应该说是很有洞见的。然而,稍显美中不足的是,"需要保护的成年人"的界定过于宽泛,如果将之作为实际认定应受监护保护者的标准,则还需要很多更为细化的

---

① 梁慧星:《中国民法典草案建议稿附理由·总则编》,法律出版社2004年版,第58页。

标准。

5. 认为受监护的对象是"那些由于年龄或精神原因而不能自我保护的人",倒是值得细致分析的一种表述。假如"年龄"的表述仅仅指向未成年人,则该表述实际上显示的仍然是一种理性主义的立场和视角,而这种视角本身是有局限性的,因为它忽略了其他社会弱势者得到监护保护的可能性。但是,假如"年龄"的表达也还包含了对于老年人尤其是高龄老人的考虑的话,则这样的表述还是可圈可点的。

6. 认为受监护对象是"不在亲权照顾下的未成年人和不能自我保护的特定的成年人"其实是在区分了亲权和监护的语境下而言的。这里就有必要解释一下"广义的监护"的说法。根据学者的说法,广义上的监护是指对一切未成年人和限制行为能力或无行为能力的成年人(这些成年人也被称为"禁治产人"或"准禁治产人")的人身和财产进行的监管保护;狭义上的监护是指对限制行为能力或无行为能力的成年人以及无父母或父母不能照护的未成年人的人身和财产进行的监管保护。① 暂不考虑上文已分析过的这种表述的局限性,我们至少可以看出,狭义监护与广义监护的区别主要在于父母对未成年人的照顾是否被法律视为监护。之所以有此狭义监护与广义监护之别,是因为有些国家的立法规定了亲权制度,将父母对于子女的照顾规定为亲权的内容,因此其监护制度就必然是不包括这部分内容的狭义上的监护;反之,立法中未设立独立的亲权制度的国家,其所称之监护则必然包括了父母对子女的照顾,因而是广义上的监护。笔者个人的观点是,没有必要另外强调亲权的概念。因为:第一,我国立法中未有亲权制度之规定,因而采用的是广义上的监护。增加一个亲权的概念,反倒会对法学理论和司法实践产生不必要的干扰。第二,英美法系国家都是在广义上使用监护之概念的,在其司法实践中并未因为没有亲权的概念而产生不良影响。第三,亲权的概念并不具有制度建构的意义。对此,笔者在后文关于监护功能的"亲权延伸说"部分另有详细阐述,此处不再赘述。

7. 将受监护者界定为"特定自然人",其外延较大因而解释空间就很大,但同时也有失空泛。而且,在前述各种表述中我们尚可看出监护制度保护对象的共同特征,即他们都是一些弱势者,而"特定自然人"的表述则完全没有显

---

① 杨大文:《亲属法》,法律出版社 2004 年版,第 257 页。

示任何价值立场,因此也就无法显示监护制度保护弱者的功能。

在参考和分析以上对监护概念的不同表述的基础上,笔者尝试将监护作如下界定:监护是指依照法律规定而创设的一种关系;在此种关系中,由具有资格的自然人或法人对于未成年人、因身体或者精神方面的功能衰退而需要照顾的老年人以及其他因为身体或者精神方面的障碍而不能自我照顾的成年人等的人身或财产进行监督、管理和保护。

(三)监护概念的语境分析

仅仅对监护的概念作出分析还是不够的,因为"监护"一词的使用往往还与其所处的语境有关。在法学文本中使用的"监护"一词在不同的语境中往往有着不同的侧重点,具体而言,主要有以下几种情况:

1. 监护用来概括地指称监护制度,强调监护是民事法律制度的构成部分,在民事主体制度和亲属法律制度中都有重要作用。一般来说,当我们把监护和民法的其他一些具体制度,例如扶养、继承、收养等相提并论时,就是在这个意义上使用监护一词的。

2. 监护还可以从法律关系的角度来指称监护法律关系,强调监护关系中的主体、客体、内容等构成要素。正如有学者指出的那样,"监护法律关系是民事法律关系,却长期被忽视、否认,有必要为其正名。对监护从民事法律关系的角度来研究,更容易掌握它的原理"[①]。监护关系包括主体、客体、内容等要素,其中监护关系的主体是监护人和受监护人,监护关系的客体是受监护人的人身及财产等合法利益,监护关系的内容则指主体的具体权利义务。监护关系应当是理解和把握监护制度的重心,这是因为,监护关系是监护制度的核心构成部分,而监护权利义务和监护行为又是监护关系的要素。一般而言,当我们谈到"监护的性质"、"监护的主体"、"监护的客体"等内容时,就是在监护关系的意义上使用监护一词的。

3. 监护还可以在狭义上指监护权或者监护职责。这种用法主要是把监护关系理解为一种监护人对受监护人的单方面关系。事实上,对于监护性质的讨论,往往就是在这个意义上使用监护一词的。无论学者们认为监护的性质是权利、义务还是职责或者是兼而有之,一般都没有脱离这种语境。

4. 监护还可以指监护行为,包括设立行为和实施行为。这种语境下的监

[①] 杨立新:《亲属法专论》,高等教育出版社2005年版,第291页。

护往往是被放在监护的动态运作当中来理解的。①

5. 监护还有所谓的"小监护"与"大监护"之分。"小监护"仅指各国明确以"监护"命名的监护制度；"大监护"则既包括"小监护"又包括"保护"、"保佐"、"辅助"、"照管"等虽不以监护名之但功能基本等同于监护的制度。② 我国大陆立法对各种需要保护之人未加区分，只统一设立了一种名为"监护"的保护制度。因此，在这个意义上，也可以说我国立法采用的是大监护的概念。

6. 上文已经提到，监护还有狭义和广义之分。狭义监护与广义监护的区别主要在于父母对未成年人的照顾是否被法律视为监护。之所以有此狭义监护与广义监护之别，是因为有些国家的立法规定了亲权制度，将父母对于子女的照顾规定为亲权的内容，因此其监护制度就必然是不包括这部分内容的狭义上的监护；反之，立法中未设立独立的亲权制度的国家，其所称之监护则必然包括了父母对子女的照顾，因而是广义上的监护。我国大陆未有"亲权"之设，因此监护一词一般是在广义上使用的。

监护一词在以上几种语境中的用法从不同层面较为全面地反映出了监护制度的内容，既有其微观方面，又有其宏观方面；既有静态观察，又有动态视角。因此，为我们全面地理解监护制度提供了重要的背景。

二、监护的性质

(一)学界的观点

学界现有的关于监护性质之理论，其主要观点有四种，以下分别进行介绍。

第一种观点认为，监护是一种权利。其主要理由如下：首先，我国《民法通则》第18条第2款规定："监护人依法履行监护的权利受法律保护。"依照该条的明文规定，监护是一种权利。其次，监护作为权利，性质上属于身份权。而现代民法上的身份权本来就以义务为其核心内容，因此尽管监护实现的是被监护人的利益，但对监护人来说仍不失为一种权利，因为权利作为实现利益的一种方式，其本质体现的是行为人的意思自由，具体到监护权上，监护人对于被监护人的人身利益和财产利益之保护以及对其代理等方面就享有依法独立

---

① 以上四点参考了杨立新教授和杨大文教授的有关观点。
② 陈苇：《外国婚姻家庭法比较研究》，群众出版社2006年版，第453页。

实施民事行为的意思自由。再次,只有将监护视为一种权利,才能使监护人正确、主动地行使权利、履行保护被监护人的义务,达到监护的目的。①

第二种观点认为,监护是法律规定的强制性义务。持该观点的学者其主要理由在于:首先,权利的最终落脚点是权利人从权利中获得利益,但在实际上,监护制度并没有赋予监护人任何利益,而只课以沉重的负担。其次,监护人不能随意放弃监护,但权利是可以放弃的。②

第三种观点认为,监护在本质上不失为一种权利,只不过以一定义务为前提、为中心、为目的。该观点的理由是:监护是义务,是就此制度之设旨在为监护人提供一种基本约束而言的;监护是权利,是就其履行由监护人依自己意思而作为或不作为而言的。另外,从法律价值上考虑,监护关系是亲子关系或配偶关系的一种延伸,属于一种伙伴型关系,监护人对被监护人的关心照顾是一种法律无法直接实现的慈爱价值,因此就像在亲权中一样,法律对监护也规定了最低程度的义务,即在保障伙伴型关系存续所必需的安全、秩序价值后,听凭监护人去作为或不作为。③

第四种观点认为,监护是一种职责。该种观点认为,监护并不是一种权利而是一种职责。其理由主要有两点:第一,监护的内容在于保护被监护人的身体和财产,而不是对人的支配的权利。在罗马法中就把监护视为一种公役,而不是权利。第二,我国《民法通则》第18条规定:监护人应当履行监护职责。这正反映出监护在性质上是职责的观点。④

(二)对现有观点的分析

学界现有的关于监护性质讨论的各观点均有一定道理,并且都在一定程度上揭示了监护法律关系的特点,对于我们理解监护制度有启示作用。但是,笔者以为,上述这些观点在以下方面还有待商榷。

1. 对于权利的理解较为片面。这表现在对于监护是否是权利的争议上,否认监护为权利者其实是将权利主要理解为利益,认为无利益即无权利;同样,赞同监护为权利者其实是将权利理解为自由。而事实上,利益和自由均被

---

① 杨立新:《人身权法论》,人民法院出版社2002年版,第929~930页。
② 王丽萍:《婚姻家庭继承法学》,北京大学出版社2010年版,第229页。
③ 王利明:《人格权法新论》,吉林人民出版社1996年版,第204页。
④ 梁慧星:《民法总论》,法律出版社2001年版,第102~103页。

视为是权利的要素,因此,用一者来否定另一者是很难有说服力的。

2. 对于权利与义务之关系的理解较为狭隘。可以看出,以上持论者似乎都是在将权利与义务对立的前提下来争论监护究竟为权利抑或为义务之问题,而忽略了权利与义务相辅相成的一面。而实际上,从辩证的角度来看,权利与义务的关系是对立统一的,但其统一的一面往往会被忽视。笔者认为,权利义务作为一种分析工具自有其适用的范围。在对监护关系这种较为复杂的法律关系进行分析时,权利义务的二元分析工具未必是适用的。我们如果仅在片面的意义上理解权利及其与义务的关系,并纠结于监护是权利还是义务似乎并无太大意义。另外,监护法律关系较之其他类型的法律关系所具有的特殊性和复杂性尤其表现在监护的内部关系有着很强的外部效应,因此作为简单法律关系之分析工具的权利义务范畴在此似乎失去了其用武之地。

3. 以身份权为依据论证监护为一种权利在逻辑上不够周延。身份权存在于民事权利基本分类的大框架之下,而民事权利按照其客体的不同,首先可以分为人身权和财产权,人身权又可以进一步分为人格权和身份权。而人格权与身份权之分很重要的一个理由就在于前者是绝对权而后者是相对权,因为身份权是基于一定的身份关系而产生的,而身份本来就是依托于特定关系而存在的。并且,权利最核心的要素是自由(或者表述为支配)和利益。身份权既然是权利的下位概念,当然也不例外。所以,身份权一般被认为是基于一定的身份关系而产生的权利,是对身份利益的支配,其客体是身份利益。这种对于身份权的理解笔者是很赞同的。那么,要论证监护为一种身份权的直接思路就应该是论证监护符合上述关于身份权的界定。但笔者发现,学者们的论证却是采用了一种曲线式的迂回的方式来进行的。他们的论证逻辑是这样的:不加论证而直接确认亲权是一种身份权,然后又因为亲权具有义务性,由此推出身份权也有义务性,进而又由监护具有义务性而且监护是亲权的延伸从而确认监护为身份权。这种论证在逻辑上的瑕疵我们不难发现:首先,要确认亲权是否为身份权,要对亲权本身加以界定并进行论证。而实际上,亲权本身却是一个极为模糊、缺乏明确内涵的说法。它往往被用来指父母对于子女的权利义务的混合体,而这个意义上的亲权实际上并不符合身份权的本质规定性。并且它也不具有制度建构之意义。换句话说,亲权对于规范父母子女关系的具体法律制度的构建不具有实际意义。英美法中并无亲权的概念,但却毫不影响其对于父母子女关系在法律上进行明确的规范即可证明此点。因此,一定要用一个冠以权利之名的所谓"亲权"来说明父母子女关系,实难避画蛇添足之嫌。其次,亲权具有义务性这种表达的本身在逻辑上也是矛盾的。权利和义务尽管是一种对立统一的关系,但它们的二分仍然有实际意义,而不可混淆。用这样一个含义不明的、带有所谓义务性的"亲权"来推出身份权的义务性则更有循环论证之嫌,其在逻辑上就更不能成立了。再次,既然身份权的所谓义务性未能证成,则因为监护具有义务性而将之归为身份权也就成为缘木求鱼了。

关于上述所讨论的监护人在监护法律关系中的权利义务问题,笔者还是较为认同"职务说",认为监护人在监护关系中的法律地位可以用"职务"来进行概括。理由主要有以下几点:第一,职务之谓,强调了监护人的义务是以特定的身份为前提的,即仅仅是担任监护人之职者才须承担此种义务。但从现代法的角度来看,这种身份却未必是亲属之身份,而更类似于公职身份。这也正是监护不能被简单地归于亲属之身份权分析范围的理由。因为,换言之,监护人是先有"职"而后有"务",即先有"监护人之职"而后方有"监护之任务","务"以"职"为前提。第二,职务之谓,凸显了监护人的监护行为之义务性。这种义务性主要表现为:(1)监护是为了被监护人的利益;(2)无正当理由,不得拒绝担任监护人或者任意放弃监护;(3)法律对监护义务的履行有明确规定,并有法律责任作为保障该种履行的强制措施。

(三)对监护性质的再理解

根据词典上的解释,性质是指"事物本身所特有的、区别于其他事物的特征"[①]。那么,监护的性质就应该是指作为法律关系之一种的监护法律关系所特有的、不同于其他法律关系的特征。或者也可以说,监护的性质,应该就是指监护关系的性质。而以上分析过的各观点的局限性在于对监护性质本身的理解。我们可以发现,以上关于监护性质的说法,其实仅仅讨论的是监护人在监护法律关系中的权利与义务问题,因此有学者在"监护人法律地位的界定"的标题下讨论了上述相关理论及观点。[②] 但是,监护人的法律地位只是监护关系的一个方面,并不足以全面反映监护的性质。因为,监护关系的特点才是监护制度区别于其他制度之处。或者换句话说,只有监护关系才集中体现了

---

① 新华词典编纂组:《新华词典》,商务印书馆1980年版,第945页。
② 杨大文:《婚姻家庭法学》,复旦大学出版社2002年版,第294页。

监护制度的性质。监护作为法律关系也同样具有法律关系所应具备的三要素,即主体、客体和内容。而监护的性质,就表现在其三要素中。因此,要准确把握监护的性质,就必须深入理解监护法律关系的主体、客体和内容的特点。

1. 监护关系的主体就是监护人与被监护人。但是应当引起注意的是,这种身份关系却有着不同于人格关系、更加不同于财产关系的特别之处。首先,在人格关系中,权利主体一般是特定的,而义务主体则是不特定的。财产关系中的物权关系也类似于人格关系。财产关系中的债权关系其权利义务主体是特定的。但是在身份关系中,由于身份利益本身的特殊性和复杂性,致使身份关系中的权利与义务纠结在一起,很难从客观上认定哪些是权利,哪些又是义务。换句话说,在身份关系中,权利与义务这一对范畴失去了其作为分析工具的价值。具体而言,在监护关系中,监护人对于被监护人的监护行为既带有权利的性质也同时具有义务的特征,从被监护人的角度而言亦同。因为,对一者而言是权利,对另一者而言则是义务。因此我们很难局限于权利义务的对立来认识监护关系。其次,身份关系除了表现为主体内部所形成的紧密联系之外,它还有很强的外部性。换句话说,它有很强的社会性或公共性。这也是身份关系的相关法律规范多表现为强制性规范的原因。就监护关系而言,监护人和被监护人之间的关系固然是法律规范的对象,但监护人以及被监护人与监护关系之外的他人的关系亦需要作相应的规范。例如,对于被监护人的侵权行为,监护人有条件地承担责任即是监护关系外部性的一个表现。另外,监护关系并非一定发生在家庭成员之间,而在一定程度上以陌生人社会为背景,因此监护关系一般还设有监护监督人对之进行监督。

2. 监护关系的客体是指监护关系中权利义务指向的对象,即受法律保护的特定利益。尽管监护关系中的所谓权利与义务是纠结在一起的,但这种纠结共同指向的对象却是确定的,即被监护人在人身、财产以及其他方面应受保护的利益。这种利益的不均衡性也是监护关系所特有的,因为其他的关系中一般都注重权利与义务的对等性或均衡性,而监护关系的利益重心却是明显偏向被监护人一边的。另外,法律对于这种利益的保护具有强制性。正如有学者所说:"(监护制度的)根本目的在于,以一种法律强制力来规范和监督监护,克服监护在私法领域内的任意性,使之成为一项社会公益性职务。"[①]

---

① 李霞:《民法典成年保护制度》,山东大学出版社2007年版,第33页。

3. 监护关系的内容是指监护关系中所涉及的具体之权利与义务。尽管权利与义务在其中并非泾渭分明，但立法可以具体规定监护人与被监护人各自应当、可以、必须、禁止为哪些特定行为，从而使监护关系的内容明确化。正如学者所说:"民法是权利法，奉行意思自治原则，其规范多为任意性、授权性规范，但监护制度却出现了例外，尤其是监护关系的内部即监护人的权利、义务和职责多由法律加以明文规定和限制，带有强行性色彩。"① 这也是监护关系具有公法性的表现。总之，监护关系的内容之特点也集中体现了监护关系的性质。

三、监护的分类

（一）几种主要的分类

监护可以从各个不同角度去认识和理解，因此这些不同的角度就构成了对监护进行分类的基础。学者们一般对监护有着如下几种主要分类：

1. 根据被监护人的不同，将监护分为对未成年人的监护和对成年人的监护。还有学者将监护分为对未成年人的监护、对精神病人的监护和对障碍人的监护。但笔者认为，以是否成年为标准划分未成年人与成年人在逻辑上是周延的，而未成年人、精神病人、障碍人这样的划分其划分标准不明确，因此不足以采纳。而且，我国台湾地区最新的立法修订就在第四编的第四章"监护"之下设了两节，分别以"未成年人之监护"和"成年人之监护及辅助"作为节名。这一方面证明了此种分类的逻辑周延性，另一方面也显示了这种分类的重要性。因为被监护人的不同情况，是决定监护关系的具体内容的决定性因素。但是，考虑到作为监护对象的成年人的情况较为复杂，其实还有必要对成年受监护人再做进一步的细分。因为，未成年人受到监护是一种常态下的保护，因而具有普遍性。而成年人的监护则是一种非常态下的保护，具有特殊性，因此有必要再根据不同的情况区别对待。其中，老年人就是成年人群体中一个需要特殊考虑的对象。因此，笔者认为，成年人监护还应该细分为一般成年人监护和老年人监护。

2. 依据监护人产生的方式之不同来对监护进行分类。有学者从这个角度将监护分为：法定监护、委托监护、遗嘱监护和指定监护。按照学界的通说，

---

① 杨大文:《婚姻家庭法学》，复旦大学出版社2002年版，第283页。

法定监护是指由法律直接对监护人作出明确规定的监护。指定监护(又称选定监护)是指由法院在一定范围内指定监护人的监护。委托监护则是指由法定监护人将一部分或者全部的监护事务委托他人临时照管的监护。监护职责虽然具有专属性,但监护人通过订立委托合同,委托他人代为履行监护职责的部分或者全部,实际上并未改变监护职责的归属,受托人仅在委托范围内进行监护事务。法定监护人即使将全部监护职责委托他人代为履行,亦不丧失其法定监护人之身份。① 遗嘱监护是指由最后实际履行监护职务的法定监护人以遗嘱方式为被监护人确定监护人的监护。意定监护是指自然人,尤其是老年人在其具有完全意思能力时订立监护协议,约定在其意思能力衰弱时协议开始执行的监护。

3. 依据监护关系的客体,将监护分为财产方面的监护和人身方面的监护。无论是财产监护还是人身监护,在现代监护法上都是以最大限度地维护被监护人的利益为原则的。根据这一原则,人身方面的监护即根据被监护人的不同而有不同的内容。对未成年人监护而言,人身方面的监护主要指人身保护和生活照顾;对于一般成年受监护人而言,人身监护主要包括人身保护和帮助医疗;对于老年受监护人而言,人身监护主要包括生活照料、人身保护和帮助医疗。财产方面的监护其主要内容有:一是对被监护人的财产制作财产清单,但法定监护人在监护中可以免除这一项义务;二是管理被监护人的财产,在这一管理中监护人应尽到善良家父之注意义务;三是在法律允许的范围内对外代理被监护人为法律行为,或者对于被监护人所为之效力待定行为加以撤销或者承认。

除了从以上几个角度进行的分类外,还可以按照监护人主体性质之不同,将监护分为自然人承担之监护和法人承担之监护。另外,也还可以根据监护人人数的不同将监护分为共同监护和独任监护。此外,还可以根据监护人与被监护人之间是否存在亲属关系而分为由亲属担任监护人的监护和由其他人担任监护人的监护……

(二)对监护分类的相关说明

前述分类有助于我们深化对于监护制度的了解,但有关这些分类的相关问题仍需要进一步作出说明,否则反倒容易引起解释上的混乱。

---

① 王歌雅:《扶养与监护纠纷的法律救济》,法律出版社2001年版,第227页。

1. 我们从监护制度的新近立法改革可以发现,严格地在上述意义上使用的法定监护有逐渐从立法中淡出而由指定监护取代的趋势。在此仅以我国台湾地区的监护制度立法改革为例。其修订后的第1111条将原来的法定监护人顺序修改为:"法院为监护之宣告时,应依职权就配偶、四亲等内之亲属、最近一年有同居事实之其他亲属、主管机关、社会福利机构或其他适当之人选定一人或数人为监护人,并同时指定会同开具财产清册之人。法院为前项选定及指定前,得命主管机关或社会福利机构进行探访,提出调查报告及建议。监护之申请人或利害关系人亦得提出相关资料或证据,供法院斟酌。"我们可以把该新条文和修改前的旧条文作一个对比。旧法第1111条是这样规定的:"禁治产人之监护,依左列顺序定之:一、配偶。二、父母。三、与禁治产人同居之祖父母。四、家长。五、后死之父或母以遗嘱指定之人。不能依前项规定定其监护人时,由法院征求亲属会议之意见选定之。"将新旧条文作对比我们就可以发现,旧条文的确是"由法律直接对监护人作出明确规定",明确规定了监护人的顺序、范围,因此是典型的法定监护。但是再看新条文的规定,此时法律并没有"直接对监护人作出明确规定",而是规定了一个范围,由法院依职权从其中选任监护人。在此种情况下,"法定"的程度就低了许多,因此不再是原来意义上的法定监护,而变成指定监护了。或者说,从狭义上的"法定",变为较广意义上的"法定"了。

2. 对各种监护类型的适用范围及其相互关联也应作出说明。因为,监护人产生的方式其实与被监护人的情况相关,即不同的被监护人,其监护人的产生方式也各有其特点,因此,应该在根据被监护人作出分类的基础上,再根据监护人的产生方式来划分监护的类型,即监护的分类应该在未成年人监护和成年人监护这个二分的大前提下再根据监护人产生方式的不同来进行细分,否则容易引起逻辑上的混乱。因为我们可以发现,学者们提到的法定监护、委托监护、遗嘱监护和指定监护等四种类别,其中有的类型是只适用于某一类被监护人的。例如,委托监护和遗嘱监护就主要适用于未成年人监护的情况,因此将它们和其他监护类型完全并列有失妥当。

根据以上分析,笔者认为可以将监护进行如下分类:首先,根据被监护人的情况,将监护分为未成年人监护和成年人监护;成年人监护又可再分为一般成年人监护和老年人监护。成年人监护可根据监护产生方式分为指定监护和意定监护两种。未成年人监护可以分为法定监护、指定监护和委托监护三种。

其中,法定监护人为未成年人的父母。无法定监护人或法定监护人不能履行监护职责时,由法院依法在一定范围内确定指定监护人。法定监护人将其一部分或全部监护职责以书面形式委托他人代为履行时,即出现了委托监护。

四、监护的功能

任何制度都有其特定的功能。而且从一定意义上讲,正是功能体现出了各种制度的不同本质。作为民法上一项涉及民事主体、民事权利义务与责任以及家庭关系的监护制度自然也不例外。但是,对于监护制度的功能,学者们却有着不同的观点与学说,笔者在下文将对其逐一进行分析。

(一)行为能力补充说

对于监护在现代民法上的功能,较多的一种说法是:监护制度补充了被监护人行为能力之不足。但是笔者对此不敢苟同,原因主要有以下几个方面:第一,这种说法本身就与行为能力制度之功能有着逻辑上的矛盾。我们知道,行为能力是民法上的一种强行性规范,并不是实然上的概念,而是一种法律的推定。正如有学者所论述的那样:"根据意思能力法理,可知意思能力即为各人所具有的自然精神能力,应具体就各人所为之行为决定其有无。但实际上这种立证十分困难。为此,在民法上实行所谓行为能力制度,对无意思能力定型化,从形式上给无意思能力规定一个统一标准,凡在普通、恒常状态下可认为对其法律行为无正常判断者,视为法律上的无意思能力,其行为无效。"[①]既然行为能力制度是法律对实然的意思能力进行的定型化,那么这种定型化就是强制性的,因此也不可能出现另一种制度来"补充"作为强行性规范的行为能力。第二,退一步讲,就算不严格追究该说法在表述上的矛盾,它也仍然混淆了监护制度与代理制度在功能上的差别。我们知道,代理制度中的法定代理的确是针对不具有完全行为能力之人而设立的制度。但法定代理制度的适用范围以及表现形式都很有限。首先,法定代理一般只适用于财产行为。但监护却既包括人身方面的事务也包括财产方面的事务。因此,在涉及被监护人的人身关系方面,往往是不适用法定代理的,因此也就谈不上所谓的"补充行为能力"。其次,法定代理只是监护的外部关系的一种表现形式。事实上,监护的内部关系,即监护人与被监护人的关系才是其更为主要的部分。因此,

---

① 邓曾甲:《日本民法概论》,法律出版社1995年版,第20页。

基于以上理由,笔者认为,将监护制度的功能界定为补充被监护人行为能力的说法不妥,未能揭示监护制度功能之实质。

(二)亲权延伸说

由于我国台湾地区民法分别规定了亲权与监护,因此台湾的大多数学者倾向于认为监护制度的功能是对亲权的延伸。我国大陆现行的《民法通则》虽然并没有关于亲权的规定,但是仍有不少学者认为区分亲权与监护很有必要,因此也赞同将监护制度的功能理解为亲权的延伸。但是笔者认为该种观点存在诸多值得商榷之处。(1)亲权本身是一个极为模糊、缺乏明确内涵的称谓。它往往被用来指父母对于子女的权利与义务的混合体,因此实际上我们很难将亲权简单地归于一般身份权之范围。因为,身份权一般被认为是基于一定的身份关系而产生的权利,是对身份利益的支配,其客体是身份利益。而在父母对于子女的单向的亲权中,对身份利益的支配并不明显,甚至其内容更多地表现为义务。(2)亲权的称谓并不具有制度建构的意义。英美法系中并无亲权之概念但却毫不影响其对于父母子女关系在法律上进行明确的规范,即足以证明此点。而监护制度却是一项普遍存在于英美法系和大陆法系中的制度,因此监护才是有着独立价值并具有制度构建意义的概念。(3)"监护是亲权的延伸"这种说法本身即值得商榷。既然监护能够成为"亲权的延伸",那就说明此二者具有功能上的同质性。那么,我们为何一定要用两个不同的术语,即"监护"和"亲权"来指称具有相同功能的法律制度呢?或者说,如果一种制度是另一种制度的"延伸",岂不恰恰证明这两种制度并不存在各自独立的功能吗?(4)亲权仅存在于父母子女关系中,而监护的对象除了未成年人外还有成年人。因此,要用"监护是亲权的延伸"之观点来解释成年人监护则其解释力显然很有限。(5)支持监护与亲权分立的学者一般都提到两者在制度设计上的出发点不同,即亲权出于对父母作为监护人的信任,立法上往往采取放任的态度,并不对父母作过多限制或监督;而监护则对除父母之外的其他人担任监护职务保持一种警惕,因而立法上往往对监护人的监护行为设置某些限制并加以监督。但是,对父母担任监护人的信任已经遭到了现实的严峻挑战。但是根据学者的"家庭抚养和监护责任履行的危机报告",即使是亲生父母担任监护人,有些父母身负监护职责却也出现不作为、监护方式不当甚至侵害被监护人人身和财产权益的情形。① 由此可见,亲权与监护在立法上是否仍要分别坚持信任和不信任两种不同态度值得进一步深思。(6)即便要对父母作为监护人和其他人担任监护人进行某种区别,也完全可以通过立法技术来解决,即针对父母作为法定监护人的情形进行某些特别规定即可,而未必需要一定用两个不同的术语来表达。(7)我国台湾地区民法学界一直坚持区分"亲权"和"监护",但事实上台湾地区"民法典"中并未出现"亲权"这一概念,倒是有一些条款让我们看到父母对于未成年子女的职责与监护人之职责在本质上没有区别。台湾地区"民法典"第1092条规定:父母对其未成年之子女,得因特定事项,于一定期限内,以书面委托他人行使监护之职务。第1097条规定:除另有规定外,监护人于保护、增进受监护人利益之范围内,行使、负担父母对于未成年子女之权利、义务。但由父母暂时委托者,以所委托之职务为限。从以上条文我们不由想到,假如父母的职责与监护人的职责真有本质上的不同,法律又怎能允许父母以委托方式将其职责转给他人?另外,法律明确规定:"监护人于保护、增进受监护人利益之范围内,行使、负担父母对于未成年子女之权利、义务。"可见从保护未成年人的角度出发,由父母还是其他人担任监护人,其监护内容并无本质不同。也正因为如此,台湾有学者也承认:"就未成年人而言,同样内容的事情,如果是由未成年人的父母来做,就是'亲权',如果由父母以外的人来做,就是'监护'。"②可见监护与亲权在本质上无异。

综合以上分析,笔者认为区分监护与亲权实无必要。尽管历史上曾有亲权与监护之分,但那是以特定历史时期为背景的。至少我们今天从保护弱者的角度来看,这种区分已经失去了其必要性。有学者就曾谈到:"很多国家在民事立法中,已取消亲权的用语,而代之以监护权。日本民法典虽仍将亲权、监护分为两个部分设立(亲权作为第四编亲属之第四章,监护作为第五章),但在学术界则倡导'亲权、监护统一论'或'亲权废止论',认为监护规定可以吸收亲权规定"。③ 该学者此论虽然直接针对的是日本民法,但其观点在普遍意义上显然也是成立的。《日本民法典》虽然未采纳学者们的观点,但并不能证明

---

① 郗杰英、鞠青:《家庭抚养和监护未成年人责任履行的社会干预研究报告》,中国人民公安大学出版社2004年版,第4~29页。
② 郭钦铭:《亲属继承:案例式》,台湾五南图书出版股份有限公司2008年版,第314页。
③ 邓曾甲:《日本民法概论》,法律出版社1995年版,第386页。

学者的理性呼声没有其道理。

（三）弱者保护和交易安全保护兼顾说

有学者认为，监护既保护了作为被监护人的弱者，又兼顾了交易安全之保护。① 笔者认同该观点的前一部分，即监护保护的是被监护人，具有弱者保护功能；而对于该观点的后一部分，即监护具有保护交易安全之功能，笔者则不敢苟同。已有学者正确地指出："所谓交易安全是指交易中应该保护'他者'（相对人或第三人）的利益，且应将这种保护以法律强制性规定的方式确定下来。交易安全的本质是风险转移，即让谁来承担交易带来的风险……由于风险的不可避免性又使风险的消解往往成为一个风险转移的问题。风险的转移就要越过社会事实而进入市场伦理领域。这是一个牵涉移转过程中的正义分配的问题。交易安全的本质是风险分配，即让谁来承受交易带来的风险。"② 还有学者也指出，交易安全追求的是"交易行为的法律效力和法律后果的可预见性"③。因此，当被监护人作为弱者参与交易时，则其相对人的交易行为恰恰处于可能有效也可能无效的不确定状态，因此就失去了其"交易行为的法律效力和法律后果的可预见性"。也就是说，法律在此恰恰是选择了由作为弱者的被监护人的交易相对方来承担交易风险。德国学者迪特尔·梅迪库斯对此也曾作出说明：在通常情况下，每一个人都应当自行承担碰见无行为能力人并因此遭受信赖损害的风险。④ 所以，认为监护制度具有保护交易安全之功能的观点其实是在很不严谨的意义上使用"交易安全"之概念的。事实上，监护宣告对于社会大众仅有一种风险提示的作用，以警示社会大众与作为弱者的被监护人发生交易时可能存在的风险，而并不是法律对于实际交易中的风险的一种分配。因此，更为准确的说法应该是，监护制度以直接保护作为弱者的被监护人的方式间接地维护了交易秩序。

---

① 汪萍：《婚姻家庭法》，科学出版社2005年版，第192～193页。
② 李少伟、王延川：《私法文化：价值诉求与制度构建》，法律出版社2009年版，第217～219页。
③ 顾功耘：《关于商法基础理论的几个问题》，载徐学鹿：《商法研究》（第3辑），人民法院出版社2000年版，第23页。
④ [德]迪特尔·梅迪库斯：《德国民法总论》，邵建东译，法律出版社2001年版，第417页。

(四)其他观点

关于监护制度的功能,学者们还提出了以下一些观点。其一,认为监护主要保护的是被监护人的财产。笔者并不赞同该观点。因为现代立法越来越重视监护制度的人身保护之功能。被监护的成年人曾经被称为"禁治产人",这的确反映出监护似乎更多涉及的是财产方面的事务。但这恰恰是监护制度曾经的缺陷所在,也是近年来各国监护制度改革所要克服的局限所在。如果据此就认为监护制度的功能在于财产之监护,则恰恰是对监护功能的一种较为狭隘和片面的认识。其二,认为监护制度的功能经历了"从为家的监护到为被监护人的监护"之发展过程。笔者认为该种说法有待深入分析。其实,所谓"为家的监护"是指罗马法上早期的监护制度主要针对家族财产之保护,而所谓"为被监护人的监护"是针对作为个体的被监护人的保护。而当一个社会的基本结构从家族本位转变为个人本位时,监护制度从"为家"转为"为被监护人",即个体,就是很自然的事情了。如果我们再作进一步的深入分析就会发现,无论是"为家的监护",还是"为被监护人的监护",其功能还都是对于弱者的保护。因为,在所谓"为家的监护"中,被保护的直接对象主要是未成年的、或者有精神疾患或其他残疾的家长;而其实质上保护的就是这个因家长之弱势而整体陷于弱势的家庭。在这个意义上,监护制度发挥的功能还是弱者保护,即保护作为当时社会基本构成单位的家庭中之弱势家庭。也正因为如此,有学者称,罗马法上的监护和保佐"体现了对弱者特殊保护的人文主义理念"。①

监护制度的弱者保护功能已经得到了较多学者的赞同,逐渐成为一种共识。例如,有学者认为:"监护制度具有目的性……这一目的性集中体现了监护制度在法律上对'弱势'群体的关怀。"②还有学者认为:"监护制度发展至今日,已成为一种保护被监护人利益的社会公益性职责。"③另外,也还有学者谈到,监护制度的意义有二:一是保护受监护人,二是维护社会的正常秩序。④

---

① 李霞:《民法典成年保护制度》,山东大学出版社 2007 年版,第 48 页。
② 曹诗权:《未成年人监护制度研究》,中国政法大学出版社 2004 年版,第 69 页。
③ 梁慧星:《中国民法典草案建议稿附理由·亲属编》,法律出版社 2006 年版,第 224 页。
④ 宋豫、陈苇:《中国大陆与港、澳、台婚姻家庭法比较研究》,重庆出版社 2002 年版,第 406 页。

还有学者指出,监护制度具有公益性质,是国家权力保护下的诺亚方舟。① 这些观点都谈到了监护制度保护作为弱者的被监护人之功能。笔者很赞同学者们关于监护的弱者保护功能的观点,认为监护制度的功能正是保护社会弱者。

(五)监护功能的历史观察

当然,在不同社会和同一社会的不同历史时期,社会弱者的范围以及对其保护的内容和方式都不尽相同。因此,笔者拟在下文中对监护制度的弱者保护功能再作一历史观察。

首先,监护制度在其源头就闪现出了保护弱者的精神光芒。在作为监护制度源头的罗马法上,"监护是为保护由于年龄不能保护自己的人,由市民法授予和允许的对自由人的权利和权力"②。这个定义就给了我们这样的信息,即监护的对象是弱者。我们不难从定义中的"不能保护自己"得出这个结论。因为,"不能保护自己"显示的正是弱者之处境。其次,即便在古代,监护所直接保护的对象也并不是家族财产,而是一个可能使家族财产遭受损失的处于弱者地位的家庭成员,即未成年的家长。再次,近年来各国监护制度改革均扩大了可受监护者的主体范围,将身心障碍者和衰弱的老年人等这些事实上的、但以前却被监护制度拒之门外的弱者纳入了监护制度的保护范围,也进一步证明了监护制度的弱者保护功能。

综上所述,笔者认为,监护制度的功能就是保护社会弱者,不但保护其财产权益,更重要的是保护其人身权益。

第二节 监护制度的历史沿革

监护制度从古发展至今,虽然其基本的保护社会弱者之功能没有本质的改变,但其在不同历史时期的具体表现形式却往往不同。以下进行详细分析。

一、罗马法中的监护制度

按照通说,罗马法中广义上的监护制度分别由监护和保佐构成。而且,学

---

① 陈苇:《外国婚姻家庭法比较研究》,群众出版社2006年版,第458页。
② [古罗马]优士丁尼:《法学阶梯》,徐国栋译,中国政法大学出版社2005年版,第65页。

者们一般也认同一句格言,即"监护针对的是人,保佐针对的是事(Tutor datur personae,curator res.)"。因为,res 除了在普通意义上指"物"以外,还有"具体情况"①这样的意思。换句话说,这句格言本身可以理解为"监护是直接针对被监护人而形成的一种相对稳定的关系;而保佐则往往个别地针对被保佐人的具体事项。"从原始文献中我们也可以得到直接的信息:但不得就特定事务或为特定事件指定监护人,因为他是为人而不是为事件或事务指定的(I.1, 14,4.)。学者认为本段解释了监护与保佐的区别,即监护是为人并且针对一定的时间段而指定的,保佐则是涉及点时间的概念,保佐人是为了特定事件或事务而临时设置的。② 笔者将以此种理解为基础分别介绍罗马法上的监护和保佐。

(一)监护

根据已掌握的文献,监护早在《十二表法》中就已出现。《十二表法》第5表第1条为:妇女即使达到适婚年龄,亦受监护,维斯塔贞女除外。该条文虽然很简单,却给我们提供了以下重要信息:第一,监护首先是针对未适婚人的,即针对14岁以下的男孩和12岁以下的女孩;第二,妇女达适婚年龄后,除非任维斯塔贞女,否则仍处于监护之下。③ 因此,从受监护对象这个角度来看,我们可以将监护进一步分为未适婚人监护和妇女监护。下面笔者就分别对适婚人监护和妇女监护作一个简单的介绍。

1. 未适婚人监护

结合古罗马的社会背景才能对监护制度有一个更为深入的了解。因此,家族制度的变迁就构成了我们了解监护制度很重要的一扇窗户。我们知道,家族制度是到共和末期才崩溃的,因而在《十二表法》时期,家族制度应该还是当时罗马社会的一种基本制度。这种基本制度,是包括了身份和财产两方面内容的一种综合性的制度。或者换句话说,在当时的家族制度中,财产是和身份紧密结合并作为身份之内容的。那么,当时的财产也就表现为家族财产,和我们今天主要以个人为主体的财产制度是完全不同的。当一个自权人即家长是一个未适婚人时,则其家族财产即处于一种风险之下。因此,对于男子未适

---

① 谢大任:《拉丁语汉语词典》,商务印书馆1985年版,第474页。
② 徐国栋:《优士丁尼〈法学阶梯〉评注》,北京大学出版社2011年版,第114页。
③ 徐国栋等译:《〈十二表法〉新译本》,载《河北法学》2005年第11期。

婚人进行监护其实就是保护这个家族的财产。但是需要强调的是,在当时的社会,家族利益和个人利益是不分的。因此,当我们说当时的监护是为了保护家族财产时,同时就意味着也保护了作为"家父"(妇女监护除外)的被监护人的利益。罗马法中的监护分为遗嘱监护、法定监护、官选监护和信托监护四种,以遗嘱监护为优先。① 在未适婚人的监护上,一般都是由前任家长在其遗嘱中作出安排,因此,也被称为遗嘱监护(tutela testamentaria)。但是往往也会出现没有以遗嘱形式设立监护的情形或此等监护不能被顺利实现的情形。此时,国家的权力就必须渗透到家门以内,对无遗嘱或遗嘱设立的监护不能实现的情况作出安排,这就是法定监护(tutela legitima)。法定监护又可分为宗亲之法定监护(legitima tutela agnatorum)、恩主之法定监护(legitima tutela patronorum)、尊亲之法定监护(legitima tutela parentium)。② 但遗嘱监护仍然优先于法定监护得以适用。另外,当遗嘱监护和法定监护都无法实现时,还有官选监护(tutela dativa)作为保障。此外,当事人也可通过信托监护(tutela fiduciaria)选择由其信任的另外的人担任监护人。但是到了共和末期,宗法制度已经崩溃。因此,出现了许多非家族成员担任监护人的情形。换言之,罗马法上的监护经历了一个从"熟人监护"到"陌生人监护"的过程。此时,由公权力对监护人的监护行为作出限制就很有必要了。以上这个过程,其实也是国家权力加强而家族权衰落从而使监护制度由一种家内制度逐渐转变为国家权力下的制度的过程。因为从某种程度上讲,家庭财产的安全也间接构成了国家社会秩序的一部分。因此,在家族力有不逮之时,国家权力介入就是非常合乎逻辑的了。

2. 妇女监护

女子在12岁以前处于未适婚人监护之下,超过12岁的适婚年龄的自权人妇女则脱离未适婚人监护转而处于妇女监护之下。对于达适婚年龄的女子进行监护也出于和未适婚人监护类似的原因。正如学者所说,妇女监护设立的最初目的也是为了保护家族财产,因为"妇女不能有自权继承人(Sui heredes),而其血族和家父(如妇女系被解放者)遂有永远之继承权,此监护(此处

---

① 徐国栋:《优士丁尼〈法学阶梯〉评注》,北京大学出版社2011年版,第109页。
② [古罗马]优士丁尼:《法学阶梯》,徐国栋译,中国政法大学出版社2005年版,第69~75页。

指妇女监护)之所由起也"。① 盖尤斯也指出妇女监护的内容是利己主义的：监护人所关心的只是不让妇女的财产落入他人之手。他承认对妇女的监护没有站得住脚的理由。他说未适婚人得到监护人的扶助很符合"自然理性"，但是，以女性的轻浮为借口为性别监护辩解则似是而非。② 正因为如此，对妇女的监护从公元前44年颁布的《关于妇女监护的克劳丢斯法》开始逐渐被废除。③

女子监护最初只有遗嘱监护和法定监护两种方式。遗嘱监护就是指由原先对妇女有父权或夫权的人通过遗嘱为其指定监护人或者在遗嘱中授权她自己选择监护人或更换监护人；法定监护则是在没有遗嘱监护的情况下，由对妇女有继承权的宗亲或者族亲来担任监护人。后来，又出现了官选监护和信托监护以弥补法定监护和遗嘱监护在现实中的不周。官选监护是指在无遗嘱监护人或者法定监护人时，由裁判官来为自权人妇女任命监护人。信托监护则是为摆脱宗亲监护的一种策略，它是指妇女按照"买卖婚"的方式与他人假结婚，与之缔结有夫权婚姻。这样她便处在"夫权"之下从而脱离了宗亲监护。然后买婚人再与之"离婚"，使她脱离夫权重又成为自权人，而此时该买婚人则成为其信托监护人。妇女的信托监护人实际是她的自选监护人。

有两方面的原因最终使得妇女监护制度在罗马法上归于消亡。一方面，对于早期市民法上的适法行为，"监护人准可"是必需的，但是，当裁判官和万民法的适法行为在数量上和重要性上不断增长时，当"略式物"的优点逐渐等同于或超过"要式物"的优点时，当作为最初唯一程式的"法律诉讼"只在一些例外情况下使用而且法定审判只构成很有限的一部分诉讼时，妇女监护人对妇女为适法行为的所谓"准可"也失去了其用武之地。更何况，在那些需要监护人的准可的行为中，这种"准可"的欠缺也不再是一种根本性的瑕疵。④ 另一方面，随着"无夫权婚姻"的盛行，女子对外活动的限制开始减少。起初妇女被授权有选择监护人的自由，后来又可向裁判官申请，由裁判官强制其监护人

---

① 丘汉平：《罗马法》，方正出版社2004年版，第127页。
② [意]彼德罗·彭梵得：《罗马法教科书》，黄风译，中国政法大学出版社2006年版，第129页。
③ 徐国栋：《优士丁尼〈法学阶梯〉评注》，北京大学出版社2011年版，第124页。
④ [意]彼德罗·彭梵得：《罗马法教科书》，黄风译，中国政法大学出版社2006年版，第130页。

许可其进行某些法律行为。后来甚至可借助"信托监护"而摆脱宗亲监护,因此妇女监护变得名存实亡。后来,奥古斯都帝为了鼓励生育,又规定对有 3 个子女的生来自由人妇女和有 4 个子女的解放自由人妇女免除监护。到公元 410 年,提奥多修斯二世又将此项监护免除扩大适用于所有适婚妇女。① 至此,妇女监护在罗马法的历史上寿终正寝。

(二)保佐

《十二表法》第 5 表中也有关于保佐的规定。其第 7 条之 a 项规定:如果是精神病人,对其财产和人身的权力,应归于宗亲和族亲。第 7 条之 c 项规定:禁止浪费人管理自己的财产,并将其置于宗亲的保佐之下。② 该条至少给我们如下信息:第一,当时的保佐主要是针对男性适婚人中的精神病人和浪费人的。第二,由宗亲对精神病人的保佐既涉及财产,也涉及人身,而对浪费人却只涉及管理其财产。我们知道,在《十二表法》时期,还未形成关于监护和保佐的完备而系统的制度。罗马法更加追求对实际问题的解决而不是体系化的制度。但上述关于保佐的规定还是成为了了解保佐制度的一个重要窗口。而且,根据精神病人和浪费人这两类不同的受保佐对象,保佐可以被进一步分为精神病人保佐和浪费人保佐。后来又出现了对已达适婚年龄却未达成年年龄的男性自权人的保佐制度。笔者下文分别对此三者加以简介。

1. 精神病人保佐

为已达适婚年龄的男性精神病人设立保佐之目的也是为了保护其家族财产。根据《十二表法》第 5 表第 7 条之 a 项的规定,应由此等精神病人的宗亲或族亲对其进行保佐。乌尔比安将《十二表法》规定的精神病人的保佐人称为法定保佐人(Cura legitima)。另外,如无遗嘱指定的保佐人或者宗亲及族亲担任的保佐人,则裁判官可以为精神病人选任保佐人,乌尔比安称之为名誉保佐人(Cura honorarii)。精神病人的保佐人其职责主要有二:第一,保护精神病人之人身。这是精神病人保佐的独有特征,因为针对其他受监护人或受保佐人的保护主要都是针对财产的。有学者曾指出,"监护和保佐是两种有关财

---

① 周枏:《罗马法原论》,商务印书馆 1994 年版,第 258~259 页。
② 徐国栋等译:《〈十二表法〉新译本》,载《河北法学》2005 年第 11 期。

产行为的、对人的权利"①。第二,管理精神病人的财产。但此等管理仅限于精神病人发病期间。当精神病人神志清醒时,保佐随之中止;当其再次发病时,则保佐职责又重新开始。精神病人的保佐人管理财产的权限大致与7岁以下的未适婚人的监护人之职责相当,即可以进行市民法和万民法上的财产处分行为。②

2. 浪费人保佐

《十二表法》第5表第7条之c项规定,禁止浪费人管理自己的财产,并将其置于宗亲的保佐之下。③但需要注意的是,《十二表法》所称之浪费人,是专指自权人中的滥用其由法定继承而得来的家产而损害了其法定继承人之利益的人。如其浪费的不是其法定继承得来的家产,即不涉及对其继承人利益之损害,则无须为其设定保佐人。因为《十二表法》时期为浪费人设定保佐的目的也是保护家族财产,使家族财产不至于因浪费人的浪费而损及其法定继承人的利益。但后来至共和末期,由于保佐观念发生变化,对于浪费人,无论其浪费的是否为家族财产,都可以对之设定保佐人。④浪费人的保佐人一般由宗亲或族亲担任;无此等人或此等人无法实际履行保佐职责时,则由裁判官选任。随着家族制度的衰落,后期浪费人的保佐人都是官选保佐人。浪费人的保佐人之职责主要是管理浪费人的财产。

3. 未成年人保佐

罗马法上规定男子的适婚年龄为14岁,但成年年龄为25岁。那么,自权人男子在达到14岁的适婚年龄后就脱离了未适婚人监护,即可以自主处分财产。但实际上,这个年龄的男子智力尚未发展完备,也缺乏社会阅历,因此有受到欺骗之虞。因此,到公元前191年,普雷托流斯法(Lex Plaetoria)就规定,对任何以诈欺手段利用不满25岁者(即未成年人)的无经验而获取好处的人予以惩罚,但并不撤销该行为的法律效力,以此来对未成年人进行间接保护。此时,未成年人保佐人的设立需要由未成年人提出要求,而保佐人也只参与一些孤立的活动,使与未成年人交易者获得一种道德上的保障。也就是说,

---

① [意]彼德罗·彭梵得:《罗马法教科书》,黄风译,中国政法大学出版社2006年版,第128页。
② 丘汉平:《罗马法》,方正出版社2004年版,第143~144页。
③ 徐国栋等译:《〈十二表法〉新译本》,载《河北法学》2005年第11期。
④ 丘汉平:《罗马法》,方正出版社2004年版,第143~144页。

"未成年人保佐人在古典法中似乎从没有变为地地道道的管理人或者至少变为义务性管理人。"①虽然,当时他们未得到法律的正式承认,而只是根据各项交易的需要而被临时找来的人,但到了公元 2 世纪时,他们的身份已经得到了稳定的未成年人保佐制度之确认。因为,后来的裁判官法规定,如果另一方因未成年人未履行交易而提起诉讼,裁判官允许未成年人通过"普雷托流斯法抗辩"(exceptio legis Plaetoriae)对抗其诉讼;如果交易已经履行,裁判官则可根据未成年人的要求行使自由裁量权,宣布"恢复原状"(restitutio in integrum),对该交易予以撤销。这项法律的本意是要保护未成年人,但是过犹不及,却产生了这样的一个消极后果,即许多人不愿意与未成年人交易,担心这种交易处于不稳定状态。为了应对这种情况,就出现了由某个独立的成年人批准交易的做法。至此,接受保佐的未成年人才开始受到如同在监护下所受到的对于财产行为的限制,而此时的保佐人也才成为必要的一般管理人,并介入未成年人的行为,对之进行"协助"或"同意",正是这种同意使得未成年人的行为在法律上获得完全之效力。但是,未成年人也因此不能诉诸"普雷托流斯法抗辩",也不能要求"恢复原状"了。② 此时的未成年人保佐人之职责就与未适婚人的监护人相当了。

(三)对罗马法上监护与保佐的分析

以上只是对罗马法上监护制度的一种粗线条勾勒。尽管当时罗马法并不追求体系化和概念化,但我们还是可以借用法律关系这个现代分析工具来对之进行更加细致的分析,并从而获得对罗马法上监护制度的较为深入的了解。

首先,我们可以从主体的角度来进行分析。罗马法上监护制度的主体就是监护人、保佐人、被监护人以及被保佐人。事实上,在不同时期,这些主体的范围是有所变化的。一方面,监护人和保佐人的范围有所变化。最早的监护人一般仅限于被监护人的法定继承人。而且因为监护是市民法上的制度,因此奴隶、优尼亚拉丁人等都不可成为监护人。妇女因为本身即处于终身监护之下,也不得担任监护人。但在帝政时期,经皇帝特许,妇女可以担任其已丧

---

① [意]彼德罗·彭梵得:《罗马法教科书》,黄风译,中国政法大学出版社 2006 年版,第 137 页。

② [意]彼德罗·彭梵得:《罗马法教科书》,黄风译,中国政法大学出版社 2006 年版,第 137 页。

父的子女或孙子女的监护人。到优帝一世后,允许生母对其非婚生子女享有监护权。但妇女担任监护人,应将其全部财产作为抵押。奴隶一般不能担任监护人,凡指定奴隶为监护人的,以该奴隶获得自由为前提或视为同意解放该奴隶。① 同样,保佐人因其在不同时期的作用不同,其范围也发生了变化。最早的保佐人也同监护人一样,是由宗亲或族亲担任的,因为此时保佐人的协助或准可是被保佐人的行为发生法律效力所必需的,这样才足以保护被保佐人的利益。但到后来出现了未成年人的保佐人,则他们的作用主要是一种证明而不是修补未成年人行为效力的瑕疵。则此时的保佐人大多是由裁判官选任的,因此其范围则不限于宗亲和族亲。另一方面,被监护人或者被保佐人的范围也有变化。最初的被监护人就是自权人中的未适婚人和已达适婚年龄的女子。但后来,自权人妇女慢慢不再成为被监护的对象。保佐一开始也只是针对精神病人和浪费人的,但后来扩及弱智者、聋哑人和慢性病患者以及未成年人。

其次,我们还可以从监护关系的客体这个角度来作一个分析。借用法律关系客体之观念,监护关系的客体就是指受监护人的人身及财产等合法利益。那么,对于罗马法上的监护和保佐而言,其客体也就是此二者所保护的利益。罗马法上监护和保佐的客体其实也有一个逐渐变化的过程。在此以浪费人之保佐为例进行说明。最初,浪费人保佐的客体仅仅是被保佐人法定继承得来的家族财产,但到了共和末期,保佐的客体范围扩大到不限于法定继承的家族财产,而是对挥霍浪费者均设立保佐。

再次,我们也可以从监护的内容之角度来作分析。仍然借助于法律关系内容之概念,监护和保佐的内容即其所涉及的具体权利与义务。罗马法上监护的内容并未体系化,而是表现出一种针对具体情况的务实精神。以下仅举几例予以说明。第一,未适婚人的监护,又以 7 岁为年龄界限,其内容表现出很大的不同。对于不满 7 岁者,监护人必须亲自管理财产;对于已满 7 岁者,监护人则以许可的方式使被监护人转让权利或者承担义务。第二,在公元 2 世纪初罗马出现代理现象之前,监护人的监护方式是将被监护人的财产转归自己所有,监护终了时再移交。但后来代理的情况出现,即监护人开始以被监护人的名义实施事务管理,其后果也由被监护人承担,但监护人应尽到注意义

---

① 何勤华、魏琼:《西方民法史》,北京大学出版社 2006 年版,第 98 页。

务。到了公元3世纪初,监护人已经可以用被代理人的名义为财产行为,其后果则对被监护人直接生效。① 第三,监护人的职权也逐渐受到了限制。最初,法律并未对监护人的职权作出限制。到公元195年,元老院的决议则规定,监护人非在法定条件下,不得出卖被监护人在行省和罗马近郊的不动产。优士丁尼时又有规定,一切不动产和其他贵重物品可保存而不致损害其价值的,除遗嘱人在遗嘱中明示准予出让外,监护人不得出卖之。②

二、近代民法中的监护制度

5世纪到15世纪一般被认为属于西方历史上的中世纪。因此,西方的近代史大概开端于16世纪。之所以略过中世纪而直接跨入近代民法,原因是中世纪的法制发展缓慢。笔者在读到这部分内容时,有时甚至有一种错觉,觉得此时的法律似乎仍然停留在古代。中世纪大部分时间处于教会权力之下,且社会分裂、动荡。而民法本质上是和平时期的规则。因此,在动荡之下难有大的发展。另外,宗教统治对于家庭的冲击并不大,而监护制度是与家庭制度密切相关的,因此也无大的变化。家庭在过去是一个维护权威的组织机构,经济模式维护了家庭制度,宗教又未对之产生冲击。因此民法较之古代发生较大变化是近代才开始的。民法学界通说认为近代民法开始于《法国民法典》。1804年的《法国民法典》中则规定了未成年人监护和禁治产及准禁治产制度。后来的《德国民法典》、《日本民法典》等都遵循了类似的模式。这样一种近代监护制度的形成,背后其实有其深刻的社会和思想背景。尽管监护关系的三要素都能反映出特定时期的历史背景,但监护关系的主体,尤其是被监护人一方的特征最能集中体现一种监护制度的历史特征。近代监护制度以未成年人和禁治产人作为监护对象就反映出近代社会的特定背景。

(一)未成年人监护

有学者认为,未成年人监护制度经历了从家庭主义到个人主义再到国家主义的演变过程。该学者还进一步认为,近代资本主义的未成年人监护模式是从1804年《法国民法典》至20世纪第二次世界大战之前的"个人主义"的监

---

① 周枏:《罗马法原论》,商务印书馆1994年版,第250~251页。
② 周枏:《罗马法原论》,商务印书馆1994年版,第254~255页。

护样态。① 他认为在这一时期,"一方面传统家长权被进行改塑,家父的权利实质还一定程度的存在,而家庭作为社会政治组织形式的人格机能一去不复返,但亲属的监护责任仍居于法定或指定的首选之中;另一方面,在人格独立、私权神圣的旗帜下,从身份到契约的嬗变,使家庭和亲属的身份支配关系受到冲击,未成年人的独立人格和利益获得一定层面的社会认知,私法自治中嵌入了一定的国家干预因素。在这一历史时代,家庭和亲属实际上处于国家公共体系与市民社会的中间地带,是一个在夹缝中生存的身份社会,对未成年人的监护在总体上还表现为父母和特定亲属的主体化的私域权力、权利和义务、责任,同时也在一定程度上反映未成年人的个人利益,尤其是财产上的利益。所以,个人主义的未成年人监护是家庭主义向国家主义的过渡样态,更是近代资产阶级革命在家庭亲属领域向传统势力的妥协和让步,也是资产阶级国家转嫁其对未成年人监护职责的一种灵巧安排"。② 笔者认为这段分析很有道理。正如该学者所说,"未成年人监护制度是建立在一定社会经济基础之上的上层建筑,是各个社会的未成年人保护形态在上层建筑领域中的集中体现,具有上层建筑或社会制度的共性特点,受到人类社会发展中固有规律的作用。一定社会形态下的未成年人监护的性质、内容等特点,都有其特定的社会背景,并充分反映该社会的发展水平、物质生活条件和文化传统"③。近代未成年人监护制度的确反映了近代社会的状况。这是我们理解近代未成年人监护制度所不能忽视的大背景。

除了从以上较为宏观的角度来理解未成年人监护制度,我们还需要从更为微观的层面上了解近代未成年人监护关系的主体、客体以及内容等方面的具体情况,以期对这一时期的未成年人监护制度获得较为全面的认识。

首先,从主体角度来看,近代的未成年人监护与古代的未适婚人监护完全不同。

罗马法上的未适婚人监护只针对那些未达适婚年龄而有财产的自权人而设立,即针对身为家长的未适婚人和有财产的未适婚自权人女子。从优士丁尼《法学阶梯》中我们可以得到与此相关的信息:因此,在监护人管理男女被监

---

① 曹诗权:《未成年人监护制度研究》,中国政法大学出版社2004年版,第247页。
② 曹诗权:《未成年人监护制度研究》,中国政法大学出版社2004年版,第247页。
③ 曹诗权:《未成年人监护制度研究》,中国政法大学出版社2004年版,第247页。

护人的事务的情况下,在被监护人达到适婚年龄后,他们要在监护之诉中汇报账目。而近代的未成年人监护制度则是普遍适用于所有未成年人的一项制度。这显示出近代社会的构成单位已经逐渐由家庭转变为个人了。但是同时,近代的监护制度也仍然留有家族制的影响和痕迹。就主体角度而言,这主要表现在以下几个方面:第一,父母是未成年人的第一顺位监护人,且法律对于父母履行监护职责不作过多干预。第二,除父母之外的法定监护人还是首选未成年人的直系尊亲属,且范围较广,替补亲属成员多;而且,父母遗嘱指定或亲属会议指定的监护人原则上限于亲属范围;并且,监护监督人一般在有亲属关系的人中选择。例如,1804年的《法国民法典》第402条规定:后死之父或母,未为未成年人选任监护人时,监护权依法即属于父系祖父,无父系祖父,即属于母系祖父,并以此类推,但如亲等相同,父的直系尊血亲经常较母的直系尊血亲有优先权。再如,1898年的《日本民法典》第903条规定,家属无前两条规定的监护人时,家长为其监护人。第三,亲属会议在监护制度中仍发挥很大的作用,还是解决有关监护问题的私力自治机构,凡涉及未成年人监护的问题几乎都由亲属会议解决。例如,1804年的《法国民法典》第405条规定:如未成年且未解除亲权的子女,既无父母,亦无父母选任的监护人,又无男性直系尊血亲,或以上规定有监护人资格之人处于下述应排斥的情况,或已经合法排斥时,亲属会议应为指定监护人一人。1898年的《日本民法典》第904条规定,无前3条规定的监护人时,由亲属会议选任监护人。其第910条第2款规定:亲属会议选任了监护人时,应即选任监护监督人。其第913条第1款规定:监护人有更替时,亲属会议应改选监护监督人。但不妨碍再选前任监护监督人。

其次,从监护关系客体的角度来看,近代资本主义民法中的监护立法呈现以下特征:在监护和亲权的双轨制下,亲权关系中更重视父母对子女的人身性支配,轻视对子女财产利益的保护;而在监护关系中则重视财产保护、轻视人身保护。

正如学者所言,近代资本主义早期的民法"其监护制度深受私有财产制和遗产继承制的影响,是维护私有财产、保护继承权的重要手段,带有重财产监护轻人身监护的偏失;而亲权制度则带有古代家长权的痕迹,通过赋予家父的人身支配权、管束权同样达到维护家庭私有财产利益的效果,从而两种制度有异曲同工、彼此呼应对接的功能内涵"。① 这一特征首先从 1804 年的《法国民法典》②可以清楚地看出。该法第一编第九章③规定,亲权人对未成年人的行为有重大不满的原因时,可以决定拘留、逮捕的方式予以矫正(其第 376 条、第 377 条、第 378 条、第 379 条、第 380 条);还规定,未成年人除于 18 周岁后为志愿兵入营外,未征亲权人许可不得离开家庭。该部分还同时规定了亲权人对于子女的财产有支配、管理和用益的权利(其第 375 条、第 384 条)。另外,该法典对于财产监护作出了详细的规定。例如,其第 450 条至第 457 条均是关于财产监护的规定。其中,第 450 条规定:监护人应照顾未成年人的身体,并代理其一切民事行为。管理财产应尽善良管理人的注意,并对于管理失当所生的损害负赔偿的责任。监护人不得买入未成年人的财产,除监护监督人依亲属会议的授权,将未成年人的财产租赁于监护人外,不得租赁未成年人的财产,亦不得从被监护人接受权利或债权的让与。其第 457 条规定,监护人未得亲属会议的同意时,不得为未成年人借入款项或出卖、抵押不动产。监护人纵使为未成年人的父母时亦同。前项同意,仅于有绝对必要的原因或显明的利益时,始得给与。1896 年的《德国民法典》也呈现出了类似的特征。这从其法典的用词可以看出。当时德文用了"elterliche Gewalt"一词来表示亲权,如果直译成中文则应该是"父母之权力",因为"Gewalt"一词本来就有"强制力、暴力、权力、威力"等之意。④ 它被用来指父母,尤其是父亲对于未成年子女的支配与控制权,带有明显的家长制的痕迹。1898 年《日本民法典》⑤的第 884 条也曾规定了亲权人的财产管理权与代表权。这里需要强调的是,尽管监护主要仍针对的是被监护人的财产,但对其人身的保护也有了明文规定,这毕竟是一种进步。

---

① 曹诗权:《未成年人监护制度研究》,中国政法大学出版社 2004 年版,第 175 页。
② 该部分所引之条文出自商务印书馆 1979 年出版,由李浩培、关传颐、孙鸣岗翻译的《拿破仑法典》。
③ 李浩培、关传颐、孙鸣岗翻译的《拿破仑法典》中从大到小的结构单元分别用编、章、节、目来表示,但是罗结珍的《法国法典》译本中从大到小的结构单元则分别以卷、编、章、节对应于李浩培等的译本的编、章、节、目。为尊重各译者,笔者引用法条时均按照译者的译文来使用。
④ 马桂琪:《现代德汉词典》,外语教学与研究出版社 2004 年版,第 280 页。
⑤ 该部分所引之条文出自法律出版社 1986 年出版,有曹为、王书江翻译的《日本民法》。

再次,从监护关系内容的角度来看,近代监护制度对于监护人的权力已经有所限制,对其义务也有了明文的规定,已经初显了对被监护人利益的关注。尽管如此,家庭的权力尚未消失殆尽,仍保留其一定的自治权力,尤其是这一时期的监护制度仍为双轨制,即由父母对未成年人的亲权制度和父母之外的其他监护人对未成年人的监护制度(即狭义的监护制度)共同构成。亲权制度在一定程度上是旧的家族制下监护制度的变形。1898 年的《日本民法典》中就曾存在过其过渡形态,即户主权和亲权同时并存的状态。后来的立法修改废除了户主权,父母的亲权才具有了独立的意义。亲权带有家族制之遗迹主要表现在以下方面:(1)对于未成年人对其亲权人的服从义务有直接规定。例如,1804 年的《法国民法典》第 371 条规定:子女不问其年龄如何,对父母负尊敬的义务。其第 372 条规定:子女在成年或亲权解除前,均处于父母权力之下。1898 年的《日本民法典》第 877 条第 1 款规定:子女服从在其家的父的亲权。但独立营生的成年人,不在此限。(2)惩戒权还得到了一定限度的承认。1804 年的《法国民法典》第 376 条规定:如子女的年龄在 16 岁开始前,父得在 1 个月以下的期间内拘留之;且为此目的,当地法院院长应基于父的请求交付逮捕令。1898 年的《日本民法典》第 822 条还曾规定未成年人的亲权人对其未成年子女有惩戒权。就近代监护关系的内容而言,正如学者所说:"国家和政府实际上超脱于未成年人监护事务,也没有在法律上反映出设立社会公共监护机构或组织,未成年人的监护保障完全依赖亲属体系,国家是消极的被动的监督者。"[1]

(二)禁治产人监护

禁治产人监护是在近代的行为能力制度框架下对于特定的成年人的一种保护制度。近代的行为能力制度首先对特定自然人进行禁治产宣告拟制其为非完全行为能力人,然后为其设置监护人。通说认为,禁治产人是指因精神障碍(或为心神丧失,或为精神耗弱)致不能处理自己事务,经特定申请人的申请,被法院作出禁治产的宣告因而丧失行为能力的自然人。有学者曾对禁治产宣告的实质要件作出归纳,指出禁治产宣告应满足以下三个实质要件:第一,被宣告禁治产之人,须为心神丧失或精神耗弱之人。其中,心神丧失是指意思能力全部丧失,即处于精神错乱或无识别能力的状态;精神耗弱是指欠缺

---

[1] 曹诗权:《未成年人监护制度研究》,中国政法大学出版社 2004 年版,第 176 页。

部分意思能力,处于识别能力不完全的状态。心神丧失和精神耗弱都属于精神障碍,有可能为先天缺陷也有可能为后天疾病、受伤等所致。一般可导致心神丧失或精神耗弱的疾病主要有精神分裂症、中风后痴呆、脑水肿、脑震荡后痴呆、慢性酒精中毒等。第二,被宣告者的精神障碍须达到不能处理自己事务之程度,即对于自己行为之利害得失不能清楚地理解。第三,精神障碍须为常态。常态是指在大多数情况下被宣告者都处于精神障碍的状态,而并不要求这种状态绝对的持续不间断。①

宣告禁治产对被宣告人的直接法律后果是禁止或限制其治理财产。这也是称被宣告人为禁治产人的原因。禁治产人被限制或禁止治理其财产也是由禁治产制度本身的立法目的所决定的。学者们一般认为禁治产制度的立法目的有二:一是保护禁治产人之利益,二是保护相对人之交易安全。就保护禁治产人之利益而言,禁治产人往往因其精神障碍而容易被他人利用并蒙受财产方面的损失。因此,对其宣告禁治产并为其设置监护人,由监护人代其为法律行为,就能避免禁治产人因受诈欺而蒙受财产损失。就保护相对人之交易安全而言,禁治产宣告后,他人易于获悉禁治产人的行为能力状况因而避免与其交易,以免因为禁治产人的行为效果不确定而蒙受不测之损害,因此该制度也兼顾了对相对人交易安全的保护。

但是在此,我们必须对交易安全作出分析。按照学者的观点,"所谓交易安全是指交易中应该保护'他者'(相对人或第三人)的利益,且应将这种保护以法律强制性规定的方式确定下来。交易安全的本质规定性是风险转移即让谁来承担受交易带来的风险……由于风险的不可避免性又使风险的消解往往成为一个风险转移的问题。风险的转移就要越过社会事实而进入市场伦理领域。这是一个牵涉移转过程中的正义分配的问题,法律便开始介入。交易安全的本质是风险分配,即让谁来承受交易带来的风险"。② 交易安全追求的是"交易行为的法律效力和法律后果的可预见性"③。那么,我们来具体分析一下在禁治产人监护制度下的交易安全问题。假如有禁治产人参与交易,则其

---

① 陈锳雄:《民法总则新论》,台湾三民书局1982年版,第145页。
② 李少伟、王延川:《私法文化:价值诉求与制度构建》,法律出版社2009年版,第217~219页。
③ 顾功耘:《关于商法基础理论的几个问题》,载徐学鹿:《商法研究》(第3辑),人民法院出版社2000年版,第23页。

相对人的交易行为恰恰处于可能有效也可能无效的不确定状态,因此,就失去了其"交易行为的法律效力和法律后果的可预见性"。换言之,法律在此对于风险的分配恰恰是选择了由禁治产人的交易相对方来承担交易风险。德国著名学者迪特尔·梅迪库斯有一句话对此说得再明白不过了:在通常情况下,每一个人都应当自行承担碰见无行为能力人并因此遭受信赖损害的风险。① 因此,我们应当注意的是,禁治产人监护制度对于交易安全的保护是在不严格的意义上而言的,它其实是指监护宣告对于社会大众有一种风险提示的作用,警示社会大众与禁治产人交易时可能存在的风险,而并不是法律对于实际交易中的风险的一种分配。也就是说,交易秩序才是其考虑的对象。

  禁治产人监护制度从其监护关系的主体、客体以及内容角度来讲,分别具有如下一些特点。(1)就主体角度而言,首先,被宣告禁治产之人不再限于患有精神疾病或者有身体残障的自权人(即家长),而是针对所有精神障碍人或者浪费人。有些国家的法律规定的禁治产人监护的准禁治产还包括浪费人、习惯性酗酒者和吸毒成瘾者等。② 其次,禁治产人的法定监护人主要仍然是其亲属或家族成员,且一般遵循着"配偶、父母、直系尊血亲或卑血亲、其他亲属"的顺序。再次,亲属会议仍然是决定重大监护事务的主要机构。(2)就客体角度而言,禁治产人监护主要以财产监护为其核心。虽然有学者谈到,禁治产人的监护人的监护事务还包括"护养疗治",但"护养疗治之程度及方法,应依受监护人之财产状况定之"③。而且,监护人对禁治产人的代理一般也仅是财产行为的代理。由此可见,禁治产人监护是以财产监护为中心的。(3)就内容角度而言,被监护的禁治产人的行为能力往往被剥夺,其财产行为受到了较为严格的限制。

  最后需要强调的是,"禁治产人"这一称谓已经在立法中逐渐退出了历史舞台,并逐渐被"障碍人"这一中性的称谓所取代。其原因主要有两个方面:一是"禁治产人"的称谓带有歧视之意味;二是这一称谓仅包含财产监护,而现代监护制度的发展则越来越注重人身监护的内容。

---

① [德]迪特尔·梅迪库斯:《德国民法总论》,邵建东译,法律出版社2001年版,第417页。
② 齐云译,徐国栋审校:《巴西新民法典》,中国法制出版社2009年版,第277页。
③ 高凤仙:《亲属法:理论与实务》,台湾五南图书出版公司1998年版,第451页。

三、监护制度的现代新发展

按照学者的说法,第二次世界大战后民法进入其现代化发展时期。这一时期的监护制度可以分为未成年人监护制度和成年人监护制度。未成年人监护制度和成年人监护制度各自又经历了其新的发展。相比较而言,成年人监护制度的发展变化更为巨大。这是因为,未成年人是每个自然人人生的必经阶段,是自然人个人于某个阶段的普遍状态,在此阶段需要监护是常态。这个阶段主要受年龄这个自然因素的影响。但成年人监护则只是对成年人中一些特殊的个体进行监护,只是成年人中的特殊现象,因此,其发展变化受社会历史条件、观念等因素的影响,在不同时期有不同的表现形式和特点。在历史上,就曾出现过"妇女监护""禁治产人监护"等各种形式。因此,较之未成年人监护,成年人监护要复杂得多。以下分别阐述。

(一)未成年人监护的新发展

有学者对未成年人监护制度的现代新发展作了概括,认为其主要表现在以下几个方面:第一,监护人的范围已经突破亲属关系的限定,非亲属的"社会人"已纳入监护人候选范围;第二,国家不仅认识到其担负的监护职责,而且实践着这一职责;第三,为弥补父母或亲属监护的不足或缺失,建立了儿童社会援助部门等政府性、社会性机构,形成了未成年人监护的社会保障机制;第四,国家司法机关以公权力为支撑,全方位介入未成年人监护的调处审决程序中,不仅有程序上的保障,而且有实体上的权利。[1] 笔者认为以上分析很有道理,而且如果从监护关系的角度来分析,似乎看得更为清楚一些。

首先,从主体角度来看,监护人与被监护人的身份关系进一步淡化,国家公权力更多地介入,成为除监护关系主体外的、却对监护关系本身有着重要影响的一方力量。例如,《法国民法典》[2]第 427 条规定:监护是对儿童的保护,属于公共性质的责任。其第 433 条规定:如无人监护,在监护涉及成年人时,监护法官得将其交由国家负担,或者在涉及未成年人时,交由社会援助儿童部门。其第 278-1 条、第 278-2 条规定,作为特殊情况,以及在子女的利益有此要求时,法官得决定将子、女的居所确定在另一人家中,优先选择居住在有亲属

---

[1] 曹诗权:《未成年人监护制度研究》,中国政法大学出版社 2004 年版,第 183 页。

[2] 该部分所引法条出自罗结珍所译、法律出版社 2005 年出版的《法国民法典》。

关系的人家中；或者如不可能作此安排，法官得决定将子女托付给教育机构。受托管的人，得完成通常情况下照管与教育子女所必要的一切行为。法官得委派任何有资格的人进行社会调查。此种调查的目的在于，收集有关家庭的物质与道德状况、子女生活与教养条件，为其利益有必要采取的措施等方面的情况材料。再例如，德国 1922 年 7 月 9 日的《帝国少年福利法》规定了公职监护人之可能，而透过各地少年局的设立使一个完整的公职监护网得以完成。德国联邦法院于 1960 年的判决中还明确宣称监护制度乃系国家执行其对国民之公法上之保护任务；监护系一公职，监护人不再只限于家庭之成员，任何国家为履行其照顾职责而指定之可信任之人均可为监护人。①

其次，从监护关系客体的角度来看，尽管财产利益仍是监护事务的主要目标，但人身利益也开始得到一定程度的重视。例如，《法国民法典》第 371-1 条规定，保护子女之安全、健康与道德品行之权力属于父与母。父与母对其子女有照管、监督、教育的权利与义务。第 371-2 条规定，在第九编"亲权"所指的各种情况下，即使没有需要管理的财产，监护亦得开始。于此情形，监护得以按第十编"未成年、监护及解除亲权"中的规则进行安排。再如，《德国民法典》②第 1631 条和第 1632 条主要规定了对被监护人人身利益的保护，具体包括：监护人对未成年人予以照顾、教育和确定其居所的义务和权利；监护人不得对未成年人采取侮辱人格的教育措施，特别是身体上和精神上的虐待，也不得同意给予未成年人绝育；只有经家庭法院批准方许可对子女作出剥夺自由的安置，若迟延将产生危险，可在无批准的情况下作此安置，但必须毫不迟延地补办批准，等等。

再次，从监护关系的内容来看，对监护人的权利之限制更多，对其义务的规定更为详尽，从而对未成年人的利益之保护更为周全。仍以《法国民法典》为例。该法典中虽然沿用了"亲权"一词，但其实质内容已经完全改变。正如学者针对该法典所说的，"统摄于亲权、交织于监护中的父母对未成年子女的'权力'，具体表现有人身安全、健康、品德保护和监督权，生活照管权，教育权，财产及事务管理权，等等。这些内容与其说是亲权，不如说是父母对未成年人的监护职责体系，集中反映了父母对未成年子女照顾、保护、教育监督等的责

---

① 曹诗权：《未成年人监护制度研究》，中国政法大学出版社 2004 年版，第 187 页。
② 该部分所引法条出自郑冲、贾红梅所译、法律出版社 1999 年出版的《德国民法典》。

任与义务。"① 因此,该学者认为,现行法国民法上,父母亲权已徒具形式,监护才是其实质,因而应将亲权纳入监护范畴。学者的这种观点在德国民法中就获得了印证。德国 1980 年的《关于重新规范父母照顾权的法律》中,就将在此之前《德国民法典》中使用的带有强权色彩、被译作"亲权"的"elterliche Gewalt"换成了含有照顾、保护、关怀之意的、被译为"照顾权"的"elterliche Sorge"。未成年人监护关系内容的变化还体现在对监护人履行监护职责规定了诸多更为具体的限制。例如,《法国民法典》第 457 条规定:监护人,非经亲属会议批准,不得以未成年人的名义进行财产处分行为。非经亲属会议批准,监护人尤其不能替受监护的未成年人借贷、让与不动产、商业营业资产、有价证券与其他无形权利,或者就此设定物权;对贵重的动产物品或构成受监护的未成年人之财产重要部分的财产,亦同。再如,《德国民法典》第 1795 条第 1 款规定,下列事项,监护人不得代理受监护人:(1)监护人的配偶或直系血亲与受监护人之间的法律行为,但专为履行债务的法律行为,不在此限;(2)对设置移转或负担受监护人因典质、抵押权、船舶抵押权或担保保证的对监护人的债权的法律行为,或对设置、废除或减少这种保障为标的的法律行为,或对设置受监护人对此种移转、负担、废除或减少的义务的法律行为;(3)对第 1 点所示诸人间的诉讼以及对有关第 2 点所示种类的事务的诉讼。该法典第 1805 条第 1 款规定:监护人不得为自己,也不得为监护监督人使用受监护人的财产。

(二)成年人监护的新发展

成年人监护在 20 世纪 60 年代开始出现大的改革之前,主要还是延续了近代的禁治产人监护。而禁治产人监护又是以理性主义的行为能力制度为基础的,这决定了这一时期的成年人监护制度的理性主义倾向。这种理性主义倾向所存在的弊端也正是后来成年人监护制度进行改革的原因。其弊端反映在主体、客体方面主要可以归纳为以下几点:(1)在主体方面,理性主义的行为能力制度之局限导致了禁治产人监护的局限。首先,理性主义的行为能力制度是一种简单化、机械化的对人的划分。它忽略了作为个体的人的差异状况,而对之统一适用禁治产宣告制度。其次,理性主义的行为能力制度还反映了它对人的一种静态化理解,即它忽略了个体的状况是一个动态变化的过程,可能会因年龄、生活境况而发生变化。也正因为这样,禁治产宣告在实践中的适

---

① 曹诗权:《未成年人监护制度研究》,中国政法大学出版社 2004 年版,第 178 页。

用较少,因此禁治产监护制度的功能有限。据学者介绍,韩国全国申请禁治产的案件在2000年仅为258件,2001年323件,2002年421件,2003年433件,2004年473件,2005年529件,2006年663件,2007年747件。[①] 在日本,该制度的利用率同样不高,禁治产宣告案件在1970年为363件,1980年449件,1990年883件,1998年1709件;准禁治产案件在1970年为84件,1980年83件,1990年104件,1998年251件。[②] (2)从客体方面来看,重财产轻人身仍是这一时期禁治产人监护的主要特点。首先从成年被监护人的称谓即可反映出这一特点,即被称为禁治产人或准禁治产人。这样一来,其逻辑的推论就是,对其进行的监护也主要表现为代其为财产行为。而且,对被宣告禁治产者一般要在其户口簿上进行登记,则不但禁治产者本人会受到歧视,连其家人也会受到歧视。另外,从相关的法律规定中也可看出这一点。例如,《日本民法典》在"监护事务"一节中,绝大部分条款都是关于财产监护的。再如,《德国民法典》在其"监护的执行"一节中的大部分内容也是针对财产的。

但是,值得注意的是,这一时期的成年人监护制度虽是以理性主义为制度的基本精神,但却仍保留了罗马法中为身体有障碍者设立保佐的合理做法。例如,《德国民法典》第1910条"残疾者的保佐"就规定:(1)未处于监护下的成年人,如因身体上的缺陷,特别是聋、盲或哑,不能料理自己事务者,得对其人身或财产设置保佐人;(2)未处于监护下的成年人,如因精神上或身体上的缺陷,不能料理自己个别事务或自己一定范围的事务,特别是自己的财产事务时,得对这些事务设置保佐人;(3)保佐在得到残疾者同意时,使得指定之,但不能与残疾者沟通意思时不在此限。[③] 再如,《日本民法》第11条"准禁治产人"在1979年修订以前还包括聋人、哑人及盲人。[④] 后来对此的改革倒是有退步之嫌,因为其改革为了逻辑上的周延却牺牲掉了监护立法对于关照现实生活的品质。

---

① 该数据从朴仁焕的论文《有关韩国成年监护制度的民法修改基本方向和主要内容》中获得。
② [日]宇田川幸则:《浅论日本关于成年人监护制度的修改》,载渠涛:《中日民商法研究》(第1卷),法律出版社2003年版,第386页。
③ 上海社会科学院法学研究所译:《德意志联邦共和国民法典》,法律出版社1984年版,第508页。
④ 王书江译:《日本民法典》,中国人民公安大学出版社1999年版,第5页。

从 20 世纪中后期开始,两大法系都开始了对于成年监护制度的改革,使成年监护制度有了新的发展。除了上文谈到过的成年监护制度自身的缺陷外,另一个推动此次改革的巨大动力来自社会现实之人口老龄化挑战。人口老龄化(aging of population)是指一个国家或地区老年人口占总人口的比例不断递增的过程和趋势。人口老龄化的结果就是老年型国家或社会的出现。根据联合国人口组织(WPO)的标准,一个国家或社会 65 岁以上人口比重超过 7% 的为老年型;60 岁以上人口超过总人口数 10% 的也被称为老年型。[1]人们寿命的普遍延长以及生育率的下降都导致了社会老龄化之趋势。而一个社会的人口老龄化对整个社会生活的影响是巨大而深刻的。其中一个很重要的问题就是,老年人这个日渐庞大的群体在社会生活的许多方面处于一种弱势地位。因此,如何保护老年人就成为一个老龄化社会所必须关心的问题。而在各种保护措施中,来自法律的保护应该是最有力和最有效的。因此,对民法上的成年监护制度进行改革,将需要保护和帮助的老年人纳入成年受监护人之范围,从而以法律的手段来有效地保护其权益就成为各国立法修订的重要动因。

各国纷纷通过修订成年人监护立法应对老龄化问题。以下仅以几个有代表性的国家和地区为例作一简单介绍和分析。

1. 日本

日本国会于 1999 年 12 月 1 日通过了《关于修改民法的一部分的法律》、《关于任意监护契约的法律》、《关于监护登记等的法律》以及《关于伴随施行〈关于修改民法的一部分的法律〉修改有关法律的法律》等关于成年人监护制度的法律,并于 2000 年 4 月 1 日起施行之。修改之后的成年监护制度由法定监护制度和任意监护制度构成。法定监护制度是通过修改旧法而成,而任意监护制度则是通过特别法的形式增加的新制度。法定监护制度对旧法主要作出了以下修改:(1)取消了原来关于"禁治产人"和"准禁治产人"的规定,代之以"因精神上障碍而经常处于欠缺事理认识能力的人"、"因精神上的障碍而辨别事理能力明显不足的人"和"因精神上的障碍而辨别事理能力不足的人"的规定,经申请分别为其设立"监护"、"保佐"和"辅助";(2)相应地废止了"禁治

---

[1] 王石泉:《中国老年社会保障制度与服务体系的重建》,上海社会科学院出版社 2008 年版,第 49 页。

产宣告"和"准禁治产宣告"以及对禁治产人和准禁治产人在其户口簿上进行记录的"玷污户口"制度,而代之以在相关机构进行登记的登记制度。任意监护制度是由本人在有判断能力的情况下预先委任监护人,授权该监护人在本人将来判断能力不足时承担有关本人的全部或一部分监护事务;同时,家庭裁判所对此等监护人实施监督。该新制度的特点就在于增加了家庭裁判所对于本人和委任监护人之间的委托代理关系之监督,将两个原来不相关的制度结合在一起形成了一个新的制度,来弥补原来委托代理关系中本人在判断能力不足时无法监督代理人的行为之缺陷。由于任意监护制度最大限度地尊重了本人对于其监护人的选择,因此原则上任意监护制度应优先于法定监护制度。① 这样一来,法定监护制度首先增加了监护制度的保护范围,将有一定程度精神障碍的老年人也纳入了其保护范围,任意监护制度又让本人的意愿得到最大限度的尊重。而且新的登记方式也既保护了受监护者的个人信息,同时也考虑了保护可能的相对人之利益。

2. 德国

德国于 1992 年 1 月 1 日起实施的《照管法》(*Betreuungsgesetz*)对成年人的监护作出了新的规定。② 不过,此种监护在名称上用了"Betreuungs"一词,中文往往将其译为"照管",以区别于指称未成年人监护的"Vormund"。因《照管法》的出台,德国旧民法典在涉及成年人照管方面主要作出了以下修改:(1)废除了原来对于成年精神障碍者宣告禁治产并剥夺其行为能力的制度,代之以对于精神障碍者、智力障碍者、身体障碍者以及老龄人等由法院依申请或者在涉及精神障碍者时依职权并根据此等人的实际状况和需要,为其选任照管人(Betreuer)的新制度;(2)新制度对于人身监护事务作了许多具体的规定,弥补了旧制度偏重于对受监护人的财产监护之不足。③ 由此,新制度就将需要照管的老年人纳入了其保护范围。

3. 法国

法国于 1968 年 1 月 3 日颁布第 68-5 号法律,废除了在原来的民法典中

---

① 〔日〕宇田川幸则:《浅论日本关于成年人监护制度的修改》,载渠涛:《中日民商法研究》(第 1 卷),法律出版社 2003 年版,第 389 页。

② 〔德〕迪特尔·梅迪库斯:《德国民法总论》,邵建东译,法律出版社 2001 年版,第 411~412 页。

③ 〔日〕田山辉明:《成年后见法制の研究》(上卷),成文堂 2000 年版,第 18~20 页。

规定的禁治产和准禁治产宣告制度,而对于需要保护的成年人的具体情况,由法院进行个案审查以确定对其适合的监护类型。需要保护的成年人是指那些"精神官能已受到疾病损坏或因年龄而衰竭"或"体能受到损坏如妨碍当事人表达其意志"的成年人。对其保护的方式主要有三种:(1)在民事生活行为中需要由他人持续代理的,可为其设立监护;(2)在并非完全不能自己行为,但民事生活中却需要得到指导与监督时,可为其实行财产管理;(3)对于身心障碍不太严重但在民事生活中又需要一定保护的成年人,可以将其置于司法保护之下。这样,老年人因为可能处于"精神官能已受到疾病损坏或因年龄而衰竭"或"体能受到损坏如妨碍当事人表达其意志"的状态,所以就可以在修订之后的监护制度框架下得到保护。①

4.我国台湾地区

我国台湾地区于2008年5月23日公布了对于其"民法亲属编"第四章"监护"部分的修正,并于公布1年零6个月后施行之。该修正对于监护一章的条文变动共计32处,其中修订的有20处,增加的有10处,删除的有2处。另外,监护一章的第2节节名也从原来的"禁治产人监护"改为了"成年人之监护与辅助"。此外,"民法总则编"的几个条文也因该修订而作了相应的修正。该修正的主要内容有以下几点:(1)总则编及监护一章分别将原来的"禁治产宣告"改为"监护宣告",将原来的"禁治产人"改为"受监护宣告之人";(2)将原来的法定监护人顺序改为配偶、四亲等内之亲属、最近一年有同居事实之其他亲属、主管机关、社会福利机构和其他适当之人均可担任监护人,由法院本着受监护宣告之人的最佳利益,于监护宣告时针对个案依职权从中选定最适当之人担任监护;(3)新增了对于监护宣告、撤销、监护人选任等事项由户政机关进行登记的制度;(4)新增了针对"精神障碍或其它心智缺陷未达应为'监护宣告'程度,仅为能力显有不足者"的辅助宣告制度,并规定辅助人及有关辅助之职务有条件地准用关于成年人监护之规定。由于放宽了成年人受监护和辅助的限制条件并简化了相关程序,老年人亦可成为新的监护或辅助制度的受保护者。②

纵观以上国家或地区关于成年监护制度的改革,我们可以发现它们的共

---

① 李霞:《民法典成年保护制度》,山东大学出版社2007年版,第71~72页。
② 郭钦铭:《亲属继承:案例式》,台湾五南图书出版公司2008年版,第394~398页。

同之处主要表现为以下两点:(1)监护的门槛降低,因而可受监护之保护的自然人范围扩大,需要帮助的老年人被包括其中;(2)监护制度不再以能力宣告或禁治产宣告制度作为其逻辑前提,这一点我们从日本新旧民法典的对比中可以很清楚地看到。修改以前的旧《日本民法典》[①]第一章标题为"人",是关于自然人的规定;其第二节"能力"从第3条到第20条,规定的都是关于自然人的行为能力。其中第7条规定的是"禁治产宣告",第8条规定的是"禁治产人的监护"。按照这样的条文顺序安排,我们不难看出禁治产宣告是监护的逻辑前提。也就是说,先要有宣告,然后才涉及对被宣告禁治产人的监护。而修订后的新《日本民法典》[②]的第7条直接规定了"监护开始的裁定",第11条直接规定了"保佐开始的裁定",第15条直接规定了"辅助开始的裁定";而在第20条"限制行为能力人的相对人的催告权"中则指明,限制行为能力人是指:未成年人、成年被监护人、被保佐人以及受到按第17条第1项裁定的辅助人。也就是告诉我们,新法对需要被监护、保佐或辅助之人,不再需要对其行为能力进行的禁治产宣告,而是直接开始监护、保佐或辅助的裁定。此时,能力的限制恰恰变为监护、保佐或辅助制度的后果而不是其前提。应该说,这是人类对自身认识的一个进步,也是人类理性对于自然经验的一个谦卑的退让,是一个明智之举。

成年人监护制度的新发展对于老年人的保护而言,其积极意义主要表现在以下几个方面:(1)反映了对人的更正确的认识。人生是一个动态的过程,未成年人、成年人中的青壮年人和老年人处于人生的不同阶段,身心状况也因之不同。因此,对于各个阶段区别对待是民法实现实质正义的内在要求。(2)更加凸显了监护制度弱者保护之功能。老年人由于体能的衰减,在日常生活方面可能需要得到帮助;老年人由于智能的某些方面的减退,在经济活动领域可能需要得到帮助;老年人由于参与社会生活的范围的缩小,更易被社会边缘化从而失去作为社会成员享受社会发展成果的基本权利。以上事实让我们无法否认老年人的社会弱者之地位。那么民法将其作为保护对象则显示了监护制度的弱者保护功能。(3)彰显了法对于正义的追求。正义要求我们"同等情况同样对待,不同情况区别对待"。老年人经历了其青壮年时期,大多数人都

[①] 王书江译:《日本民法典》,中国人民公安大学出版社1999年版,第5页。
[②] 渠涛编译:《最新日本民法》,法律出版社2006年版,第8页。

曾为社会作出了直接或者间接的贡献,因此,对其人身和财产利益加以保护也是法的正义精神的体现。

第三节 现代民法体系中的监护制度

监护制度作为一项保护弱者的法律制度,虽然有一定的独立性,但是该制度是在整个民法体系中存在并发挥作用的。它与民法体系中的其他一些具体制度都存在着密切联系。具体而言,监护制度与行为能力制度、代理制度和扶养制度都有着内在的联系。下文分别进行分析。

一、监护与行为能力

(一)行为能力制度简述

在现代民法中,行为能力在概念上有广义与狭义之分。按照学者的说法:"广义行为能力云者(Handlungs Fähigkeit),其所为之行为能发生法律上的效果者也。其中又有二种:其一,为买卖、借贷之类行为,人企图发生一定效果者,谓之法律行为;其二,因对于他人所为之不法加害行为,行为人应负损害赔偿责任者,谓之侵权行为能力。广义之行为能力,则法律行为能力及侵权行为能力(责任能力),皆应属之。狭义之行为能力(Geschafts Fähigkeit)则专指法律行为能力而言,即得独立为法律行为,从而取得权利,负担义务之能力也。"[①]但若溯其根源,行为能力概念的广义与狭义之分实则对应于对法律行为的广义和狭义之分。广义的法律行为在德语中用"rechtshandlung"表示,指一般意义上具有法律后果的行为;狭义的法律行为在德语中用"rechtsgechaft"来表示,指产生行为人的意志所欲求的法律后果的行为。[②] 关于行为能力和法律行为的联系,我们可以简言之:广义的法律行为所要求的能力为广义行为能力,狭义的法律行为所要求的能力为狭义行为能力。

那么,为什么对法律行为要进行这种广义与狭义的区分呢?这还要从"法

[①] 李宜琛:《民法总则》,中国方正出版社2004年版,第56页。
[②] 薛军:《法律行为理论在欧洲私法史上的产生及术语表达问题研究》,载《环球法律评论》2007年第1期。

律行为"这个概念自身的源头说起。根据学者的研究,法律行为概念的形成有其特定的时代背景:在社会现实层面,商业的发展使人们对于意思自治的要求被提上日程;在思想理论层面,中世纪后期经院哲学和自然法学思想论证了个人的意思或者说意志在法律上的意义。① 对此,薛军先生已经作了很精辟的分析:"就终极依据而言,个人的主观意志是法律效力产生的基础,但是由于法律只能规范人的外部行为,所以在法律操作层面上,个人的主观意志必须被置换为可通过外部认知和评价的某种行为",而"一旦在法学上确立了一个广义的'行为'范畴,毫无疑问就打开了通向法律行为概念的坦途,因为法学理论上提出'行为'范畴之后,紧接着,肯定就要追问'行为'在法律上的意义和价值。很显然,不是任何类型的'行为'都具有法律意义。因此,需要对一般意义上的'行为'概念进行层层分类,以确定哪些行为能够产生法律效果。当法学理论试图确立'行为'与法律效果之间的联系时,近代的法学理论对属于客观范畴的'行为'进行了主观化的处理。也就是说,某一行为如果要具有法律意义,它必须与意志相联系;客观的外在行为只是一个外壳,其实质内容是意志,行为不过是意志的外在表示而已"。②

中世纪经院哲学和自然法学思想尽管从理论上成功地在意志、行为、法律效力之间建立起了联系,但近代的法学理论为了构建法律行为概念而对客观行为进行的这种主观化处理显然也是一种对复杂情况进行的简单化处理,它忽略了意志和行为各自的复杂性和差异性。因此,为了弥补这种忽略的不足,对于意志和行为就还需要作出细分。而广义和狭义的法律行为则主要是针对行为的复杂性而作出的划分。那么针对意志的复杂性也同样需要对它进行划分。而这个任务则由行为能力制度来完成。我们知道,意志的状况与行为主体本身的状况相关。在一般情况下,人的意志状况是和年龄有关的,因此,年龄就成为一个外在的划分依据。另外,精神障碍者的意志也受其病症之影响。因此,现代行为能力制度也考虑到了精神障碍者的情况。也正因为如此,在现代民法中"对于自然人的民事行为能力的样态,各国立法均以年龄和精神状

---

① 薛军:《法律行为理论在欧洲私法史上的产生及术语表达问题研究》,载《环球法律评论》2007年第1期。
② 薛军:《法律行为理论在欧洲私法史上的产生及术语表达问题研究》,载《环球法律评论》2007年第1期。

态作为划分标准,以成年和精神健全作为具有民事行为能力的基本条件"。①

根据上述分析,我们可以看出,行为能力制度的实质其实是一个主体划分制度。因为,行为能力制度涉及的是对主体本身状况的区分。而一旦涉及对主体的具体状况的分析,则"哪些行为可以具有法律意义"这个问题就在实质上最终被转换为"哪些人的行为可以具有法律意义"的问题。换言之,在行为能力出现的场合,并不是行为,而恰恰是人自身成为决定法律后果的因素;或者说,行为能力是直接针对人本身而不是间接作用于行为的一项制度。因此,同样性质的行为,会因为行为人本身状况的不同而有不同的法律后果,无论这种状况的存在是合理还是不合理,是人为的还是自然形成的。② 例如,同样是购买一部价值2000元的数码相机的行为,完全行为能力人的购买行为有效,而若购买人换成一个5岁的小孩则其行为效力待定。可见,同样性质的购买相机之行为,仅仅因为购买人的行为能力状况之不同而其法律效力便完全不同。只不过,在不同的历史时期,行为能力对主体的划分所采用的标准不尽相同。从古至今行为能力的划分依据经历了一个可以被概括为"从身份到理性"的过程。③ 现代民法的行为能力制度是仅以理性作为划分依据的狭义上的行为能力制度。现代民法是以具有意思能力为赋予自然人民事行为能力之前提条件。有意思能力,始有民事行为能力;无意思能力,即无民事行为能力。须注意的是,此所谓意思能力,并非法律所赋予的地位或资格,是指自然人认识自己行为的动机与结果,并根据此认识决定其正常的意思之实际的能力。意思能力,亦称判断能力或者识别能力。意思能力之有无,是事实问题,应当就各个具体的法律行为,考虑行为人的年龄、智力及精神状态而决定之,本不应该有统一的标准。但这在实践上又难以贯彻,否则将影响交易活动的正常进行,并增添许多法律程序和手续。因此,民法采取变通的办法,以达到一定年龄且精神正常为标准,规定哪些自然人具有意思能力,因而具有行为能力;其余则不具有意思能力,因而不具有民事行为能力……但若能举证证明实施该行为之际当事人处于无意思能力之状态,如因醉酒或陷于昏迷状态,则得以行

---

① 梁慧星:《中国民法典草案建议稿附理由·总则编》,法律出版社2004年版,第42页。
② 倪娜:《行为能力的现代误解》,载《甘肃政法学院学报》2009年第6期。
③ 徐国栋:《从身份到理性》,载《法律科学》2006年第4期。

为时欠缺意思能力而主张该行为无效。① 上述分析可以说明,意思能力从事实问题变为法律问题,是运用了推定之立法技术。

根据上述分析,我们可以对行为能力制度作出以下简单概括:(1)行为能力是一种对主体进行划分的制度,不同历史时期其标准有所不同。(2)现代民法是以理性作为行为能力制度的划分标准,并将意思能力视为理性的外观表现。(3)意思能力的有无或者强弱,本来应该依据事实来判断,但这在实践操作上不可行。于是法律采用推定的立法技术,将达到一定年龄并具有正常的精神状况者推定为具有完全的行为能力。

(二)监护与行为能力

从上述对行为能力制度的分析中我们可知,行为能力制度虽然包含"行为"一词,但究其实质却是针对行为人而不是针对行为本身的一项制度。当然,分类从来都不是目的而只是手段。对作为主体的人进行分类的目的则在于对主体的区别对待。现代的行为能力制度在以理性为标准将人划分为完全行为能力人和非完全行为能力人②之后,选择了以监护制度来保护作为其划分结果的非完全行为能力人。这就是成年监护制度改革之前行为能力制度和监护制度之间的逻辑联系。

然而,一些国家和地区对监护制度的新近改革却颠覆了这种逻辑联系。我们仅以我国台湾地区的监护制度改革为例来作出分析。台湾"民法总则编"条文的修订对民法基本理论产生的最大影响是修正了行为能力制度与监护制度之间的逻辑关系。我们看到,修订后的第14条规定:对于因精神障碍或其他心智缺陷,致不能为意思表示或受意思表示,或不能辨识其意思表示之效果者,法院得因本人、配偶、四亲等内之亲属、最近一年有同居事实之其他亲属、检察官、主管机关或社会福利机构之声请,为监护之宣告。受监护之原因消灭时,法院应依前项声请权人之声请,撤销其宣告。法院对于监护之声请,认为未达第1项之程度者,得依第15条之一第1项规定,为辅助之宣告。受监护之原因消灭,而仍有辅助之必要者,法院得依第15条第1项之规定,变更为辅

---

① 梁慧星:《中国民法典草案建议稿附理由·总则编》,法律出版社2004年版,第43~44页。

② 限制行为能力人和无行为能力人都是在与完全行为能力人相对的意义上使用的,因此在逻辑上可以将前两者概括为非完全行为能力人。

助之宣告。修订后的第 15 条规定:受监护宣告之人,无行为能力。修订后的第 15-1 条为:对于因精神障碍或其他心智缺陷,致其为意思表示或受意思表示,或辨识其意思表示效果之能力,显有不足者,法院得因本人、配偶、四亲等内之亲属、最近一年有同居事实之其他亲属、检察官、主管机关或社会福利机构之声请,为辅助之宣告。受辅助之原因消灭时,法院应依前项声请权人之声请,撤销其宣告。受辅助宣告之人有受监护之必要者,法院得依第 14 条第 1 项之规定,变更为监护之宣告。通过与旧条文的比较我们不难发现,在此,监护制度和行为能力制度的逻辑关系发生了翻转。按照旧条文的规定,被宣告禁治产首先导致无行为能力,而无行为能力又是设立监护的逻辑前提。但修订后的条文规定对于"因精神障碍或其它心智缺陷,致不能为意思表示或受意思表示,或不能辨识其意思表示之效果者"可直接为监护之宣告,而被宣告监护者无行为能力。此时,监护宣告成了无行为能力的逻辑前提。在此,监护不再以行为能力为其逻辑前提,而是恰恰相反,符合监护条件者首先被设置监护,然后才发生行为能力受限的问题。

  日本和韩国等国的成年监护制度改革也同样颠覆了行为能力制度和监护制度的逻辑关系。这种颠覆的理由应该不难理解:首先,理性主义的行为能力制度对人的理解是片面的,因此根据这种片面理解建立起来的监护制度也必然是偏颇的,它只对被认为是理性上之弱者的未成年人和有精神障碍的成年人进行保护,却忽视了对于作为事实上之弱势者的保护,例如对老年人的保护。其次,正如学者所言,在现代民法中,"无行为能力制度之目的,原在防止无行为能力人之财产之散逸。故仅就财产法上之行为有其适用"。[①] 因此,以此为基础的监护制度也就难免主要针对被监护人的财产进行保护,而忽略有些弱势者对于人身监护的需要。再次,现代行为能力制度对主体的划分是一种对人的实际能力状况在理论上的简单化和静态化处理。其简单化表现在,它将行为能力制度的划分结果视为绝对并以之为基础和前提来确定监护制度的保护对象,而忽略了人的实际能力状况要复杂得多。它的静态化则表现在它对于人的能力状况持一种静态化的认识,而忽略了人的能力状况的动态变化,尤其是忽略了在老年阶段人的能力又处于相对较弱的状态这一事实。正如霍姆斯大法官所言:法律的生命在于经验而不是逻辑。当更多的身心障碍

---

① 李宜琛:《民法总则》,中国方正出版社 2004 年版,第 58 页。

者和需要帮助的老年人已经无法在过去的行为能力制度的逻辑下获得监护制度的保护时,监护制度面向社会生活的现实而不是行为能力制度的抽象逻辑就成为其必然的选择。事实证明,成年人监护制度的改革也正是走在这个方向上的。

当意思主义或者说理性主义基础上的行为能力制度与监护制度的逻辑联系被打破时,我们则需要在新的保护弱者的基础上重新建立此二者的联系。监护制度既然是一项弱者保护制度,那么哪些人依据何种标准成为需要保护的弱势者就成为监护制度和行为能力制度所应当共同研究的重要问题。事实上,已经有学者提出了"智力行为能力"与"体力行为能力"的划分,用"智力行为能力"来指进行认识和善恶选择的能力,用"体力行为能力"来指运用肢体实施行为人欲实施的法律行为和事实行为的能力。① 这样的划分对于确定体力上的弱者具有积极意义,但是"智力行为能力"与"体力行为能力"的共同上位概念仍然是"行为能力",而如何在该种意义上的行为能力与行为的法律后果之间建立起联系又会成为一个令人纠结的问题。因此,笔者认为监护制度摆脱开行为能力的掣肘似乎是一种必然的选择。

二、监护与代理

(一)代理制度简述

代理是指代理人在代理权限内以本人(亦称被代理人)的名义向相对人为意思表示或者接受相对人的意思表示,而其结果直接对本人发生效力的法律行为。② 从代理的概念来看,学者认为代理具有以下三个特征:(1)代理以意思表示为使命,具体表现为代理人向相对人为意思表示或接受相对人的意思表示。因此,事实行为一般不适用代理。(2)代理须在代理权限内且以本人(被代理人)的名义为之,因为代理的目的是实现本人而非代理人的利益。(3)代理行为的法律效果直接归属于被代理人。③

现代民法是建立在个体之人意思自治的基础之上的,本来要求每个个体应自己为意思表示并进行法律行为。但现代社会经济活动频繁,而且经济活

---

① 徐国栋:《民法总论》,高等教育出版社2007年版,第244页。
② 陈鈘雄:《民法总则新论》,台湾三民书局1982年版,第671页。
③ 徐国栋:《民法总论》,高等教育出版社2007年版,第375页。

动的范围无限扩大,各类企业组织的规模也不断扩张,致使每个人对涉及自己利益的活动事必躬亲既不可能也无必要。代理制度则就此应运而生。正如学者所言:"代理制度能使民事主体不仅可以利用自己的能力和知识,而且可以利用他人的能力和知识进行民事活动,从而使民事主体从事民事活动的能力得到极大的扩展。代理制度基于民事活动的复杂性和社会分工的必要而产生,它可弥补被代理人精力、知识的不足,拓展其活动空间,提高其办事效率。"[①]

代理制度不同于其他民法制度之处在于,代理关系涉及三方,即本人,代理人和相对人。本人和代理人之间的关系是代理的内部关系,其实质是关于代理权之关系,具体涉及两点:一是代理权的有效性,二是代理权的范围。代理人与相对人之间的关系是代理的外部关系,也是代理的核心关系,因为它涉及的正是由代理人代为的法律行为本身。本人与相对人之间的关系也属于代理的外部关系,涉及的是法律行为效果的归属。尽管涉及三方关系,但代理制度的核心还是代理权(authority of agency)。而关于代理权的性质,学者们又有多种不同看法,主要表现为以下几种学说观点:

1. 权利说

权利说认为代理权是因代理人的行为而对本人直接发生效力的形成权。但该种看法遭到了较多的反驳。学者们反驳的理由主要基于以下几点:第一,代理权虽以"权"名之,但代理权是为被代理人的利益而设。[②] 第二,权利因时效而消灭,代理权却无时效可言。第三,形成权是权利人单方面的意思即可发生法律效果之权利,而代理权显然并不符合这一条件。第四,在仅仅接受相对人的意思表示的消极代理中,代理权显然也并非形成权。

2. 权力说

权力说认为代理权是一种权利—义务关系,代理人被授予改变本人与相对人之间权利义务关系的权力,而本人有义务接受这种被改变了的关系。该说认为,代理人的权力不是本人授予的,而是法律授予的。只是由于本人和代理人的委托合同才使有关的法律规则发生作用,其结果是代理人得到了这种

[①] 徐国栋:《民法总论》,高等教育出版社2007年版,第377页。
[②] 徐国栋:《民法总论》,高等教育出版社2007年版,第376页。

权力。① 笔者对该观点不敢苟同,理由如下:第一,既然由于"本人和代理人的委托合同才使有关的法律规则发生作用",可见代理权的产生是需要以委托合同的存在为前提条件的。那么,受制于委托人的意志的代理权,又在多大程度上可以被认为是"权力"?第二,既然代理权是为被代理人的利益而设,那么强调其为"权力"是否妥当?而法定代理人则更是法律为保护不具有完全行为能力的被代理人而设,而如果代理权是"权力",又如何很好地实现和保护被代理人的利益?

3. 资格说(能力说)

资格说认为,代理权是代理人为被代理人为一定行为的资格或者能力。正如权利能力与行为能力,它们本身并不独立具有实质内容,仅具有潜在力,需要与其他法律事实相结合,才能发生法律上的效力。代理权也是这样一种需与其他法律事实相结合才能发生法律效力的资格或者能力。② 笔者较为认同资格说,认为该说能较好地解释代理权的本质。因为无论是意定代理还是法定代理,仅就代理权而言,它只是具有了可能性,尚需要外部条件的配合才能实现其具体内容。因此,笔者认为将代理权界定为资格或能力较有说服力。

代理制度对于不必要亲历亲为的法律行为,允许由本人委托代理人进行,而后果则直接归于本人。对于本人没有能力亲历亲为的法律行为,法律则往往规定由法定代理人来代理此等无能力之人。因此,代理便可以根据产生方式的不同,被分为意定代理和法定代理。这也是关于代理的最重要的分类。其中,意定代理,是指因本人对代理人授予代理权而发生的代理。意定代理一般要求本人要具有完全行为能力;一旦本人不再具有完全行为能力,则意定代理关系应当消灭。法定代理则是指基于法律的规定而发生的代理。法定代理一般包括以下几种具体情况:第一,法律直接规定由与本人具有某种身份关系者担任法定代理人。例如,法律规定未成年人的父母为未成年人的法定代理人即属此类。第二,法律允许特定身份的主体为本人指定代理人。例如,未成年人所在地的居民委员会或村民委员会为未成年人指定代理人即属此种情况。第三,由法院为本人选任代理人的代理。法定代理中的本人一般不具有完全行为能力,因此,法定代理关系的消灭事由之一便是本人重新具有行为

---

① 梁慧星:《中国民法经济法诸问题》,法律出版社1991年版,第100~101页。
② 陈鈨雄:《民法总则新论》,台湾三民书局1982年版,第688页。

能力。

(二)监护与代理

按照传统民法的理论,监护制度与代理制度之间的联系主要表现为监护与法定代理的联系,即法律一般规定由监护人担任被监护人的法定代理人。其中的道理也不难理解。因为,法定代理和监护制度面对着共同的对象,即不具有完全行为能力者。但是,近年来出现的持续性代理制度却在一定程度上打通了意定代理和法定代理之间的壁障,并由此使得监护关系与意定代理也产生了内在的联系。

所谓"持续代理制度",是指在被代理人不再具有完全行为能力时,只要有监督人的监督,代理协议仍持续有效的制度。我们知道,按照传统代理制度的理论,当意定代理的被代理人不再具有完全行为能力时,代理关系消灭。因为,此时被代理人无法再监督代理人的行为,也无法再对代理人发出有效的意思表示,因此,意定代理就失去了事实上的可能性并不再能够实现该制度的立法旨意。但是持续性代理制度对传统代理理论进行了法理上的突破。传统的代理制度的基本原理和依据是只对有完全行为能力的人才可以进行意定代理,把代理作为一种实现意思自治的工具。而持续代理允许为失能者进行代理,其实就在一定程度上突破了意思自治的限制,发挥了一定的保护弱者的功能。当然,保护弱者的制度也都需要防止在强弱不对等的关系中以强凌弱现象的发生。而法律就需要设计制度来平衡强者和弱者的力量。也正是在这个意义上我们可以说,法律是"平衡的艺术"。持续代理制度的设计,就是这样一种"平衡的艺术"的展现。因为它为了保护失能者的利益并防止代理人滥用代理权,规定了监督人的介入。持续代理的设立对契约自由作出了限制,并且把当事人二元关系的固定模式作了扩大,让更多的当事方介入从而起到多种因素相互制衡的作用。这种思路有点像对于轻重不同的两个物体,为了保持天平的平衡而给轻物增加砝码。这显然是一个正确的思路。持续代理中的被代理人往往是弱势一方,仅仅通过干涉双方关系并不能达到有效保护弱势者的目的。因此,持续代理制度就在设计中增加了"监督人"这个砝码,以保护处于弱势的被代理人。

既然持续代理制度在功能上发生了重心的转移,即从实现和扩大意思自治转变为保护弱者,那么它就与监护制度有了一定程度的叠合。也正因为如此,一些大陆法系国家在对监护制度立法进行改革时,都把持续代理制度引入监护制度体系,建立了成年人意定监护制度。其实,无论是持续代理制度还是意定监护制度,它们制度建构的背景都是为了有效应对社会老龄化带来的对老年人权益保护的要求。正如斯芬克斯之谜给我们的启示,我们人类的生命历程是由幼弱到强壮后又复归于孱弱。而上文分析过的现代民法中的行为能力制度则只考虑了幼弱的阶段,而并无对于老年人的孱弱状况的关照。而这种制度上的缺陷,在各国纷纷进入老龄化社会时就一下暴露无遗了。持续代理制度和意定监护制度则在此种背景下应运而生,并进入了老年人权益保护的法学研究视野。

但是我们需要注意的是,代理与监护毕竟是两种不同的制度,各自有其制度功能和特点。笔者认为,代理制度与监护制度存在着以下几个方面的区别:第一,从制度的功能方面来看,监护制度重在保护弱者,尤其是身心障碍者。虽然监护关系和代理关系都存在着内部关系和外部关系之分,但由其功能所决定,监护制度的重心是其内部关系,即监护人与被监护人之间的关系。就代理制度的功能而言,意定代理制度的功能是实现和扩大意思自治,法定代理的功能是实现意思能力欠缺者的权利,此二者均以建立外部关系,即代理人与相对人之间的关系为条件,否则仅靠代理人与本人之间的内部关系是无法实现代理制度的功能的。因此,代理制度的外部关系是其重心所在。第二,从主体的角度来看,代理制度中被代理人既可以是完全行为能力人,也可以是不具有完全行为能力的身心障碍者。并且在特定情况下,例如生活用品的购买,甚至对代理人也不要求其为完全行为能力者。而监护制度的被监护人则一般是不具有完全行为能力者,而对监护人则不但要求其具有完全行为能力,甚至还要具备另外的条件。而且,从事理之性质而言,代理人与被代理人之间的联系和沟通方式可以灵活多样,一般不受时空的限制。但是监护人和被监护人之间的联系常常更为密切和频繁,往往受时空的限制。第三,从法律关系的内容来看,代理一般仅限于法律行为,而法律行为一般为财产行为。因此可以说,代理制度主要是一项关于财产的制度。而监护则不限于财产行为,尤其是在老年人监护中,人身监护则非常重要。第四,从法律关系的期间来看,代理,尤其是意定代理一般有明确的代理期间,而监护的期间则不确定,并且往往是长期的。

三、监护与扶养

(一)扶养制度简述

扶养是指由亲属法规定,在一定亲属间发生的,有经济能力者对于无力生活者本于身份关系予以扶助供养的权利义务关系。[①] 其中,"扶助供养"主要指物质方面的帮助与供给。依法享有扶养权利的人为扶养权利人,依法负有扶养义务的人为扶养义务人。扶养是在个人独立财产制取代家庭财产制的基础上产生的制度。[②]

扶养的概念有广义与狭义之分。广义的扶养,是泛指一定范围的亲属间相互扶助和供养的权利义务关系。它不区分身份与辈分,将长辈亲属对晚辈亲属的抚养、晚辈亲属对长辈亲属的赡养以及平辈亲属之间的扶养都包括在内。狭义的扶养则仅指平辈之间相互供养和扶助的权利义务关系。多数国家的法律都是在广义上使用扶养的概念。我国《婚姻法》虽然根据权利人与义务人之间辈分的不同将广义的扶养分为抚养、赡养和狭义上的扶养,但我国的《继承法》、《民法通则》、《刑法》等则又是在广义上使用扶养的概念的。因此,学者认为在法学研究和法律适用上应采用广义的扶养概念,但在具体的某一特定亲属关系中,不妨依习惯分别用赡养、扶养和抚养等称谓。[③]

另外,涉及扶养概念的使用,还有所谓的"法定扶养"、"协议扶养"和"遗嘱扶养"之分。法定扶养,就是指产生于法律强制性规定的扶养;协议扶养,是指产生于合同的扶养;遗嘱扶养,则是指产生于遗嘱的扶养。协议扶养与遗嘱扶养统称为"基于法律行为的扶养",它们与法律强制规定的基于亲属身份关系而产生的法定扶养有别。我国《继承法》第31条第1款和第21条分别规定了协议抚养和遗嘱扶养,而《婚姻家庭法》中的扶养仅指法定扶养而言。[④]

扶养关系区别于一般民事法律关系的特点主要表现为以下几个方面:

1. 扶养具有身份性。扶养关系的身份性可以从两个方面来分析。首先,从扶养法律关系的主体的角度来看,扶养关系通常只能发生于法律规定的一

[①] 高留志:《扶养制度研究》,法律出版社2006年版,第10页。
[②] 高凤仙:《亲属法:原理与实务》,台湾五南图书出版公司1998年版,第411页。
[③] 王洪:《婚姻家庭法》,法律出版社2003年版,第291页。
[④] 王洪:《婚姻家庭法》,法律出版社2003年版,第292页。

定范围内的亲属之间。亲属身份是扶养的前提,扶养关系则是亲属身份的法律后果或法律效力。① 其次,从扶养法律关系的内容来看,扶养权利义务虽然以财产给付为内容,但是这种权利义务关系是以身份关系为前提的,因此具有人身专属性。因此,在扶养关系存续期间,此种具有人身专属性的权利义务不得处分、继承或抵消。②

2. 扶养具有条件性。扶养的条件性表现在以下几个方面:(1)扶养的发生以特定事由为前提。具体来说,请求扶养的人必须是自己无谋生能力而不能维持生活者,而且其请求的扶养义务人应具有履行扶养义务的经济能力。(2)具体的扶养关系总是基于主体自身条件、扶养需求和扶养能力而表现出特定性。原则上,扶养权利与义务是相互的,父母子女之间、配偶之间、兄弟姐妹之间、祖孙之间互享扶养权利,互负扶养义务。这显示了法律对于权利义务分配的公平性和对等性。但是,具体的扶养关系的建立,却并不以对等性为要件,而是以特定亲属间的具体生活需求与能力为考量依据。(3)在扶养关系存续期间,扶养义务人、扶养的标准等可以因为特定情势的变化而加以变更。例如,受扶养人患病、受教育等状况的出现就可能引起特定扶养标准的变化。

3. 扶养具有伦理性。正如学者所言,"扶养行为是一种手段害己的行为,这种行为的原动力是爱人之心"③。各国的扶养制度规定的扶养义务人一般都是与受扶养人关系密切的近亲属,如父母子女、配偶、祖父母与孙子女等。只要符合法定事由,即扶养请求权利人不能维持生活而扶养请求义务人具有扶养能力,则扶养义务即具有强制性和无条件性。这种强制性和无条件性只能从伦理的角度才可以得到解释。儒家思想则为扶养的伦理解释提供了典范。儒家思想倡导"仁者爱人",但对于如何"爱人",却要求亲疏有别。儒家的这种思想反映出一种对人类社会的深刻洞识。因为,人的社会关系总是呈现一种"差序格局",即与他人的关系总是亲疏有别,各有远近。而基于自然血缘或拟制血缘的亲属关系则是人们最为重要、和自己生活最为密切的社会关系。因此,对于一定范围的亲属规定他们之间在法律上的扶养权利义务,从本质上讲是伦理的要求。

---

① 高留志:《扶养制度研究》,法律出版社2006年版,第13页。
② 高留志:《扶养制度研究》,法律出版社2006年版,第55页。
③ 高留志:《扶养制度研究》,法律出版社2006年版,第56页。

扶养可从不同角度进行分类。依扶养方法的不同,可以将扶养分为同居生活的扶养和不同居而给付扶养费的扶养。前者又可称为"迎养"。另外,依扶养的条件及程度之不同,扶养可被分为"生活保持"之扶养和"生活扶助"之扶养。"生活保持"之扶养一般是指夫妻之间或父母对未成年子女的无条件的、"即使是最后一粒米也要分而食之"的扶养。这是一种无条件的在扶养人与被扶养人之间必须保持同一生活水平的扶养,因而又被称为负"共生义务"的扶养。"生活扶助"之扶养是指除夫妻之间以及父母对未成年人的扶养之外的,在其他亲属之间发生的、以保证受扶养人最低生活水平的一种补助式扶养。[①] 扶养的分类理论有利于灵活解决涉及扶养的纠纷,对于司法实践具有指导意义。

(二)监护与扶养

扶养制度与监护制度因为其主体有一定程度的叠合,因此两者亦有较为密切的联系。首先,就未成年人的角度而言,其父母一般既是他们的监护人又是他们的扶养义务人。其次,就成年人的角度而言,身心有障碍的成年人,包括身体和精神官能衰退的老年人,往往是生活中的弱者,他们往往不能自食其力,因此,他们有可能既是受监护人又同时是受扶养人。此外,从制度功能的角度来看,监护制度和扶养制度也都有扶助弱者的功能。

但是,对扶养制度与监护制度进行比较我们会发现,二者在以下方面还是存在着较为明显的区别。第一,二者的出发点不同。监护与扶养虽都有保护弱者权益的功能,但监护制度主要是保护身心尚不成熟的未成年人以及身心有障碍的成年人。而扶养制度则旨在从经济上扶助生活有困难的家庭成员。第二,二者的义务主体范围不同。监护人和扶养义务人虽然都首先考虑受监护人或受扶养人的近亲属,但监护制度中对于监护人的选任并不限于被监护人的近亲属。意定监护制度则允许需要监护者本人对于监护人作出较为自由的选择,更是扩大了监护人的可能范围。并且,自然人和法人也都可以担任监护人。而扶养义务人一般仅限于有扶养需要者的近亲属。第三,二者的具体内容不同。监护人对于被监护人的人身和财产均负有监督和保护的义务。而扶养则仅需要给予受扶养人物质供养和经济扶助。

监护制度和扶养制度之所以有以上具体方面的不同,是和这两种制度背

[①] 王洪:《婚姻家庭法》,法律出版社2003年版,第294～295页。

后的理念之不同密切相关的。笔者在前文已述,扶养制度有着深厚的伦理基础,它主要强调家庭成员之间在物质生活上的相互扶助之义务。可以说,扶养制度是将人视为家庭中的人,对人的社会性的认识主要是基于人的家庭身份。而监护制度则既考虑人的家庭身份,又考虑人的社会身份,因此并不以家庭成员作为监护职务的承担者,因此有着比扶养更广的适用范围。由于现代家庭呈现出核心化、少子化的特点,现代亲属法上的扶养也表现出如下发展趋势:第一,扶养权利人和义务人的范围日益缩小;第二,生活保持义务的地位下降,夫妻之间的生活保持义务减弱,一般扶养义务的强制性也发生了淡化;第三,扶养责任在一定程度上被社会保障所替代,家庭内部以亲属身份为前提的扶养正被社会化、社区化、专业化的其他保障机制所取代;第四,以经济供养为特征的扶养需求有所下降,而对精神上、情感上的慰藉和生活照料的需求却不断增加。① 由扶养的发展趋势我们可以看出,扶养制度的功能正在不断减弱,其适用范围也在不断缩小。正因为如此,"变更抚养关系"之案由值得商榷。因为,在未成年人父母离婚的情形下,离婚父母对未成年人的抚养义务并不改变,但监护职责往往由未成年人父母其中一方具体承担,因此对这种安排作出变更而改由另一方履行监护职责,实际是"变更监护关系"而非"变更抚养关系"。

较之扶养制度,监护制度的作用在现代社会不断增强。尤其是在应对社会老龄化和处理老年人权益保障方面,监护制度显示出比扶养制度更强的优势。首先,对老年父母的扶养在国外的婚姻家庭法中并不是一种普遍的制度。因为许多社会持这样一种理念,即认为父母对子女有扶养义务,但成年子女对父母可以没有强制性的义务。他们认为,父母将子女养大成人是为社会作出了贡献,因此,当其迈入老年时,社会应该承担对于老年人的责任。另一个重要的原因是,西方的启蒙文化让个体意识蓬勃发展起来,生育子女既然是夫妻的选择,则他们就应该承担对于子女的扶养义务,但反之子女对父母的义务则不明确。因而,许多国家对于老年人的保护是在包括公共监护在内的监护制度框架下而不是在扶养制度框架下进行的。其次,家庭结构的变化和人口流动性的增强,使得家庭成员彼此间的联系淡化,扶养在事实上出现了许多困难和障碍,阻碍了扶养制度功能的发挥。但监护制度在主体以及方式上的灵活性则可以对这种现状作出有效应对。

---

① 杨大文:《婚姻家庭法》,中国人民大学出版社2000年版,第265页。

第二章 老年人监护制度的价值之维

法律应当以人的幸福为旨归,而不是囿于概念或者既有的法条。因此,对于老年人监护问题的研究,也就以老年人的幸福为最终之关切。更进一步讲,老年人的今天,就是中青年人的明天和后天。如果一个社会中的老年人群体呈现一种晚景凄凉之态,则整个社会的幸福指数和每一个人的人生愿景都将大打折扣。一个和谐的社会,应当让包括老年人在内的社会成员都感到康乐幸福。当然,这种对老年人幸福的关切需要以制度去落实和保障。但我们应该认识到,任何制度都是立基于一定的价值之上,具体彰显并坐实该价值的。价值是社会制度得以建立和社会规则得以贯彻的根本理念基础。价值之于具体制度,恰如航标灯之于航船。正如学者所言:"法律的内在价值取向是外在法律制度的灵魂,而现代法律制度的建构须以现代法律价值的确立为前提。"[①]老年人监护制度当然也不例外。笔者在这里思考的与其说是关于监护制度以及老年人监护制度的根基问题,倒不如说是有关所有制度的一个根本性、普遍性的问题。因为,假如缺乏这种对制度的普遍规律的思考,笔者根本不敢奢望能够在一个正确的方向上思考有关监护以及老年人监护的问题。

笔者在前文已述,监护制度的基本功能是弱者保护。而这种弱者保护功能是更深层次的人文价值和正义价值这两种重要价值的外在表现形式。老年人监护是监护制度的重要构成部分,同样体现着这两种价值,并成为弱者保护功能具体而微的展现。然而,弱者是一个相对的概念,总是在一种比较中而言

---

① 李少伟、王延川:《私法文化:价值诉求与制度构建》,法律出版社 2009 年版,第 125 页。

的。而且,在不同的社会历史时期,处于弱势地位的社会成员也不尽相同。较之传统社会,老年人处于社会弱势地位则主要是现代社会的一种现象。因此,笔者在下文中将首先分析老年人社会地位的历史变迁,并在此基础上阐释老年人监护与人文和正义两种价值的内在联系。

第一节 老年人地位之历史变迁

"老年人"是一个普通的称谓。不同时期、不同社会对老年人的理解和界定往往存在着一定的差异。但是一般而言,人们主要还是以人的自然年龄为判断老年人的最重要的标准。通常,一个人到了60岁以上就会被认为是老年人了。在我国古代,60岁被称为下寿,80岁被称为中寿,100岁被称为上寿。另外,还有"七十曰老"的说法,而且"老"字的甲骨文就是一个长发老人佝偻身躯扶杖而立的象形字。① 在西方,60多岁也会被认为已届老年。西塞罗在《论老年》一文中曾提到66岁和70岁,显然是认为这两个年龄都属于老年了。② 从法学和老年学的角度来看,目前国际上一般认为60岁以上的人为老年人。我国《老年人权益保护法》也确认60岁以上者为老年人。此外,国际上对于60岁以上的老年人,又有所谓的"老老"(old elders)和"小老"(young elders)之分。尽管对老年人的界定不尽相同,但我们看到的一个普遍共识是,人一过60岁就可以被称为老年人了。

尽管年龄是确定老年人的最重要依据,但老年人在社会中所处的地位却是因不同社会及其所处历史阶段而不同的。年老并不仅仅意味着年龄的累积以及与之相应的身体的衰弱,从对个人生活的影响的角度来看,年老其实有着复杂的社会背景。有学者指出,年老的显著特征是失去社会身份、社会角色和社会行为规范。③ 因此,历史地考察老年人在传统社会的社会地位就是非常必要的。这种考察并非要重现历史,而是要挖掘老年人社会地位的历史根源。

---

① 董莲池:《说文解字考正》,作家出版社2005年版,第334页。
② [古罗马]西塞罗:《论老年 论友谊 论责任》,徐奕春译,商务印书馆1998年版,第10页。
③ James A. Thorson, *Aging in a changing society*, Brunner-Routledge company, 2000, p.58.

家庭是社会的构成单位,在传统社会中尤其如此。不同社会的不同历史时期,家庭也呈现出相应的变化。家庭生活过程中遭遇的历史事件以及时代精神往往会对家庭成员间的相处产生重大影响,家庭结构和成员间的互动模式也常随着时间而变化。① 但总的来说,家庭还是一个自然的、相对稳定的社会结构。老年人在传统社会中的地位,很大程度上取决于传统社会中家庭的结构及其功能。因此,将老年人置于家庭结构中、以家庭为切入点并通过家庭在社会中的变迁来获知老年人社会地位的相应变化是必要而可行的。又因为我国社会和西方社会的历史发展过程有其各自的特点,同一历史时期两者往往处在不同的发展阶段,因此,笔者在下文对西方社会和我国社会将分别进行考察并进而加以对照和比较。

一、西方社会中的老年人

(一)西方传统社会之家庭及老年人地位

当一个社会以家庭为其最重要的结构单元和基本构成单位时,则个体之人的社会地位就主要由其在家庭中的地位所决定。传统社会正是这样的以家庭为基本构成单元的社会,因此,观察老年人在传统社会中的地位,就首先要了解传统社会中的家庭及其功能。

在西方社会早期,家庭是其社会结构的最基本单位。对此,众多学者都有相似的看法。亨利·梅因在《古代法》中说:"一个古代社会的组成细胞是'家族',而一个现代社会的组成细胞是'个人'。"② 卢梭在《社会契约论》中也说,"在所有社会中,最古老、也是唯一的自然的社会是家庭……家庭堪称政治社会的原始模式。首领为父亲的形象,人们为孩子的形象。"③ 埃利亚斯在《个体的社会》中也提到:"在社会发展的早期阶段,单个个人与我们今天所谓的家庭,或者说与大小不等的亲属集体的关系,通常都是极为密切的。无论情况好坏,个人在很长一段时间内均从属于他们的家族……当时,家庭纽带的这种牢固性多数情况下乃与家庭,或与氏族所具有的作为生存单位的涉及面极广的

---

① James A. Thorson, *Aging in a changing society*, Brunner-Routledge company, 2000, p. 64.
② [英]亨利·梅因:《古代法》,高敏、瞿慧虹译,九州出版社2007年版,第159页。
③ [法]让·雅克·卢梭:《社会契约论》,杨国政译,陕西人民出版社2004年版,第2页。

功能有关。"①

在西方传统社会中,家庭具有不可替代的重要功能。正如列宁所说,家庭在农业社会是生产资料占有单位,是生产劳动组织单位,是劳动产品分配和交换单位,又是消费单位,是社会生产关系的总和,是社会经济基础的集中表现。家庭也可以说是一个小型"政府",家长为统治者、支配者,权威的观念及服从的习惯是先在父母子女关系中养成的。家庭也是人类最初的教堂,宗教信仰的传授、祖宗的崇拜及宗教仪式的学习等,多半是以家庭为中心。家庭也曾经是各种哲学、艺术、法律观念的传播场所,特别是在伦理观念方面,不同的家庭伦理观,代表了不同社会的伦理观,家庭也表现了社会的上层建筑。② 在传统的农业社会中,家庭作为一个复合的生产单位所发挥的功能尤为重要。所谓"复合的生产单位"是说在家庭的生产功能中包含有"生产"、"分配"、"交换"和"消费"等多种要素。家庭曾经是生产资料占有单位,人类社会最初的私有制是和原始公社解体、生产资料归家庭占有同时发生的。家庭曾经是生产劳动的组织单位,原始社会末期,当生产力发展到能以家庭为单位组织生产时,家庭出现了。家长是家庭劳动的组织者和领导者。家庭也是劳动产品的分配和交换单位,以家庭为单位从事劳动,也就决定了以家庭为单位参与对劳动产品的分配与交换。家庭又是消费单位,家庭人口和收入的数量决定了家庭的消费水平,家庭的支出方式、项目和比重表现了家庭的消费方式。以家庭为单位消费是传统社会消费的一个基本特点。③ 家庭的综合性功能使得当时整个社会建立在家庭的基础上,户主居首,包括作为统治者之家的皇室或王侯宫廷。梅因的著名论断"从身份到契约"中的"身份",主要就是指家族身份而言的。

既然家庭是传统社会的最基本构成单位,那么,个人的社会地位就主要是由其在家庭中的地位所决定。因此,老年人在家庭中的地位也就反映了其社会地位。老年人在传统社会中的家庭地位与上文所述当时家庭的功能紧密相关。让我们看看学者们对此的描述。有学者谈到:"传统的家庭是经济和养老

---

① [德]诺贝特·埃利亚斯:《个体的社会》,翟三江、陆兴华译,译林出版社2003年版,第235页。

② 潘允康:《社会变迁中的家庭:家庭社会学》,天津社会科学院出版社2002年版,第48页。

③ 潘允康:《社会变迁中的家庭:家庭社会学》,天津社会科学院出版社2002年版,第357页。

单位……传统的年龄角色规范十分强调老年人应当有地位,有尊严和被承认。在传统上,老年人曾有崇高的威望,丰富的生活经验,极广的智慧,在家庭生活中他们担任着各种不同的重要角色,在家庭议事、家庭管理、职业培训和对孩子们的培养中的作用,表现得十分明显。"① 还有学者谈到,传统家庭对于老年人来说主要有三大功能:赡养、扶病、心理慰藉。② 由于在传统社会的家庭中,老年人的家庭地位较高,这就决定了老年人在整个社会中的较高地位。

(二)西方现代社会中的老年人

老年人在当前社会的处境必须被历史地看待,因为它是历史发展特定阶段的现象,而且与家庭结构和职能的变化密切相关。家庭社会功能的变迁源于社会生产方式和经济形态的变迁。家庭功能的变迁又伴随着人们生活方式的改变。家庭制度的衰落对整个人类社会有着至关重要的影响。对于家庭的变迁,许多学者均有论及。有学者指出,西欧在中世纪已经基本实现了家庭与经营的分离,家庭的功能开始净化,"家庭和职业在生态学意义上逐渐分类开来,家庭不再是一个共同生产的单位,而是一个共同消费的单位"③。还有学者谈到:"在古老的社会里,家庭是高度自给自足的……但是西方国家的现代家庭不再是基本的经济单位了。"他同时指出:"家庭职能在社会里充作经济活动中心,是因为该社会的社会组织简单,科技不发达;一旦有了进步的科技,大规模企业成为主要的经济活动单位,那么经济角色的扮演是个人而非家庭。个人在经济活动方面独立自主,家庭联系即随之衰弱。"④ 另有学者认为:"市民社会是从家庭中过渡、演变而来的独立的个人和权利观念是在家庭的解体中出现的。"⑤

学者们大多倾向于认为是工业化和城市化导致了家庭功能的变迁和老年

---

① [美]J. R. 埃什尔曼:《家庭导论》,潘允康译,中国社会科学出版社1991年版,第565页。
② 潘允康:《社会变迁中的家庭:家庭社会学》,天津社会科学院出版社2002年版,第194页。
③ [德]马克斯·韦伯:《经济·社会·宗教》,郑乐平编译,上海社会科学出版社1997年版,第138页。
④ [美]Z. Smith Blau:《变迁社会与老年》,朱岑楼译,台湾巨流图书公司1993年版,第300页。
⑤ 刘进田:《人本价值与公共秩序》,中国社会科学出版社2010年版,第71页。

人地位的下降。笔者认为这些分析是有其合理性的。正如学者所言:"工业化和官僚主义化使挣取工资成为现代世界维持生计的最主要方式,这似乎是个连续性的发展,那些收到工资或薪水的人数经常不断的增加,同时那些独立受雇的人数却经常不断地缩减。在前工业时期代表着主要的劳动组织形式的家庭工业,现在极大地局限于连续缩小的农业部门,在现代工业社会,占压倒多数的家庭没有生产职能……家庭工业的缩减和家外雇佣形式的变化,导致了工作地点与住家的分离,导致了家庭变得更具私人性。这种情况使老年受雇者受到影响。"①该学者还进一步以一些数据来证明:"那些65岁以上、仍被有偿雇佣者的数量,在象德意志联邦共和国这样的工业国中占大约20%,半工业化国家的相应数字是60%,而农业占支配地位的国家则在70%左右。这种差异显示了工业化过程对现代老人造成状况变化的程度。"②还有学者认为:"现代化的结果,都市家庭的生产功能消失,而成为一个消费单位,在生产过程中不扮演直接角色。在农业社会里,儿童和老年人对家庭是一种资产(asset),能帮助处理家事和农务。但在都市社会里,大家庭成为一种负债(liability)。随着工业化的进行,儿童和老年人被排除于劳动力之外。"③他指出:"老年之成为社会问题,溯其根源,乃由于现代社会的科技革新和社会革新。"④国外经典的老年学理论也认为现代化进程导致了家庭结构的变化,为老年家庭成员带来可悲后果。有学者指出,社会现代化进程与经济发展导致家庭规模减小,核心家庭逐渐占据主导地位,老年人可获得的社会资源减少。⑤

　　工业化和城市化所导致的家庭功能的变迁对于老年人社会地位的影响是深刻而巨大的。这种影响主要表现在以下几个方面:

　　1. 作为劳动者,工业社会的雇佣方式直接对老年人的地位产生了巨大的

---

① [奥]M. 米特罗尔、R. 西德尔:《欧洲家庭史》,赵世玲译,华夏出版社1987年版,第155页。
② [奥]M. 米特罗尔、R. 西德尔:《欧洲家庭史》,赵世玲译,华夏出版社1987年版,第139页。
③ [美]Z. Smith Blau:《变迁社会与老年》,朱岑楼译,台湾巨流图书公司1993年版,第18页。
④ [美]Z. Smith Blau:《变迁社会与老年》,朱岑楼译,台湾巨流图书公司1993年版,第14页。
⑤ 曾毅等:《老年人口家庭、健康与照料需求成本研究》,科学出版社2010年版,第27页。

冲击。老年受雇者积累的经验,不再像在传统的变迁缓慢的社会里那样成为一种资产。在现代社会,种种革新需要具有新知识和技术的年轻工作者。① 有学者以美国为例谈到:"在美国,以及在一般意义上的现代社会中,年纪不仅不能带来特殊的利益和更高的地位,相反,恰恰是不利的。上年纪就意味着对别人的依赖性增加,创造能力和生存能力下降。"② 雇佣结构的变化也带来了对老年人社会地位估价的变化,因为职业地位和社会价值往往是紧密联系的。19世纪晚期以前,大多数人会持续工作一生,到老年并不失去自尊;相反,更多的经验或位居高职往往会使晚年的声望更高。但在退休制度普遍实施后,给养老金后退休一般就意味着离开工作领域并丧失社会荣誉,因此退休经常会造成社会地位的下降,因为流行的价值标准基于雇佣和职业地位。③ 总之,就一般情况而言,现代家庭中的老年人已经成为经济上的弱势者。

2. 作为家庭成员,家庭结构以及子女生活方式的变化间接地造成了老年人地位的下降。在传统的农业经济社会,即便子女成家后分出去过,也总会有子女留在身边照顾年老的父母。但是,后来到了工业化社会,城乡的差距拉大,一般也造成了子女间的收入差距加大。与留在身边照顾年老的父母相比,子女则更愿意外出工作。今天,大多数成年的家庭成员在家外工作,对他们来说照料老年父母经常是困难的。而且,家庭规模的不断缩小产生的一个趋势是,未来家庭中能够留下来照顾年老的父母的成年子女会越来越少。另外,由于人口寿命的延长,家庭中老年人口的比例不断增高。又由于人口流动和女性家庭成员从业等原因,城乡的留守老人也越来越多。这又进一步加剧了老年人地位的边缘化。

3. 以工业化和城市化为基础的货币经济也导致了老年人地位的间接下降。因为,在传统的农业社会,农民经济是一种无货币经济,以至于对老人的供养只在家内是可行的,提供实物在超出一定距离时就会是不可能的,因为这

---

① [美]Z. Smith Blau:《变迁社会与老年》,朱岑楼译,台湾巨流图书公司1993年版,第23页。
② [美]J. R. 埃什尔曼:《家庭导论》,潘允康译,中国社会科学出版社1991年版,第565页。
③ [奥]M. 米特罗尔、R. 西德尔:《欧洲家庭史》,赵世玲译,华夏出版社1987年版,第156页。

需要支付现金。① 而现代社会经济的高度货币化使得老年人从成年子女或其他家庭成员处获得的实物支持被货币形式所取代。过去子女以实物形式对老年人的供给常常会充分考虑到老年人的个别化需要,这种考虑本身也包含了对于老年人精神上的理解与尊重。然而现在,对于已经脱离了核心家庭和职业体系的老年人来说,其物质甚至精神方面的具体需求都被换算成货币形式,并以货币的形式加以满足。传统社会中家庭对于老人的赡养、治病和精神慰藉三大功能在货币经济时代显然已逐渐丧失。

由于老年人在现代社会中的地位的恶化,甚至有人将现代西方社会描述为"儿童的天堂、中年人的战场、老年人的地狱"。老年人的弱势地位也引起了国际和各个西方国家的重视。早在1982年,联合国老龄问题大会就在维也纳召开。近几十年来,各国的国内立法也都将老年人权益保护作为一个重要课题。成年人监护制度改革就是其中的一个努力方向。

二、我国社会中的老年人

(一)我国传统社会中的老年人

我国传统社会是以家庭为生产单位的农耕社会以及以此为基础的自然经济模式。因此,家庭是社会的最为基本的构成单位。我国传统社会的家庭具有以下特点:

1. 累世同居的大家庭一直是礼教和法律追求的理想模式。② 累世同居家庭的存在需要诸多条件,一般只有贵族、官僚和富有阶层的家庭才能实现累世同居,因此累世同居的大家庭从数量上并不占绝对多数,个体小农家庭结构仍是家庭的主要存在形式。但是值得注意的是,在数量上占多数的规模较小的小农家庭与现代工业社会的核心家庭在本质上完全不同,它承担着众多的职能,例如生产、消费、教育、抚养、赡养、祭祀等,是一个综合性的社会结构单元。因此只要有可能,这种综合性的小农家庭就都有进一步扩张的趋势。可见,累世同居的大家庭一直是人们努力实现的目标。在历史上,唐朝时法律与礼教

---

① [奥]M.米特罗尔、R.西德尔:《欧洲家庭史》,赵世玲译,华夏出版社1987年版,第145页。

② 金眉:《唐代婚姻家庭继承法研究:兼与西方比较》,中国政法大学出版社2009年版,第199页。

的统一达到了新的高度,禁止父母在对子孙别籍异财的法令无疑更是推动大家庭存在的制度保障。隋唐以后,家族在政治上完全依附于国家,累世同堂对国家不再构成威胁,国与家取得相互认同的一致,大家庭已不仅是伦理教化的主张,也是国家法律所维护的家庭模式。①

2. 家内秩序与社会秩序在家父权的基础上取得结构和功能上的内在一致性,形成一种家国同构的稳定模式。② 首先,从结构上来看,以家长作为统治者的家庭和以帝王作为统治者的国家具有相似性和内在联系。在家庭中,家父是土地的传承者,同时又是主要的劳动力,他决定着生产资料的分配、使用、生产的安排、管理以及生产经验和劳动技能的传承,这使得他在家庭中具有绝对的权威。而家庭成员从出生起就享受家子的待遇,作为个体是不能摆脱对家的认同的。③ 在某种程度上我们可以认为,家是一个独立的、天然的准政治组织。个体在这个组织中的身份则相当于现代社会中的公民身份。同时,在传统的国家中,国家统治的直接对象和权利义务分配的最小单位一般是家庭而不是个人。在这个意义上,家庭之于国家,恰如家庭成员之于家庭,具有类似现代社会的公民身份。其次,从功能上来看,由于家庭具有综合性的职能,家内就需要形成较为稳定的秩序,需要有首领来进行对家庭的统治,以确保这些功能的正常发挥和延续。在传统的家庭中,人员和财产相对集中,因此,家庭作为团体具有对内组织生产生活和对外扩张与防御的功能。因此,国家与家庭在功能上具有历史渊源。正如学者所言,"在中国国家的形成过程中,氏族首领变为奴隶主贵族,他们过去掌握的氏族统治权转变为国家统治权,参与国家管理的仍是旧时代的氏族贵族集团,最强大的家族的家长也就是国王"。④

---

① 金眉:《唐代婚姻家庭继承法研究:兼与西方比较》,中国政法大学出版社 2009 年版,第 201 页。
② 金眉:《唐代婚姻家庭继承法研究:兼与西方比较》,中国政法大学出版社 2009 年版,第 203 页。
③ 金眉:《唐代婚姻家庭继承法研究:兼与西方比较》,中国政法大学出版社 2009 年版,第 203 页。
④ 金眉:《唐代婚姻家庭继承法研究:兼与西方比较》,中国政法大学出版社 2009 年版,第 203～204 页。

3. 支配中国家庭的主要结构是父子关系。① 费孝通先生就曾指出:"在我们的乡土社会中,家的主轴是在父子之间,是纵的,不是横的。"② 首先,传统家庭结构所呈现出的这种父子之间的纵向关系,是和家庭的教育功能密不可分的。在缓慢发展的农业社会中,人的知识和能力几乎是前辈经验的重复。儿童的成长过程,就是他们将父辈的规范和价值进行内化的过程,长者因为透彻了解过去的传统和经验而享有很高的地位,年轻人只需重复年长者的经验,没有变迁和反抗的理由。由于年龄在古代社会意味着威严、知识、经验,加之长辈在家庭中所起的启蒙、护家作用,包括家长在内的长辈就很容易使后辈产生敬畏。③ 幼辈需要不断向具有经验和智识优势的父辈学习,才能使他们在未来也能胜任家长之职。其次,家庭中父子关系的纵向结构,是和中国以血缘为基础的"家本位"有关,而"家本位"也是伦理与法律的要求。

传统家庭的上述特征决定了年长者较高的地位。费孝通先生在对中国的乡土社会进行分析时曾指出了传统社会中普遍存在的长老权威。在传统农业社会,农业技能和经验是在几千年的农业劳动实践中得以传承的。因此,老人作为农业技能和经验的传承者,在生产生活中享有极高的话语权,这决定了他们在家族和家庭中处于备受尊重的地位。同时,儒家文化也在一定程度上奠定了老人的统治地位。孔子在继承西周时期孝德思想的基础上,发展了孝道理论,建立了忠与孝的内在联系并且把敬作为孝德的最高层次,认为以敬为核心和基础的孝是区别人与动物的标志。④ 费孝通先生也指出,长幼划分是中国亲属制度中最基本的原则,并认为,长幼原则的重要显示了教化权力的重要。⑤ 此外,传统社会中各种祭祀活动在人们的生活中具有重要的地位。而祭祀活动则一般都是由老人负责,没有一定资历和阅历的年轻人对此无法取

---

① 金眉:《唐代婚姻家庭继承法研究:兼与西方比较》,中国政法大学出版社 2009 年版,第 201 页。

② 费孝通:《乡土中国》,上海世纪出版集团 2007 年版,第 39 页。

③ 金眉:《唐代婚姻家庭继承法研究:兼与西方比较》,中国政法大学出版社 2009 年版,第 207 页。

④ 金眉:《唐代婚姻家庭继承法研究:兼与西方比较》,中国政法大学出版社 2009 年版,第 213 页。

⑤ 费孝通:《乡土中国》,上海世纪出版集团 2007 年版,第 63 页。

代。可以说,生产的需求和文化的约束都奠定了老年人在传统社会的崇高地位。① 除了生产和文化的因素,以礼入法的传统法律制度也保障了老年人较高的地位。例如,唐律中就规定了尊长拥有财产权、支配权、教令权、主婚权等权利。如果出现长幼相犯的情形,法律的处理原则是偏向尊长。② 总而言之,我们可以看到老年人在传统社会中享有较高的地位。

(二)我国现代社会中的老年人

费孝通先生曾经把中国社会变迁的过程概括为"农业文化和工业文化的替易"③。笔者认为,这种概括是客观和适当的。因为正是工业化以及与之相适应的工业文化成为现代社会区别于传统农业社会的标志。而工业化对于社会结构最根本的影响则在于它对传统家庭的改变。这种改变主要表现在以下方面:

1. 家庭的功能逐渐萎缩。首先,传统家庭的生产功能逐渐消退。这是因为,在工业社会中,机器是主要的生产工具,机器化大生产成为主导的生产方式,而操作机器的是个人。这样的生产过程不再以家庭作为生产单位,因此,个人也就不再依附于家庭。而传统农业生产的周期较长,技术发展缓慢,生产规模限于一家一户,因此生产和生活是不可分割的,共同构成了家庭活动的重要组成部分。而且,传统农业社会的生产方式使得一个家庭中男女老少等所有成员都能参与到生产活动中,各自从事力所能及的活动,彼此之间还进行着特定形式的配合。工业化生产方式和经济形态却改变了这种状态,使生产集中在工厂等家庭以外的场所,而且也不再要求家庭成员之间进行特定的合作。这就使家庭不再能够发挥生产功能了。其次,教育的社会化使得传统家庭的教育功能基本丧失。在传统的农业社会,正是通过家庭,个人习得自己生于其中并在以后的岁月里与之相适应的生活方式。而且由于公共教育机构的缺乏,个人往往也是在家庭中接受文化和道德教育的。④ 但是,到了工业为主要生产方式的现代社会,基本的文化知识和职业技能等都是由社会化的学校

---

① 周运清、彭锦:《空巢老人玫瑰梦》,武汉大学出版社2008年版,第65页。
② 金眉:《唐代婚姻家庭继承法研究:兼与西方比较》,中国政法大学出版社2009年版,第213页。
③ 费孝通:《乡土中国》,上海世纪出版集团2007年版,第242页。
④ 金眉:《唐代婚姻家庭继承法研究:兼与西方比较》,中国政法大学出版社2009年版,第205页。

来完成的。即便是道德教育的功能,也部分地转移给了学校。再次,家庭的养老功能逐渐丧失。传统家庭对于老年人来说有赡养、扶病和精神慰藉三大作用。而这三大功能都是广义上的养老所要求的。但是,现代家庭已经越来越不能满足这些要求了。学者分析认为,其中比较普遍的原因是:家庭养老的观念淡化;"父母在,不远游"的束缚已彻底打破;高龄老人越来越多,"空巢"老人越来越多,老年家庭越来越多;农村养老保障还没有完全建立起来,农村集体经济基础薄弱,拿不出较多资金来解决老年人的生活保障问题……可见,老年人的家庭地位已发生了根本变化。因此,传统的家庭养老已经遇到了前所未有的挑战。①

2. "家本位"逐渐向"人本位"转变。有学者认为,从家庭和个人关系的角度上说有两种代表性的文化:"人本位"和"家本位"。所谓"人本位"是说在个人和家庭的比较中更重视个人,强调个人的生存、个人的利益、个人的意志、个人的发展,主张人的个性和独立性,以家庭服从个人。"家本位"则不同,它在个人和家庭的比较中更重视家庭,强调家庭的利益、家庭的生存、家庭的意志和家庭的发展,以个人服从家庭。②"家本位"一般是建立在血缘关系的基础上的,而"人本位"则一般是以业缘关系为基础建立的。学者从人类社会的发展规律角度指出,工业不发达的社会总是有发达和强化的血缘关系和弱化的业缘关系,血缘关系是对业缘关系的取代与合一,因此往往奉行"家本位"的价值观。而发达的社会,则表现出强化的业缘关系和弱化的血缘关系,业缘关系削弱了血缘关系并和血缘关系发生了分离,因此更倾向于认同"人本位"的价值观念。③

我国传统社会是较为典型的"家本位"社会。而工业化和城市化则需要以"人本位"为基础。因为,不依赖家庭的、可以自由流动的劳动力是工业发展的必要条件之一。现代社会的成年子女更加追求独立自由的生活方式,更倾向于建立自己的核心家庭,因而与年老父母共同生活的成年子女逐渐减少。有

---

① 曾毅等:《老年人口家庭、健康与照料需求成本研究》,科学出版社2010年版,第26页。
② 潘允康:《社会变迁中的家庭:家庭社会学》,天津社会科学院出版社2002年版,第377~378页。
③ 潘允康:《社会变迁中的家庭:家庭社会学》,天津社会科学院出版社2002年版,第391页。

统计资料显示，在1990年以前，与后代共同生活的老年人大约占70%，而在"空巢"家庭生活的比例在30%以下。但是20世纪90年代以来，与后代共同生活的老年人比例正在迅速下降，而生活于"空巢"家庭的老年人比例则呈现上升趋势。①

3. 儒家思想对家庭的影响逐渐减弱。我国传统家庭深受儒家"孝"文化的影响，非常强调子女对父辈及老人的尊重与孝顺。唐代法律所认可的家长可以送惩的理由就包括"子孙违反教令"和"子孙供养有阙"两类。此二者均是对礼制孝亲之道的违犯，前者侧重表现为对家长意志的直接对抗，所有领域都可以产生违反教令的情况；后者表现为行为的欠缺，并主要局限在衣食住行日常生活领域，强调物质的因素。按照《疏议》的解释，供养应是精神和物质的供养，二者缺一不可，均以顺从、恭敬为要。关于供养，《疏议》直接援用了礼制的规定："《礼》云：'孝子之供养亲也，乐其心，不违其志，以其饮食而忠养之。'其有堪供而阙者，祖父母、父母告乃坐"；"及'供养有阙'者，《礼》云：'七十，二膳；八十，常珍'之类，家道堪供而故有阙者，各徒二年。"②然而，随着我国工业化和现代化的发展，以儒家伦理为基础的家庭观念遭受到了巨大的冲击。首先，我国人口老龄化不断加剧，家庭结构出现核心化、少子化等趋势。其次，人口的高流动性对于传统的家庭生活方式产生了巨大的影响。再次，未成年子女的教育成本不断攀升，学业负担日益加重，迫使其父母在经济和精神上作出更多的投入，而无力顾及自己年老的父母。最后，离婚率的不断上升也导致了家庭的分化。以上方面都反映出儒家思想对于现代社会中的家庭似乎已无用武之地。

传统家庭的变迁使得老年人的地位趋于下降，对老年人的生活产生了很大的影响。由于传统家庭生产职能的丧失，老年人则失去了曾经在传统家庭中作为富有经验的生产组织者和领导者的地位。由于"家本位"向"人本位"的转变以及对个人自由的崇尚取代对于血缘关系的重视，老年人作为家长在传统社会所受到的尊崇也逐渐淡化。由于儒家伦理思想对于家庭关系影响力的

---

① 曾毅等：《老年人口家庭、健康与照料需求成本研究》，科学出版社2010年版，第15页。

② 金眉：《唐代婚姻家庭继承法研究：兼与西方比较》，中国政法大学出版社2009年版，第223页。

减弱,老年人在传统社会中受到礼法支持的较高地位在现代社会则失去了观念上的依据。

除了传统家庭的变迁对老年人地位造成影响之外,我国人口和经济发展水平也是造成老年人地位降低的重要因素。我国"未富先老",是在经济不发达的条件下进入了老龄社会。老年人口增长速度快、绝对数量大,家庭和社会供养矛盾突出。城市老年人经济收入受所在单位的经营状况和物价等因素的影响较大,生活水平提高不快;农村老年人则主要依赖家庭成员资助养老,受子女实际供养能力的制约。[①] 此外,我国的计划生育政策也加剧了老年人的弱势地位。一方面,我国实行计划生育的第一代人口正在进入老年阶段,他们之中有相当大一部分身为独生子女父母。老年人口更新的这个特点也会产生出比以往更多的老年"空巢"家庭。在家庭模式日益核心化的大趋势下,加上人口流动加剧了对原有家庭户的分化作用,老年人口中不与子女共同居住的情况会更多。全国人口普查与抽样调查数据的定量分析结果证明,自1990年以来,老年人与子女同住的比例确实正在加速减少,而老年"空巢"家庭的比例正在加速增长。[②] 另一方面,在计划生育长期实行的背景下,子女人数呈递减趋势。照料父母对于子女成为越来越沉重的负担。加之随着我国在城市化过程中,医疗、养老等社会保障或福利措施越来越与职业相关。如果子女牺牲就业或者职业发展的机会而照顾老人,则他们面临的不仅仅是照料父母的负担,更有与职业相关的社会福利的丧失。[③] 因此,老年父母得到子女照料的人数以及照料的程度都在不断下降。

三、对现代社会老年人之地位及其保护的观察

现代社会中老年人的弱势地位已经引起了国际社会和各国的普遍重视。研究社会弱势群体的学者一般也都将老年人群体作为弱势群体之一加以研究。弱势群体也称为"社会弱势群体",在英文中用"social vulnerable groups"

[①] 曾毅等:《老年人口家庭、健康与照料需求成本研究》,科学出版社2010年版,第207页。

[②] 曾毅等:《老年人口家庭、健康与照料需求成本研究》,科学出版社2010年版,第37页。

[③] 曾毅等:《老年人口家庭、健康与照料需求成本研究》,科学出版社2010年版,第207页。

或"disadvantaged groups"来表达。它是分析现代社会经济利益分配和社会权利分配的不平等以及社会结构不协调、不合理的一个概念,也是社会学、经济学、政治学以及社会政策研究领域的一个核心概念。国际社会工作和社会政策界认为,弱势群体是由于某些障碍及缺乏经济、政治和社会机会而在社会上处于不利地位的人群,主要包括儿童、老年人、残疾人、失业者和贫困者。① 可以将弱势群体界定为:弱势群体是指在生活物质条件方面、权力和权利方面、社会声望方面、竞争能力方面以及发展机会等方面处于弱势地位的群体。② 老年人作为社会人口中的弱势群体之一,由于其生理的自然衰老及社会变迁过程中利益关系和分配关系的重新调整等原因,不但满足自身需要的能力受到限制,而且其利益和需求往往容易受到忽视,因此老年人往往是社会弱势群体中最容易受到侵害的对象。③ 在现实生活中,并不排除有些老年人掌握有重要资源且具有较高的社会地位,但是"弱势群体"是在宏观上对老年人群体的社会地位所进行的一种概括,这种概括是以国际社会对老年人地位的总体看法和普遍共识为基础的。早在1982年联合国就在维也纳召开第一次老龄问题世界大会并通过了《老龄问题国际行动计划》即可证明这一点。

中西方社会中老年人地位的变迁存在着一定程度的类似性,即老年人在现代社会的弱势地位的形成都与现代化、工业化以及由此伴生的市场经济有关。因为现代化、工业化一方面冲击了原有的家庭结构,使老年人曾在其中保持较高地位与权威的大家庭逐渐解体;另一方面,工业化的生产方式和市场化经济模式对于效率的一味追求使得老年人在传统社会中的经验积累方面的优势转化为劣势。然而,西方国家和我国在对作为社会弱势群体的老年人的保护方面则存在着差异。这些差异则主要表现在以下两个方面:第一,西方社会的工业化发展较早,工业化程度高于中国,加之西方社会又较早地进入老龄化社会,因此他们对于保护处于弱势的老年人无论在宏观还是微观制度建设上都较中国完备。在宏观方面,西方社会普遍建立了对老年人的社会保障制度;在微观方面,老年人监护制度作为一项扶助老年人的制度发挥着重要的作用。相比较而言,我国的老龄化现状尽管严峻,但是对于老年人保护的制度建构无

---

① 薛晓明:《转型时期的弱势群体问题》,中国经济出版社2010年版,第6~7页。
② 薛晓明:《转型时期的弱势群体问题》,中国经济出版社2010年版,第13页。
③ 张敏杰:《中国弱势群体研究》,长春出版社2003年版,第132页。

论是在宏观还是微观方面都还很不完备。第二,西方自启蒙运动以来,社会思潮的主流是个人主义,而个人主义崇尚个人的自由和独立,排斥人与人的依赖关系。因此,即使在家庭生活领域,也仅由法律来规定父母与未成年子女的关系,其重心在于保护未成年人。而法律关系对于成年子女对老年父母的关系不进行强制性规范。因此,老年人的保障就主要来自社会和政府。而与此不同的是,中国文化传统非常重视家庭伦理尤其是"孝道"。这种传统在很大程度上保证了老年人从家庭成员主要是成年子女处获得扶助与照料。

但是,人口的变化、现代化及工业化对家庭的冲击,以及人口流动等因素正在冲击着这种家庭养老模式。然而,我们又不能走西方的老路,即完全靠社会保障来扶助老年人。因为西方社会由于人口和经济等状况的变化,其老年人社会保障体系已经陷入一种"寅吃卯粮"的困境而脆弱不堪。事实上西方社会现在也越来越重视和提倡成年子女对于老年父母的责任。依笔者之拙见,从宏观上看,我国未来的发展方向应该是家庭、社区和国家共同承担起对老年人的扶助义务。当然,具体的工作还是要落实到每一位老年人与对其提供扶助者的相互关系的微观层面。所以,从微观而言,老年人监护制度的建立有助于长远地规范老年人与其扶助者的关系,维护包括老年人在内的各方主体的合法权益。

第二节　老年人监护与人文主义

一、人文主义简述

人类的生活具有同质性,古今皆然。因此,人类所认同的价值必然具有连续性和超越时代的普遍性。这是由人性中的普遍性所决定的。人文主义就是这样的普世价值之一。人文主义可以简单地理解为以人为中心。但是,由于不同历史时期所面临的不同社会现实,人文主义的具体内涵也呈现出一种历史性的动态发展。了解人文主义的历史脉络并厘清人文主义在现代语境中的内涵对于我们理解人文主义是极其重要的。此外,人文主义一般被认为是西方的思想,但我国历史文化中其实也有着深厚的人文主义传统。笔者在下文将依次作出分析和简述。

(一)人文主义的内涵

人文主义在大多数情况下又可称为人文精神。在笔者看来,"人文主义"和"人文精神"这两种不同的称谓,其主要区别在于主观立场稍有不同。人文主义主要基于一种不加褒贬的中性的立场。而"人文精神"的表达则传递出一种主观上对人文主义的认同与肯定的立场与态度。也有学者认为人文主义与人文精神是不同的,认为"人文精神与人文主义都是对于某种外在于人的异化力量的否定,强调'回到人自身',但两者指向相反","人文精神针对的是现代进程中的西方中心主义、物质消费主义、技术工具主义,强调人文文化、自我实现和内心关怀",并认为人文主义是"从天国回到人本身(肉体)",而人文精神是"从世俗回到人本身(精神)"。① 还有学者从中西方文化比较的角度认为,"中国文化中的'人文精神',并不是西方人所说的'人文主义'"②。笔者认为,以上学者的观点其实都是在狭义上理解人文主义的,即把人文主义仅仅理解为文艺复兴时期的人文思潮。其实,人文主义的固有内涵要丰富得多,而"人文精神"只不过表达了一种对于人文主义的赞同态度。

学者们对于人文主义的内涵,往往有着不同的表述。有学者认为,人文主义的基本内涵可以包括以下几点:第一,以人为衡量一切事物的标准,注重对真与善的追求;第二,以生命个体为中心,强调肉体与精神的尊严,尤其是思想的尊严;第三,以自由、平等为价值标准,坚持理念与行动的一致性;第四,认识人的局限,对上帝、神灵有所信仰。③ 还有学者认为,人文精神的基本内涵分三个层次:一是人性,即对人的幸福和尊严的追求,是广义的人道主义精神;二是理性,即对真理的追求,是广义的科学精神;三是超越性,即对生活意义的追求,是广义的宗教精神。所以,人文精神概括来讲就是"关心人,尤其是关心人的生活;尊重人,尤其是尊重人作为精神存在的价值"。④ 还有学者从人本价值的角度提出了"一体双元三维度"的思想,肯定了人的三种基本属性,即人的自然性、精神性和社会性。⑤ 这其实也是对于人文主义的一种诠释。

---

① 徐之顺:《论人文精神与构建社会主义和谐社会》,载《南京社会科学》2007年第5期。
② 徐瑄、谢龙:《现代人文精神与社会主义法治国家》,载《北京大学学报(哲社版)》2000年第2期。
③ 李怡、颜同林:《人文主义与五四新文化运动》,载《福建论坛》2006年第1期。
④ 周国平:《安静》,北岳文艺出版社2002年版,第45页。
⑤ 刘进田:《人本价值与公共秩序》,中国社会科学出版社2010年版,第22页。

纵观以上学者们对于人文主义的表述，笔者认为可以从以下几个方面来把握人文主义的内涵：

1. 人文主义的出发点主要是作为个体存在的人。在以上学者的表述中，无论是"以人为衡量一切事物的标准"，还是"关心人、尊重人"，抑或是"人的自然性、精神性和社会性"，其中，对"人"的预设应该都是"个体之人"。古希腊哲人柏拉图被视为古典人文主义者的代表人物之一。他就认为，节制、勇敢、智慧的品质除了来自个人而外城邦是无从得到这些品质的。① 西方文艺复兴时期的人文主义也以古希腊的思想为根据，强调人是具有理智、情感和意志的独立个体，并从人性论出发，要求个性解放，摆脱封建等级观念，发展个人的自由意志。② 还有学者谈到，"人文主义一词所表示的理想是个人可以修养到自己的内心冲突得到克服而与同胞和大自然和谐相处的程度"③。可见，人文主义关注的始终是个体之人。

2. 人本主义的基本要求是节制有度的中庸态度。这一点可以从人文主义自身的发展得到说明。人文主义的源头希腊人文主义对人性的基本理解是"身与心、灵与肉、感性与理性的统一，其对人的基本理想和总的追求是塑造身心俱美的人，既是世俗的，又是神圣的：是'具有躯体的精神'和'精神化了的感官性'的和谐统一"；它"推崇理性生活，教化的目的是把人从纷繁复杂乱象丛生的感性世界提升到心灵的世界，以达到理性的高度，其精神气质是理性的节制、中庸与宁静"。④ 但是到了文艺复兴时期，人文主义虽然打着"回到人本身"和"回归古希腊"的旗帜，但由于它是针对上帝的绝对权威提出的，其核心是从神权到人权，从神性到人性。因而它表现为一个解神圣化的过程，在这一过程中必然凸显人的世俗性诉求。这时，人也不再为上帝而活着，活着也不再是为死后的世界做准备，而被认为应该尽情享受和追求此生的尘世的快乐。因此，文艺复兴人文主义精神特质是世俗而感性且缺乏节制的。⑤ 后来，欧洲出现了再一次向古代希腊寻找灵感的启蒙运动。用康德的话说：启蒙就是理性的苏醒。启蒙人文主义被认为最接近希腊古典人文主义精神。然而令人遗

---

① 黄伊梅：《关于希腊古典人文主义的内涵与特质》，载《学术研究》2008年第12期。
② 李怡、颜同林：《人文主义与五四新文化运动》，载《福建论坛》2006年第1期。
③ 黄伊梅：《关于希腊古典人文主义的内涵与特质》，载《学术研究》2008年第12期。
④ 黄伊梅：《关于希腊古典人文主义的内涵与特质》，载《学术研究》2008年第12期。
⑤ 黄伊梅：《关于希腊古典人文主义的内涵与特质》，载《学术研究》2008年第12期。

憾的是,近代启蒙理性在近代科学的加盟下,把希腊的理性精神推向了绝对的权威,导致了理性主义的专制。从此,源于希腊的古典理性发生了根本转折,从人文理性与价值理性转向了科技理性与工具理性。而科技主义则必然导致两大后果:一是人与自然的对立,二是人自身的异化。① 因此,现代人文主义又开始重新寻求一种建立在节制有度的中庸态度之上的新的和谐精神。

3. 人文主义的最终追求是彰显人作为精神存在的价值。在看待人和宇宙的三种模式中,人文主义是其中的一种模式。它不是聚焦于上帝、自然,而是聚焦于人,以人的经验作为人对自己,对上帝,对自然了解的出发点。②"人的经验"的提法,显然在强调人对于经历过的事情的主观感悟与体验,亦即强调人的精神层面的内容。其实,人文主义在其源头上就有着对精神与灵魂的追求。正如有的学者所言:"希腊人生命力的勃勃生机决定了他们从来就不是禁欲主义者,希腊的古风流韵即使是苏格拉底也不能免俗。他对俊美的面容、矫健的躯体也会投以惊羡的目光,但他认为唯有高贵的灵魂才会使人尽善尽美。苏格拉底确立了一个原则,灵魂的善对于人来说是更为根本的问题"③。文艺复兴时期,人文主义要求"回到人本身",但显然不是指回到被物欲所主宰的人本身,而是要求回到具有理性精神、具有节制态度的作为精神存在的人本身。纵观人文主义的历史可见,无论是反对神凌驾于人之上还是反对科技凌驾于人之上,人文主义都是在捍卫着人的精神家园;无论是与对人的肉体残害作斗争还是与对人的精神荼毒作斗争,人文主义都是在维护人的精神存在的尊严。

(二)人文主义的历史发展

关于人文主义的起源,一般有两种观点:一种观点认为人文主义起源于古希腊,另一种观点认为人文主义起源于文艺复兴。持后一种观点的学者的主要依据是"humanism"这个词是文艺复兴时期才产生的。持前一种观点的学者则认为,"这种拦腰一截的方法不仅忽略了这一术语的历史性,更是在内涵和精神气质上使人文主义一词大为逊色"④。笔者更赞同前者,认为古希腊是

---

① 黄伊梅:《关于希腊古典人文主义的内涵与特质》,载《学术研究》2008年第12期。
② 李怡、颜同林:《人文主义与五四新文化运动》,载《福建论坛》2006年第1期。
③ 黄伊梅:《关于希腊古典人文主义的内涵与特质》,载《学术研究》2008年第12期。
④ 黄伊梅:《关于希腊古典人文主义的内涵与特质》,载《学术研究》2008年第12期。

人文主义的源头所在。理由主要有以下几点：首先，从词源学的角度来讲，尽管英语中指称人文主义的词"humanism"被认为产生于文艺复兴时期，是由德语的"humanismus"而来，但德语的"humanismus"又被认为来自拉丁语的"humanitas"。① 有学者又进一步指出，受希腊化运动影响的罗马人为了翻译希腊语"教化"(paideia)一词而使用了拉丁语的"人性"(humanitas)这个词，意思是通过"教化"使人合乎其本质，使人变成具有理想的"人性"的人。这样希腊的"教化"的概念就被转化成了罗马的"人性"的概念，并成为罗马的人文主义的核心。因此，就西方的古今各种人文主义都以希腊哲学对人的本质的规定为前提而言，人文主义在本质上就是希腊的"古典人文主义"；就人文主义接受希腊人关于人的本质只有通过教育才能实现的观念而言，人文主义在本质上就是希腊的"教化"或"教育"。② 其次，从内涵的角度来看，文艺复兴时期的人文主义只是古希腊人文主义整体内涵的一部分，是可以被古希腊人文主义包含在其中的。文艺复兴时期的人文主义以人为中心，主张个性解放，肯定个人的价值、尊严和自由，反对禁欲主义，痛斥经院哲学，否认教会和封建特权，提倡理性。它把世界的轴心由天上移到人间，使历史的主宰由神变成了人。③ 事实上，古希腊人文主义本身就包含这些思想的因子。荷马史诗被认为是希腊人文主义的起点。荷马为希腊人发明了一个神的世系，要在神性中发现人的理性，这种理性往往表现为"神异奇迹"。但是在荷马之后，苏格拉底不但实现了由神界向人界的转向，更进一步完成了对人本身的转向，即关注点由人的外在的感性对象转为内在性的灵魂。④ 可见，从神回到人本身也是古希腊人文主义的内涵之一。在这一点上，文艺复兴时期的人文主义并没有超越它。

　　走过古典时期，人文主义在西方的发展有两个重要阶段：一是对中世纪基督教神学压迫的反叛，呼唤人性的解放和自由；二是对近现代资本主义技术至上、经济至上导致的人性异化的反抗，同样也呼唤人性的解放。⑤ 由于中世纪基督教神学把古希腊的灵魂哲学推向了极端，把灵肉的对立无限夸大到灵肉

---

① 梁志坚：《术语 humanism 汉译探讨》，载《天津外国语学院学报》2009 年第 6 期。
② 张旭：《海德格尔论人道主义的双重意义》，载《中国人民大学学报》2009 年第 2 期。
③ 包国祥：《人本主义思潮的历史轨迹》，载《内蒙古民族师院学报》（哲社版）1998 年第 4 期。
④ 黄伊梅：《关于希腊古典人文主义的内涵与特质》，载《学术研究》2008 年第 12 期。
⑤ 李瑜青等：《人文精神与法治文明关系研究》，法律出版社 2007 年版，第 2～3 页。

撕裂的程度,认为肉体欲望是一切邪恶的渊薮,灵魂被拯救的唯一出路是弃绝尘世的一切欲念,并把谦卑、压抑、弃绝世俗欲望当作人类最高品质,实质上就已经走向了希腊人文主义的反面。因此,文艺复兴时期的人文主义就主要表现为把人从上帝的世界解救出来,重新确立了人的世俗地位,并充分肯定了人的世俗欲望和感性追求。① 这一阶段的人文主义在消解神权、重新确立人权和重建人的价值与尊严以及思想的解放等方面都起了巨大的作用。但由于它主要表现在文学和艺术领域而缺乏在哲学领域的深度思辨精神,其精神特质总体上是世俗和感性的,显得浮躁与缺乏节制,因此它并没有真正重建理性的权威。之后的启蒙运动不得不再次回到古希腊,将理性重新推上了历史的舞台。但是遗憾的是,在近代科技发展的助长之下,具有人文精神与价值关怀的理性主义走向了一个极端——工具理性的专制。工具理性的极端发展主要表现为技术至上和经济至上的扭曲价值观。这种价值观使人与自然、人与自身都发生了对立。环境污染、能源危机、心灵空虚、物欲泛滥成为威胁到人类自身生存和幸福的严重问题。这迫使人文主义走向了第二阶段,即批判物欲主义,反对工具理性的专制,回归人自身精神的纯粹与宁静。

(三)人文主义的现代语境分析

在不同的时代,人文主义的具体表现形式往往有所不同。"人文主义"一词在不同的语境中往往有着特定的内涵。在现代语境中,人文主义主要表现为对物欲主义和工具理性的极端发展的一种纠偏。

所谓物欲主义,主要表现为对物质的过分崇拜、过分迷恋的现象。这种现象把人从自由自在的生命主体沦为崇尚享乐、没有情趣和理想、被消费与欲望支配的工具。② 物欲主义是人的发展的一种极端的、片面的形式。商品生产和市场经济则是物欲主义产生的温床。在传统的自然经济社会,生产的主要目的是提供使用价值。而商品经济社会的生产目的则主要是创造交换价值,并通过交换价值的实现来追求货币形式的利润,因而逐利性就成为商品经济的主要特征。马克思就曾深刻揭示了商品生产的动力机制:"劳动的目的不是为了特殊产品,即同个人的特殊需要发生特殊关系的产品,而是为了货币,即

---

① 黄伊梅:《关于希腊古典人文主义的内涵与特质》,载《学术研究》2008年第12期。
② 李瑜青等:《人文精神与法治文明关系研究》,法律出版社2007年版,"序言"第3页。

一般形式的财富。"①商品经济或市场经济之所以追求交换价值的实现,正是因为交换价值的实现使资本的增值得以完成。而实现资本的增值又是以货币这种中介形式为条件的。但货币天生就存在着两重性:一方面,它的无差别性使得交换可以自由地、广泛地发生,推动了贸易和商品经济的发展,为人的物质需求的全面满足提供了条件;但是另一方面,它的无差别性也使得人与人之间的关系趋于平面化和物化,使人与人之间的关系很大程度上依赖于货币这种特殊的物的形式。这正是物欲主义形成的根据。正如学者所说:"资本主义社会市场经济的价值原则,不是从对人的发展的意义上,而是从资本增值的角度来衡量的。商品经济原则渗透到社会生活的一切方面,并力图按照商品的形象来改造整个世界。一切人都依赖商品而生活,或者说在一定程度上,一切人都成为商品,形成一种独特的经济统治或'政治强制'。物欲主义成为资本主义社会市场经济最为本质的精神内容。"②人文主义则要求纠正物欲主义对人的片面和极端的理解,强调人的全面发展的重要性。在这个意义上,现代人文主义是对于物欲主义的纠偏。

20世纪科学技术突飞猛进的发展创造了辉煌的现代物质文明,人类的物质需求得到了更高程度的满足。这使得人们对于支持科技发展的工具理性产生了极端的、盲目的崇拜。但事实上,科学技术的进步并不能够必然带来人在伦理道德上的进步。严酷的事实不断带给人们深刻的教训。文明经历了史无前例的两次世界大战,局部战争则连绵不断。高科技运用于现代战争,对整个人类的生命财产安全构成了更大的威胁。环境破坏、资源浪费、吸毒的剧增、犯罪率的上升,这使得技术至上的社会理想破灭。③本来,科学技术力量对人生命的影响,取决于使用这种力量的人的伦理水平。在这个意义上,科学技术原本是与人文精神相通的,人文精神与科学精神具有内在的一致性,即都是以人的幸福为旨归。但是,当科学技术为不问目的的技术理性所控制,向极端的程度和方向发展时,就在本质上与人文精神对立了起来。④人文主义对于价值理性的呼唤则正是针对极端工具理性的一种纠偏,它要求科学技术的发展

---

① 中共中央马克思恩格斯列宁斯大林著作编译局编译:《马克思恩格斯全集》(第46卷),人民出版2003年版,第174页。
② 李瑜青等:《人文精神与法治文明关系研究》,法律出版社2007年版,"序言"第9页。
③ 李瑜青等:《人文精神与法治文明关系研究》,法律出版社2007年版,第4~5页。
④ 李瑜青等:《人文精神与法治文明关系研究》,法律出版社2007年版,第9页。

必须服从价值理性的指引。

(四)我国的人文主义传统

许多人都认为,人文主义是西方的思想,中国的文化传统中并没有人文主义。笔者对这种观点不敢苟同。事实上,人文主义在我国的文化传统中始终具有重要地位。甚至可以说,中华文明最为灿烂的部分就闪现着人文主义的光辉。

中国学者之所以将"humanism"翻译为"人文主义"[①],主要是借用了我国古代群经之首的《易经》中的"人文"之意。《易·贲卦·彖传》云:"文明以止,人文也。观乎天文,以察时变;观乎人文,以化成天下。"其中,"人文"可以理解为"精神教化",主要指人的行为应当合乎人伦社会的文明礼仪。而在古希腊的人文思想中,"教化"是其重要内容,对人的理性的培养和灵魂的塑造则是教化的核心。古希腊人文主义者认为这是一种使人完美不可缺少的更加内在更加深刻的精神修养。例如,古希腊哲人之一的柏拉图就认为,教育的目的是训练培养人的灵魂的理智部分,使人具有理性力量去控制、支配人的感性欲望,以防止感官的混乱影响灵魂的清澈。他"把哲学的方向指向理智的、超感性的世界,并且把意识提高到精神的领域里"。在柏拉图看来,肉体及感性存在是暂时的、变动不居的、会死的,而灵魂是永恒的。但灵魂的永恒性不是自动产生的,只有当灵魂摆脱了外在欲望的诱惑,处于澄明、宁静的境界,灵魂的理性部分才能区分判断什么是正义与不义,才能认识把握真正的善和真理。灵魂通过精神而达到不朽。[②] 正是在教化以及教化的目的这样的层面上,西方文化和中国传统文化中的人文主义产生了共鸣。

笔者在上文中提到,深入理解人文主义需要把握人文主义内涵的几个方面。

这几个方面同样也是我们辨识中国传统文化中的人文主义的依据。

1. 人文主义对于作为个体存在之人的关注在我国传统文化中同样也有显著表现。一直以来,人们都对中国传统文化有一个误解,认为中国传统文化是重群体而轻个人的。但事实上,作为中国传统文化之代表的儒家思想本来

---

① 它还可以被译为"人文精神"、"人本主义"、"人道主义"或者"人类中心主义"。但这些译法都是考虑到了不同的语境,其基本含义仍可以被"人文主义"所概括。

② 黄伊梅:《关于希腊古典人文主义的内涵与特质》,载《学术研究》2008年第12期。

就包容了个人道德自我修养、人与人之间普遍性伦理关系及人的生存意义的深度思考,更多地表现为一种"为己之学"。① 中国文化设计的理想人格追求是"修身、齐家、治国、平天下",中国传统文人秉奉的人生观是"穷则独善其身,达则兼济天下"。这些思想的出发点都是个体之人。有学者曾谈到,中国传统的精神取向可以归结为一种"相互依赖的精神气质"。这种精神气质的核心是强调个人与团体的相互依赖和个人与社会权威的相互依赖。人既有内在的超越性和自主性,又要获取对道德集体的依赖感;人要依赖外在的道德力量,而这个力量并不归属于特殊的社会角色,并在相当程度上已内在化;个人对集体既是自主的,又是从属的;个人对权威既是依赖的,又是选择的。中国传统文化所认同的理想社会是群体与个人相互依赖的道德成功的社会。② 可见,以个体之人为出发点、强调个人的教化与修养的人文主义同样也是中国文化的固有传统。

2. 人文主义所要求的节制有度的中庸态度也是中国传统文化最为倚重的精神。胡适先生曾指出,"中庸"为各民族的共同美德和理想境界。还有学者指出,我们的祖先最提倡中庸,而我们的民族常常鄙视中庸。他认为,鄙视中庸、赞美极端是不可能不受惩罚的,并认为中庸的文化态度是一个民族精神成熟的标志。③ 在以儒家思想为代表的中国传统文化中,"和"是一个重要的价值,其内容主要包括人与自然的和谐、国家间的和平、人与人之间社会关系的和睦、个人内在精神境界的平和以及不同文化的协和理解。④ 传统文化对"和"的价值的追求,显示的正是节制有度、包容兼济的中庸精神。在当代,这种中庸精神尤其具有现实意义。马克斯·韦伯早已指出:"现代文明的一切成果和问题都来源于价值理性与工具理性的紧张。"一方面,形式合理性产生了理性形态的科学,合理性的法律、行政体系以及理性的资本主义劳动组织;另一方面,近代文明在本质上是以工具理性为取向,强烈地受功利主义所支配,从而导致现代化发展的通病:形式的合理性与实质的非理性,或工具的合理性与价值的非理性。现代社会的环境污染、人生迷失、道德堕落,无不与工具理

---

① 陈来:《传统与现代——人文主义的视界》,三联书店2009年版,第75页。
② 陈来:《传统与现代——人文主义的视界》,三联书店2009年版,第275页。
③ 陈来:《传统与现代——人文主义的视界》,三联书店2009年版,第68页。
④ 陈来:《传统与现代——人文主义的视界》,三联书店2009年版,第235页。

性的片面宰制有关。① 因此,当许多有识之士呼唤回归传统以疗救现代弊病时,从某种意义上讲,毋宁说是在呼唤中国传统文化中节制有度的中庸态度,呼唤以其为特征的传统文化中的人文主义。

3. 彰显人作为精神存在的价值也是中国传统文化的重要内容。《礼记》有云:"夫物之感人无穷,而人之好恶无节,则是物至而人化物也。人化物也者,灭天理而穷人欲者也,于是有悖逆诈伪之心,有淫佚作乱之事,是故强者胁弱,众者暴寡,知者诈愚,勇者苦怯,疾病不养,老幼孤独不得其所,此大乱之道也。"此段话精辟地概括出了无节制的物欲对人精神的侵蚀,是对人的精神王国的有力捍卫。另外,中国文化历来有"以古为训"、"以述为作"、"以经为学"、"以圣为极"的传统。这是因为,中国文化系统中价值的权威并非依赖于宗教性的最高存在,而是在一定程度上依赖于传统的历史性权威,即"过去"本身的权威及经典的历史性权威。② 而经典的主要意义则在于为我们指示精神与价值生活的方向。③ 在这个意义上讲,中国文化对传统的尊重其实正是对人的精神世界的尊重,对人作为精神存在的尊重。

我们需要清醒地认识到,在学习西方的先进科学技术的同时,我国社会不可避免地也感染上了西方社会工具理性和物欲主义极端发展所产生的弊病,而西方在疗救其弊病时一方面借力于其传统中的人文主义,另一方面也很重视对中华文明的借鉴。我们就更没有理由忽视甚至抛弃作为中国传统文化一部分的我国固有的人文主义传统。正如学者所言,以儒学为代表的中国传统文化不但通过个体表现为强烈的道德主义、积极的社会关切、稳健的中庸精神、严肃的自我修养,而且表现为人道主义、理性态度、传统忧患的整体性格。它的实践精神体现为士君子人格的挺立与培养,其社会功能基本上是建立和维护价值理性。因此,在发展科技、民主、法制和经济民生的同时,应当使这些内涵得以继承下来。④

---

① 陈来:《传统与现代——人文主义的视界》,三联书店2009年版,第212页。
② 在这个意义上的"过去"并不是指曾经发生的经验事实,而是指古典文化传统与价值体系。参见陈来:《传统与现代——人文主义的视界》,三联书店2009年版,第297页。
③ 陈来:《传统与现代——人文主义的视界》,三联书店2009年版,第297页。
④ 陈来:《传统与现代——人文主义的视界》,三联书店2009年版,第35页。

二、人文主义之于近现代民法

现代法治社会强调法律至上。但法律至上并不等于法律万能。法治作为人类的造物是负载着人类的价值诉求的,它反映着人们对于理想的国家、社会以及个人生活的愿景。正如学者所言,在法治建构中,人并非作为法的对立面而存在,人永远是法治的目的,法治总是体现着独特的人性立场,表达着对人的基本价值、人的生存意义、人格尊严的人文关怀。① 人文主义和法治文明尽管属于不同的范畴,但两者有着内在联系。就民法而言,人文主义在不同历史时期的表现都对民法的价值取向有着重要影响。从近代民法原则向现代民法原则变迁的过程中,更可以清楚地看到人文主义所发挥的作用。

(一)人文主义与近代民法的三大原则

近代民法的三大原则,是所有权绝对原则、契约自由原则和个人责任原则。近代民法的这三大原则可以说都是文艺复兴和启蒙运动时期的人文主义思潮在民法上的反映。因为,这一时期的人文主义思潮表现为对于个体之人的自由、理性和欲望的充分肯定。正如学者所言,近代文化体系中的理性主义以个人主义、自由主义、功利主义为逻辑前提,强调个人价值之实现和个人欲望之满足;它将人性假设从传统哲学中的"道德人"、"社会人"转变为"经济人"、"个体人"。② 而近代民法的三大原则均与此有关。

1. 所有权绝对原则即近代人文主义的派生物。近代人文主义对个人利益的绝对肯定是所有权绝对原则的依据。认为个人的自利追求的结果是创造了社会公利,个人利益之和即为社会利益,个人在为自己利益从事活动的同时也就为整个社会作出了贡献的观点是文艺复兴时期较为普遍的看法。因此,所有权就被视为个人追求利益的逻辑起点。它只受所有权人意思的支配,成为个人自治的表达方式。个人所有权制度固定了个人和物这两个观念,然后用财产或所有权法律形式把它们连接起来。人类社会被分解为孤立的个人,财货世界也脱离各项负担。所有权成为人对物的一种绝对支配权利。所有基于身份关系而强加于个人的义务或责任都可视为对基本"所有权权利"的减损。可见,把个人对于财产的支配关系推向极端的所有权绝对原则正是近代

---

① 李瑜青等:《人文精神与法治文明关系研究》,法律出版社 2007 年版,"序言"第 6 页。
② 刘云生:《民法与人性》,中国检察出版社 2005 年版,第 160 页。

人文主义的个人主义和功利主义在民法领域的表现。

2. 契约自由原则也是出于近代人文主义的要求。在近代人文主义的语境下,对于理性的理解是以自由追求自己利益的个人为基点的,这种理性观必然肯定个人的自由意志。而肯定个人的自由意志就必然要求尊重个人的意思自治。契约自由可以说就是意思自治在民法上的表现。契约自由原则要求在民事活动中以当事人的意思作为核心,使当事人成为自己行动的立法者。契约自由原则包括以下含义:其一,当事人意思自治。契约的订立、变更与撤销均应由当事人自主作出决定。契约内容只要不违反法律、"公共秩序"和"善良风俗",便可以包含任何事项,其他人不得干预或变更。其二,国家尊重个人意思。这意味着国家在契约方面的立法权是有限的,除个别情况外,它只能制定任意性规范,而对这类规范,当事人可以不予遵从。其三,契约即法律。契约一经订立,便等同于法律,国家应当以强制力予以保证。这是契约法领域内国家的基本任务所在。①契约自由原则在当时具有积极意义,诚如梅因所说,人类的进步史乃是一部基于身份的义务获得解放,而代之以基于契约或自由协议的历史。②

3. 个人意志自由和意思自治的逻辑推论即个人责任。这个道理应该也不难理解:既然每个人的行为都是出于自己的自由意志,是自己意思自治的表现形式,而不受外在因素的束缚,那么,因其行为导致的结果就自然应该由行为人本人来承担。个人责任包含着两个层面的内容:第一,个人行为给行为人自身带来的损害或者受益完全由本人承担;第二,行为人对于其行为给他人造成的损害仅负过错责任,即只对行为人因其过失给他人造成的损失承担赔偿责任,因此在这个层面上,个人责任也可以被称为过错责任。就其本质而言,过错是个主观概念,指行为人对自己的行为及其后果所具有的主观心理状态。③而这种主观心理状态作为归责的依据所隐含的一个前提条件就是行为主体的意志处于完全自由的状态。因为只有在意志完全自由的状态下,行为人才可以支配其主观心理状况,在其支配下经过了意志的自由选择的这种主观心理状况对于责任之承担也就具有了该当性。应该说,这样的推论也是近

---

① 朱淑丽:《近代民法的三大原则》,载《人民法院报》2006年6月3日第12版。
② [英]亨利·梅因:《古代法》,高敏、瞿慧虹译,九州出版社2007年版,第212页。
③ 杨立新:《侵权行为法》,复旦大学出版社2005年版,第114页。

代人文主义的应有之义。

(二)人文主义与现代民法的三大原则

然而,近代民法的三大原则实则是对中世纪宗教法律的矫枉过正。它们的局限性在现代社会逐渐被暴露了出来。而它们的局限性被暴露又是和近代人文主义在现代的发展密切相关的。现代民法超越了对个人权利与自由的追求,而以社会全面和谐发展为目标。这是因为,现代社会虽以个人为基本单位,但个人还是生活在一个个的家庭中。因此,家庭仍然是一种重要的社会结构。即使现代社会是一种马克思所说的"物的依赖关系",但它也不可能完全取代人的依赖关系。事实上人也不可能完全独立无羁。物的依赖关系是就直接关系的形式而言,但最终人类社会还是要以人的关系为链接。因此,现代民法以新的三大原则对近代民法的三大原则作出了修正。

1. 个人所有权绝对原则被个人所有权附社会义务的原则所修正。所有权被认为除了满足个人利益外,还承担社会功能,满足社会整体利益。法国思想家狄骥(L. Duguit)在《拿破仑民法典以来私法的普遍变迁》中就曾谈到,将所有权等民事权利完全作为受个人意思支配的主体性权利(主观权利)是不符合社会现实的。人是生活在社会中的,而社会是相互联系的存在物。权利必然涉及两个人之间的关系。没有一个人享有较多于他所应尽义务的权利。所有权不再被视为所有者的主观法权,而被认为是财富持有人的社会功能。[①]因此,所有权不仅被认为有权利,而且还有义务。国家为保障所有权人履行义务有必要对所有权予以限制。个人所有权没有考虑社会成本问题。新制度经济学则揭示出任何生产活动都存在社会成本。[②] 所有权的行使当然也是有社会成本的,因此对所有权附加社会义务就是自然而然的了。

2. 契约自由原则被契约自由受到一定限制的原则所替代。对契约自由的限制主要表现为对当事人意思加以限制。这种限制主要表现在四个方面:(1)限定当事人约定的范围;(2)规定约定的合法性界限;(3)规定契约的法定形式;(4)强化私法监督。例如,司法机关可以因显失公平、违背诚信、欺诈等

[①] 高富平:《近代民法典的原则和精神》,载华东政法学院法律系:《法学新问题谈论》,上海社会科学院出版社 2000 年版,第 159 页。

[②] 高富平:《近代民法典的原则和精神》,载华东政法学院法律系:《法学新问题谈论》,上海社会科学院出版社 2000 年版,第 161 页。

理由否定当事人契约的效力。① 现代民法之所以对契约自由作出限制,是和以私有制为基础的资本主义制度在发展中暴露出的问题紧密相关的。人们在拥有财产及经济实力上的巨大差异导致了契约当事人间实际上的不平等。现代社会的发展也一再证明,一味追求契约自由会损害社会的整体利益,因此,国家应当更多地介入契约法领域,以增进社会整体利益。②

3. 过错责任原则被过错责任与无过错责任相结合的归责原则加以修正。无过错责任又被称为严格责任或公平责任。严格责任本质上是一种社会责任。严格责任也可以说是"有损害即有赔偿"的原则。即使行为人主观上没有过错,也应对其行为造成的损害后果负赔偿之责。大陆法系许多国家都在特别法中采取无过失责任保护受害人的利益,广泛涉及工业事故、交通事故、医疗事故以及航空器、核能的采用所引起的损害等。另外,个人责任原则也因社会保险制度的兴起而被突破。社会保险从本质上讲是由社会分担一部分对事故受害者的赔偿责任。这是弥补赔偿不足和不及时等缺陷的有效手段。它在当代大陆法系国家中发挥着愈来愈重要的作用。③

上述民法三大原则的变迁其实也是和现代人文主义的精神相符合的。现代人文主义对于近代人文主义的个人至上尤其是个人的财产利益至上,理性至上尤其是工具理性至上等都作出了深刻反思。反思的结果是回归了一种中庸的,既尊重个人价值又肯定社会价值,既重视工具理性又倚重价值理性的古典精神。现代民法三大原则的修正都是在此背景下完成的。

三、人文主义之于现代监护制度

人文主义不但渗透于民法的基本原则之中,其精神与要求也同样体现在民法的具体制度中。监护制度作为民法中一项重要的具体制度当然也不例外。笔者下文就以监护制度的现代改革以及老年人监护制度为例,对此进行分析。

（一）现代监护制度改革与人文主义

笔者在第一章第二节中简单介绍过现代监护制度的改革,谈到了现代监

---

① 高富平:《近代民法典的原则和精神》,载华东政法学院法律系:《法学新问题谈论》,上海社会科学院出版社2000年版,第162页。
② 朱淑丽:《近代民法的三大原则》,载《人民法院报》2006年6月3日第12版。
③ 朱淑丽:《近代民法的三大原则》,载《人民法院报》2006年6月3日第12版。

护制度改革的几个特点。而这些特点,可以说都是人文主义在现代监护制度中具体而微的表现。

1. 就未成年人监护而言,现代监护制度呈现以下趋势:第一,从主体的角度来看,监护人与被监护人的身份关系进一步淡化,国家公权力更多地介入,成为除监护关系主体外的、对监护关系本身有着重要影响的一方力量;第二,从监护关系客体的角度来看,尽管财产利益仍是监护事务的主要目标,但人身利益也开始得到一定程度的重视;第三,从监护关系的内容来看,对监护人的权利之限制更多,对其义务的规定更为详尽,从而对未成年人的利益之保护更为周全。这些趋势其实都是和人文主义背景下对于监护制度功能的理解有关。在人文主义的语境中,监护的功能被理解为由监护人来补充被监护人的不完全的意志。这是因为,在行为能力制度的背景下,对于完全行为能力人,在其意志、行为及法律效果之间建立联系的分析在逻辑上是适用的。但是对于限制行为能力人和无行为能力人来讲,这种分析却出现了逻辑上的困难:既然法律承认限制行为能力人和无行为能力人的意志并不"完全",那么,意志、行为及其法律效果之间的联系就会因为这种"不完全"而减弱甚至丧失;整个现代民法体系赖以建立的逻辑链条至此就遭到严重削弱甚至有断裂的可能。而此时,就需要另外一种制度来加强这种逻辑联系,来加固这一逻辑链条。这就是监护制度。通过监护制度,监护人和被监护人的意志被在一定程度上黏合了起来,使得原来在限制行为能力人和无行为能力人那里因为意志的"不完全"被削弱了的逻辑链条,又以监护人的完全意志为链接重新得到了加固。因此,学者们认为监护制度的设立目的主要在于补充被监护人的行为能力之观点[①],在这个意义上也可以被理解为:监护制度的设立目的主要在于由监护人来补充被监护人的"不完全"的意志。未成年人的监护人同时又是未成年人的法定代理人的制度安排也更证明了上述对于监护制度功能的理解。但是,现代人文主义的反思也折射在对监护制度功能的思考上。人不再被视为纯粹的理性存在,而被视为现实的社会存在。因此,监护的功能也不再被理解为对被监护人"不完全"意志的弥补,而是被理解为对于作为社会存在的弱者所给予的法律保护。基于对监护功能的新的理解,未成年人监护所呈现的趋势就是自然而然的了:国家对于监护关系一定程度的介入是为了监督和保障对弱者

---

① 彭万林:《民法学》,中国政法大学出版社1999年版,第88页。

的保护;在财产利益保护之外,监护制度对被监护人人身利益的保护体现出对于弱者利益的全面关照;对监护人权利作出限制当然更是从保护身为弱者的被监护人利益出发的。

2. 就成年人监护制度而言,现代监护制度也表现出以下特点:第一,监护制度所保护的主体范围扩大,将更多需要帮助的社会弱者包括在其保护范围之内;第二,履行监护职责的主体更加广泛,出现了个人、社会、国家等多元主体;第三,更加尊重被监护人本人的意愿。这些趋势也反映出人文主义对监护制度的影响。首先,以对个人的利益追求以及个人理性、自由的充分肯定为特点的近代人文主义更倾向于将成年人的世界看成一个自由竞争的世界。但如果一个社会完全放任自由竞争又必然会造成对社会弱者不利的结果,最终影响该社会的可持续发展。因此,鼓励竞争和扶助弱者是任何社会能够平稳前进的两个轮子。如果说近代人文主义更加鼓励自由竞争,则现代人文主义已对此作出了反思,更加重视对于社会弱者的扶助。将更多的社会弱者纳入监护制度的保护范围,就是这种反思的一个具体表现。其次,个人、社会、国家作为多元主体共同承担监护职责也反映了这种认识。因为,人是兼具自然性和社会性的存在,既作为个体存在同时又作为群体的成员而存在。因此,人与人之间的关系就不仅有竞争的一面,更有着需要合作的一面。因此,对被监护人的义务就不再被看作仅仅是与其具有身份关系的个体所应承担的义务,而是从一种社会连带的观念出发,认为社会和国家也应承担一定的义务。再次,传统监护理论下的监护是一种他治型的监护,即监护人对于被监护人一般有着较大的控制与约束权。这种理论将被监护人视为完全没有能力认识和决定自己的任何事务之人,这显然是机械的、有局限的。这种监护理论是出于对人的理性的片面认识,折射出了近代人文主义的局限性。而现代监护理论则更强调监护要尽可能尊重被监护人本人的意愿,实现自治型的监护。这种理论建立在对人的更加符合现实的理解之基础上,认为即便是意思能力有缺陷的人,也能在一定程度上对自己的利益有所认识,因此应当尊重他们在一定范围和程度上对自己事务的决定权。

(二)老年人监护制度与人文主义

成年人监护制度改革的一大特点就是将老年人纳入监护制度的保护范围。成年人监护制度对老年人的保护,同样也显示了现代人文主义的精神。具体而言,老年人监护在以下几个方面体现了人文主义的要求。

1. 人文主义的核心是关心人,而关心人就要首先认识人。老年人监护制度就反映了对人的一种更贴近事实的认识。人生是一个动态的过程,未成年人、成年人中的青壮年人和老年人处于人生的不同阶段,身心状况也因之不同。但是,民法对自然人只作了成年与未成年之二分,而不考虑成年后的人并不是一成不变而是会因年老而再度趋于衰弱。从监护制度的角度来看,民法对人的二分式的狭隘理解表现为对于老幼这两种弱势身份,近代民法对其进行了厚小薄老的处理。对少小者,即未成年人,各国民事立法均有未成年人监护制度;但是民法对于老年人的保护,却是近年来才刚刚开始的。老年人由于体能的衰减,在日常生活方面可能需要得到帮助;老年人由于智识能力的某些方面的减退,在经济活动领域可能需要得到帮助;老年人由于参与社会生活的范围的缩小,更易被社会边缘化从而失去作为社会成员享受社会发展成果的基本权利。以上事实让我们无法否认老年人的社会弱者之地位。那么,民法将其作为保护对象则彰显了监护制度的弱者保护功能。在这个意义上,可以说老年人监护制度是向着以关心人为主旨的人文主义精神迈出的正确一步。

2. 意定监护制度的开创使得老年人可以在智识能力衰退之前为自己选任监护人,并使这样的监护人在其智识能力衰退后担任自己的监护人。这就充分尊重了老年人本人的意愿。同时,由老年人自主选任的监护人在履行监护职责时又需要受到监护监督人的监督,以防其在老年人自身无法亲自监督监护人行为时监护人滥用监护职权。这种既尊重被监护人意志同时又对监护关系进行监督的立法安排也折射出了现代人文主义的反思。在这种反思之下,人不再是"强而智"的形象,而是向"弱而愚"的形象回归。因此,尊重个人意志与保护弱者之间就需要达成一定程度的妥协。这种妥协精神,也恰恰是人文主义反对极端、追求一种平静的中庸态度的要求和体现。

3. 老年人监护制度对于老年人人身利益的保护是对以财产利益保护为重心的传统监护制度的修正,真正体现了现代人文主义的要求。现代语境中的人文价值或者人文精神主要是在与科学精神相对的意义上而言的。而法律以监护制度的形式对老年人加以保护,尤其是对老年人的人身利益加以保护,则正体现了人文价值在现代社会的内涵和要求,因为这种保护恰恰是以排除理性主义的武断而得以实现的,因此闪现出了不同于科学精神的人文光辉。现代社会是以工业文明为基础的、通过工具与效率优先的市场机制而达到的、人均高收入和消费品极大丰富的社会。它预设了一种工具理性优先的体制作为前提。① 马克斯·韦伯曾指出,现代化的本质是合理性化(形式合理性意义上的理性化)。他认为,现代资本主义的发展用精密的技术和计算把一切都理性化,也把人变成了机器、金钱、官僚制的奴隶。他把这种由追求效率而造成的金钱、商品的崇拜、机器对人的精神灵性的泯灭,称为"形式的合理性和实质的非理性"、"理性化导致非理性化的生活方式",从而揭示了现代性的矛盾和异化——追求合理性,却导出了非理性。② 可以说,在现代社会,理性被视为竞争的工具和获取利益的手段。具体到监护制度领域,法律只选择交易领域的弱者或者只对财产方面的利益加以保护。但是,老年人监护制度却超越了这种局限性,更加关注对于老年人人身方面的保护。日常照料义务作为老年人监护制度的具体内容,就集中体现了监护制度对于被监护人人身方面利益的保护,这也是人文主义现代反思的要求之一。

第三节　老年人监护与正义

　　潘光旦先生曾有着很精辟的关于两纲六目的论述:"人以下的动物里,大多数的物种有个体而没有群体,或虽有分工而合作之迹不显;蜂蚁之伦则有分工合作的灿然可观的群体,而个体等于抹杀;在这些动物里,个体与群体,无论倚重在哪一方面,全都由于本能,而不邀情理的自觉的认可。到了人类,个体与群体同样的存在,同样的邀自觉的认可,而几千年的生活经验,更证明两者是同样的需要,很难贱彼贵此。一个健全的社会,一种革新社会的尝试,在理论上应当承认个群两体的不分轩轾的存在。这就是两纲的说法了。个体,或每一个人的性格,并不单纯,它至少有三个方面,一是同于别人的通性,二是异于别人的个性,三是非男即女的性别。群体,或社会生活,也至少有三个方面,一是秩序的维持,二是文化的进展,三是族类的绵延。这就是六目了,一纲各三目。任何三目之间,和两纲之间一样,也似乎很难作轻重高下,先后缓急之分。而个人的三目和社会的三目又自有其联络与互为因果的关系,秩序基于通性之间,进步基于个性之异,而绵延则系于两性的分工合作;反之,如果秩序

---

① 陈来:《传统与现代——人文主义的视界》,三联书店2009年版,第203页。
② 陈来:《传统与现代——人文主义的视界》,三联书店2009年版,第205页。

有亏缺,文化缺乏进步的需求,或族类对于绵延的欲望不够强大,则通性、个性与性别的发展也就分别地受到限制以至于抹杀。"①笔者认为,潘先生的上述概括可以广泛地用于各学科的研究和思考。对于老年人监护制度的研究和思考当然也不例外。其中,个体之纲和群体之纲这"两纲"的提法,尤其具有深刻的启示意义,笔者即从中获益匪浅。如果说,本章第二节关于人文主义的思考主要是从个体之纲出发,那么以下关于正义的思考则主要是从群体之纲出发的。

一、正义简述

(一)正义的内涵

正义被概括为"给各人他所应得的",但到底什么是一个人应得的,以及应不应得的依据是什么,却从古至今众说纷纭。也正是如此,正义才有一张普洛透斯般的脸,变幻无常。这也正是古往今来许多有识之士对正义众说纷纭的原因。有人用自由来阐释正义,有人用平等来阐释正义,有人用安全来阐释正义,还有人认为正义应内在地包含自由、平等、安全等。甚至还有论者认为,"正义观念完全是一个个人取向或瞬变的社会舆论的问题。"②

正因为正义具有极其复杂的内涵,学者们对于正义的理解和阐释就是多层次和多角度的。有学者谈到,正义的价值可以从两个层面来理解:一是精神、观念的层面;二是现实的对待性社会关系的层面。正义在精神层面上是指人类普遍的崇高价值,是人类的一种永恒不变的意志和意愿。古罗马法学家乌尔比安给正义的定义是:"正义乃是使各人获得其应得的东西的永恒不变的意志。"西塞罗对正义的解说是:"使每个人获得其应得的东西的人类精神意向。"这些定义都是精神的、观念的、超越意义上的正义。③ 还有学者谈到,正义"一是被理解为美德,被理解为个人在日常生活中的正当行为(使人人有其物),另一方面也被理解为制度性标准,应该据此对社会的基本政治、经济和社

---

① 潘光旦:《派与汇》,载费孝通:《乡土中国》,上海世纪出版集团2007年版,第390页。
② [美]E.博登海默:《法理学:法律哲学与法律方法》,邓正来译,中国政法大学出版社2004年版,第268页。
③ 李少伟、王延川:《私法文化:价值诉求与制度构建》,法律出版社2009年版,第129~130页。

会机构进行基本评价"。① 亦有学者从亚里士多德对正义的分类的角度来阐释正义:正义按照亚里士多德的分类,有交换正义和分配正义。交换正义是从横向上,即个人与个人的交换关系上说的。交换正义的要义是不损害他人。分配正义是纵向上的个人与国家之间的一种关系。个人的合作性劳动会形成一种总的劳动成果和因合作而形成的负担。总的劳动成果和负担怎样来分配就涉及分配正义问题。②

以上学者关于正义的阐述对我们完整把握正义的内涵都具有启示意义,使我们认识到,对正义内涵的理解,至少可以有以下几个维度:第一,观念与制度的维度;第二,个人与社会的维度;第三,分配与交换的维度。

1. 在观念与制度的维度上理解正义,正如约翰·罗尔斯(John Rawls)所说:"正义是社会制度的首要价值,正像真理是思想体系的首要价值一样。一种理论,无论多么精致和简洁,只要它不真实,就必须加以修正或拒绝;法律和制度,不管它们如何有效率和有条理,只要它们不正义,就必须加以改造或废除。"③观念上的正义需要以制度来加以实现,同时它又是衡量与评价制度的最终标准。

2. 在个人与社会的维度上理解正义,应该认识到正义主要是追求社会整体福利的实现。传统的正义是将社会作为一个整体来进行思考的。现代社会正义已被放逐到了市场或市民社会之外的领域。而且这个领域在市场的排挤之下,已呈日趋边缘化的地位。因此,我们今天讨论正义问题,首要的就是要恢复正义的原有疆域,在不割裂社会的完整性的前提下来谈正义。尽管正义也关注个人与个人之间的横向关系,但个人与社会间的纵向关系则是正义最重要的关切点。这是因为,社会整体利益首先不能被狭隘地理解为个人幸福的叠加。个人幸福能够叠加是要满足以下条件的:首先,个人幸福应该是同质性的,因而是可叠加的;第二,个人幸福完全是互相独立且互不冲突的。但事实上这两个条件都不可能完全成立。因为个人幸福必然具有个别性从而具有差异性而不可简单相加。另外,个体幸福之间也不是毫无关联,而且许多时候

---

① 何建华:《分配正义论》,人民出版社2007年版,第36~37页。
② 刘进田:《人本价值与公共秩序》,中国社会科学出版社2010年版,第30页。
③ [美]约翰·罗尔斯:《正义论》,何怀宏等译,中国社会科学出版社1988年版,第1~2页。

个体幸福还是彼此冲突的。尽管个体幸福最大化意义上的正义与社会整体利益意义上的正义在本质上是相通的,但假如不能实现社会整体利益,则个体幸福的最大化亦无法保证。

3. 在分配与交换的维度上理解正义,应该认识到分配正义优先于交换正义的地位。正如学者所言,在现代社会,要实现与保持正义的社会关系固然需要有个人正义,但作为制度性评价标准并表现在社会基本结构中的社会正义"仍具有系统上的优先性",这是因为"人大多在一个具有法律和其他各种特征的制度框架中行事,所以,决定着人的共同生活及重要物品分配,并由此深刻影响社会成员生活前景的,并不是个人的个别行为本身,而首先是整体社会制度的作用"。因此可以说,分配正义是现代社会制度文明的核心。① 而交换正义则只是正义在经济领域的要求,其范围较分配正义要小得多,而且需要以分配正义作为其实现的条件。

(二)正义观念的嬗变及其现代语境分析

尽管"应得"作为正义的基本内涵始终被保留着,但在不同的历史时期,正义概念都因其语境的不同而有着不同的重心。正义观念在西方社会经历了产生、发展和变迁,呈现出大致如下的发展脉络。

正义的观念起源于古希腊神话并在古希腊哲学思想中得以生根发芽。正义(dikaiosune)一词的字面意思是"端正合宜、各得其宜、恰如其分"。② 它来源于希腊神话中女神狄刻的名字,狄刻是正义的化身,主管对人间是非善恶的评判,她是宙斯同忒弥斯之女,忒弥斯是司法律和秩序的女神,在希腊人的雕塑中忒弥斯手执聚宝盆和天平,眼上蒙布,以示不偏不倚地将善物分配给人类。③ 紧接着,古希腊的哲人们对正义作了进一步的阐释。梭伦是第一个将应得与正义联系起来的人。他当时思考正义问题是为了解决城邦危机。他认为要实现正义,就是要在激烈对立的富人和穷人之间做到不偏不倚。他通过将"应得"与正义联系起来,一方面要求富人克服贪婪的欲望,但同时也保护他们对财产的权利;另一方面,他禁止以身偿债,保护了穷人的人身自由。梭伦

---

① 何建华:《分配正义论》,人民出版社 2007 年版,第 36~37 页。
② 陈宜中:《个人自由、集体安全与社会正义》,载《开放时代》2005 年第 6 期。
③ 廖申白:《论西方主流正义概念发展中的嬗变与综合》(上),载《伦理学研究》2002 年第 2 期。

认为这样就是分别给了穷人和富人他们所"应得"的。苏格拉底和柏拉图则进一步对正义所涉及的"应得"进行了限制,认为正义是与善相关的德行,它仅在"给一个人他应得的善"的意义上是成立的,而"给一个人他应得的恶"并不正义。在他们看来,不干涉别人获得其应得的善便是一种正义。亚里士多德则进一步发展了苏格拉底与柏拉图的正义思想。他认为,梭伦的正义在于应得的思想表达着正义的积极意义,这种意义应当在同守法这种总体的正义相区别的具体的正义层次上理解,这样便避免了柏拉图在这个思想中发现的矛盾。具体的正义是同一些好的事物比如荣誉、财物的获得相关的。具体的正义在消极方面意味着不要去不义地多得,不义地多得就是伤害他人的利益。说一个人不应当不义地多得,这观念中就包含着应得的尺度:不义地多得就是指所取超过了应得。所以具体的正义的积极意义不仅是在对于他人的方面给一个人其应得,而且是在对于自己的方面取己之应得。这种应得表现在三种不同的形式中。首先,在从共同资源中取个人之所得时,一般按人和人之间的贡献的比例来分配:贡献大就多分得,贡献小就少分得,同样就同样分得,这叫做比例的平等。合于比例的平等的所得就是一个人的应得,超过这种平等的就是不义的多得。分配的正义就在于这种比例的平等。其次,在自愿的交换与交往中,正义也有一种由比例的平等派生的尺度:两个人要按照彼此的生产能力交换他们各自的产品。再次,当发生了不自愿的交换,即当一方的利益违反其意愿地受到了损害时,矫正的正义要求不义地多得的人将其多得的部分归还受损一方,使双方的利益关系恢复到交易发生前的状态。① 这样,亚里士多德就将正义分为了分配正义、交换正义和矫正正义。他对正义的这种分类直到今天仍然深深影响着人们对于正义的理解。

源自古希腊的正义观念到了近代之后却受到了质疑,其代表人物有马基雅维里、霍布斯、斯宾诺莎等人。② 马基雅维里反对正义的理由是他认为正义只能作为常人道德的标尺,却无力成为束缚强权的武器。霍布斯对正义的理解也很类似。在霍布斯那里,由于君主是国家强权的主宰者,因此,无论是权力还是正义都掌握在君主手里。他认为,恰当地理解的分配的正义是裁决者

---

① 廖申白:《论西方主流正义概念发展中的嬗变与综合》(上),载《伦理学研究》2002年第2期。

② 欧阳英:《关于正义的不同认识》,载《哲学动态》2006年第5期。

的公正,不在于依照每个人的美德与恶行成比例地进行分配,而是公平地对待所有人。相对于霍布斯来说,斯宾诺莎则是更为彻底的自然主义政治哲学家,他用强权彻底地否定了正义的概念。①

近代自由主义将正义同制度明确地联系起来,又重新确立了正义的地位。近代自由主义关于正义的概念肇端于下面这个基本的理解:正义在于应得,应得首先是个人对其财产的占有权,因为财产来源于劳动;财产的自由权利是优先的权利,是最重要的应得。这个意义上的正义,已经变成了一个尊重个人财产权利的制度的德性,变成了个人在按照正义的制度行动时表现出来的德性。其他的德性比如考虑邻人的利益、照顾弱者等,只是对财产安全的关心得到充分满足之后的个人的私人德性,而不再是正义的基本含义。自由主义的讨论使正义概念的重心从对另一个人或他人的善的关切上转移到对制度对个人人身权利和思想权利的保障上。在这一语境之下的正义概念,其实只是被柏拉图表述为不干涉、被亚里士多德表述为守法的消极正义概念,以及亚里士多德具体正义中的分配的正义。因为它们是同制度怎样维护财产权利的问题紧密相关的。可见,自由主义者对于正义的理解是不全面的,是对正义概念的极大简化。② 对正义概念的简化其实是将正义限缩到了财产和经济领域。因此,有学者称这个意义上的正义为"市场正义"。哈耶克是市场正义思想的代表性人物,主张正义必须是消极的,其目的在于维护市场秩序,其对象只能是个人行为而不能是事务状态(state of affairs)。由于社会正义意味着谋求某种合乎正义的政治及社经事态,因此被认为是不正当的正义概念。哈耶克强烈反对社会/分配正义,并认为所有这类主张皆难以见容于市场秩序。③ 但是正如学者所言,"选择某种经济秩序的确牵涉到其是否合乎正义的问题,而这必须仰赖一套独立的规范性判断标准。环顾今日世界,真正须做的选择并不在于'市场秩序'与'极权主义'之间,而在于各种不同的市场经济体制之间。在各种可能的选项之中,选择哪种市场经济体制才是合乎正义的决定,终究来说取决于吾人之社会正义思考。交由市场决定何谓正义之立场,放在反极权主义

---

① 欧阳英:《关于正义的不同认识》,载《哲学动态》2006 年第 5 期。
② 廖申白:《论西方主流正义概念发展中的嬗变与综合》(下),载《伦理学研究》2003 年第 1 期。
③ 陈宜中:《个人自由、集体安全与社会正义》,载《开放时代》2005 年第 6 期。

的脉络下可以理解,但作为一种正义思想和政治行动纲领,恐怕是不太妥当的"①。

当代学者罗尔斯是西方正义思想的集大成者。罗尔斯将"公平的正义"诠释为"人们关于一个健全的、组织良好的社会合作体系的条件的观念"。他认为,健全而持久的社会合作的条件在于,社会合作的每个成员在公平承担负担的同时,对于合作所产生的社会基本自由享有同任何一个其他人同样完整的一份权利,并且合作体系的制度安排将保障他的这份权利既不会被为着某种目的而牺牲,不会由于自然的与社会的偶然性遭受严重挫折,也不会由于具体交易或协议的累积后果的影响而被剥夺。② 他提出的著名的差异原则主张以"最不利者的最大利益"作为决定最起码社会标准(social minimum)之判断标准。其中,"最起码社会标准"首先必须以"基本需要"为判断标准,即先确保社会经济方面的基本需要获得满足。③ 由此可见,罗尔斯仍坚持在分配正义和社会正义的语境中谈论和思考正义问题。无独有偶,另一位西方学者华尔泽(Michael Walzer)也在近似的意义上强调,分配正义最重要的一条就是由群体向群体成员提供安全和福利,包括对病患者、年迈者、体弱者、贫困者、失业者等等的照顾。换句话说,群体必须为保护弱势群体提供"安全网"。他指出,"社会福利对其最弱势成员有首要义务,只有当这些人的生活有了保障以后,才谈得上别的。……关键在于,构建安全网是为了保障每一个人都一定能满足那些由我们这个集体共同确定为文化价值的需要。如果我们要像公民同伴一样相互扶持,就不能不相互照应这些需要"④。

可见,在现代语境中,分配正义的一项基本内涵是对弱者生存权利的关注和对强者强力意志的约束。正如学者所言,社会体系是一个合作体系。任何人的成就和贡献都离不开社会,都是在社会中获得的。在社会合作体系中,每一个社会成员都应当对社会秩序承担一定的责任。对于强者而言,一方面,他们有责任对于处在弱势地位的社会成员予以必要的帮助,使之不仅能够保证其人的尊严,而且能够共享由社会发展所带来的成果;另一方面,必须通过外

---

① 陈宜中:《个人自由、集体安全与社会正义》,载《开放时代》2005年第6期。
② 廖申白:《论西方主流正义概念发展中的嬗变与综合》(上),载《伦理学研究》2002年第2期。
③ 陈宜中:《个人自由、集体安全与社会正义》,载《开放时代》2005年第6期。
④ 徐贲:《正义和社会之善》,载《开放时代》2004年第1期。

在的强制力量和内在的自律意识,对强者的强力意志进行有效的约束,以避免由于满足强者意志而牺牲弱者利益所出现的社会冲突和对抗状况。只有这样,才能维护社会的公正秩序,提升社会的合作程度,增强社会的整合程度,实现社会的安全运行。① 我们人类社会不应该成为一个大的竞技场,对于竞争失利者和退出竞争者,以及还未进入竞争者,我们都需要使其保持人的尊严而活着而不能致其于无助之地。人类社会不能完全排除竞争,因为竞争是生存和发展的基本动力。但是,人类社会的文明恰恰在于,人类拥有竞争场合之外的天地,那是一个充满悲悯与关怀的天地。这才是使人活得像人的保障。

二、正义之于民法

在西方的文化传统中,法被视为"善良与公正之术"。这说明,法始终负载着人们对于正义的诉求。正如学者所言,这种作为意志结构和超越价值的正义是高于要求落实和体现正义价值的实在法的,它实际上构成衡量和批判实在法和具体法律活动的标准和尺度,对于法律具有极其重要的批判和范导意义。② 民法作为调整社会生活的根本大法,当然也要接受正义价值的指导并具体体现正义价值。但是由于在不同的历史时期,正义的具体内涵有所不同,因此民法也就表现出不同的特征。下文笔者结合民法从近代到现代的发展对此进行简单分析。

(一)正义与近代民法三大原则

近代民法的一个重要特征是强调个人自由和意思自治。这从近代民法的三大原则可以看出。近代民法的三大原则是所有权绝对原则、契约自由原则和个人责任原则。近代民法的这三大原则其实是与近代自由主义对于正义的诠释密切相关的。我们知道,分配正义和交换正义是关于正义的最重要的一种划分。但是由于分配正义较之交换正义具有根本性和优先性,因此通常我们谈到正义时,都是在分配正义的意义上使用正义一词的。然而,这一意义上的正义却被不少近代思想家变成了"不正当的正义"概念,并用慈善、慈惠等概念来取代它。与此同时,"正义"被严格限定于对生命、自由及财产权之保障、惩治侵权和违法行为和确保私人契约关系之稳健运行。及至18世纪下半期,

---

① 何建华:《分配正义论》,人民出版社2007年版,第39~40页。
② 刘进田、李少伟:《法律文化导论》,中国政法大学出版社2005年版,第352页。

此种正义观点已经被许多知识分子所接受。著名论者如休谟（David Hume）、斯密（Adam Smith）和康德，虽对自然法传统有所批评或保留，但却不约而同地采取了正义/慈善（或慈惠）之分类方式，并且否认分配正义作为一种正义概念的正当性。① 近代民法的三大原则就立基于上述对正义的理解之上。

1. 当正义被理解为首先是个人对其财产的占有权，而财产权利又被理解为"最重要的应得"时，"所有权绝对原则"就正是体现了这个意义上的正义。因为，在一些近代思想家（尤其是早期自由主义思想家们）看来，财产权的道德理由是最初的劳动或占有行动。一件物品经过一个人的劳动，那么劳动的结果也毫无疑问地归他自己，在那个状态下没有别的正义，只有通过劳动占有的正义。洛克就认为，一个人如果通过劳动使共有的东西中的任何一部分脱离它的自然安置状态，就对那部分事物具有道德的占有权。不过洛克还认为，一个人可以合理地将一事物作为财产来占有还需要另一个道德的理由，即他能在一件东西败坏之前尽可能地使用它来满足生活之需：如果他能够在那件东西败坏之前将它消费掉或将它转变为不会腐败的储藏物，他就可以由于他在那件东西上付出了劳动而获得对它的财产权。所以，劳动与享用能力的限度确定着一个人的应得事物的范围。一个处于自然安置状态未被施加任何劳动的事物不是任何人的财产，一个人不能在败坏之前享用的事物就等于处于荒置状态，就不是他的财产。所以，没有人应得自然界恩惠给人类的一切资源。但是，如果一个人由于才能和天赋而特别能劳动，他就显然有权利占有他能施加劳动并将其消费或转变为不会腐败的储存物的所有的那些资源。劳动默认才能与天赋的天然权利。休谟也认为，所有物的分离与区分以及这种分离作为制度的稳定和持久的持续，是财产权的起源，正义是伴随着财产制度的形成而产生的，是财产制度的规则系统。所以正义是法律、契约和制度的伴随物，而不是在自然状态中就存在的规则。如果要遵从正义，首先就要尊重财产权，财产权是优先的权利。这种权利对自由主义者来说是最大的一种类似自然权利的权利，一种道德的权利。②

2. 契约自由原则也是基于将正义理解为从劳动或对无主物的出于消费

---

① 陈宜中：《个人自由、集体安全与社会正义》，载《开放时代》2005年第6期。
② 廖申白：《论西方主流正义概念发展中的嬗变与综合》（上），载《伦理学研究》2002年第2期。

需要的占有活动而产生的财产权。这种正义观既然肯定个人对于财产的上述权利,也就自然会承认通过转让或馈赠而获得的财产属于一个人的应得。国家不能禁止一个人将属于自己的财物赠送给另一个人。国家只能以公共安全的监管者的名义对这种赠与的行为征收适量的税赋。接受者在这个赠与行为发生之后,便具有支配那部分财物的充分的道德权利。这种权利来自那部分财物中所包含的另一个人先前所付出的劳动和占有活动,是从原初的应得中派生的道德权利,这种道德权利,至少从理论上讲,是可以通过转让而产生新的道德权利的。而且,按照这种理解,财产的转让和赠与只有在其所有者愿意的前提下才能有道德的理由。也就是说,当一个人不愿意对其财产进行转让或赠与时,另一个人永远也没有权利得到它。这种理解还意味着,在某人愿意的情况下将部分财产转让给另一个人合于正义,但他不将其财产转让给另一人却绝不包含任何不正义。任何第三方若以权力和道德强制某人转让或赠与其财产,就无异于抢劫或欺诈,而抢劫与欺诈是根本违反人们建立一个国家所要维护的正义持有的原则的。①

3. 个人责任原则也同样立基于近代自由主义对正义的诠释。当正义的关注重心是个人对于财产的权利以及对这种权利的自主行使时,个人责任就成为这种正义观的一个合乎逻辑的推论了。因为,正义所要求的对个人财产权的保障和对个人自主处分财产的自由的尊重提供了一种起点意义上的机会平等。有了这样的机会平等,在自由主义者看来,由各人对其根据自己意愿所进行的行为之结果完全负责任就是再自然不过的事情了。在这里,个人的主观意愿就和行为的客观结果建立起了联系,并且如果此二者的确具有因果关系,则行为人必须对其行为后果承担责任。这样一种推理表现在民法中就是近代民法的个人责任和过错责任原则。

(二)正义的现代修正与现代民法

由于近代自由主义者将正义限缩在财产领域并且将正义只理解为自由竞争中的正义,其正义观显然存在着局限性。因此,近代自由主义的正义观在现代自由主义者那里得到了修正。以罗尔斯等人为代表的新自由主义者对正义作出的修正主要表现在以下几个方面:第一,他们将正义原则扩大到社会和国

---

① 廖申白:《论西方主流正义概念发展中的嬗变与综合》(上),载《伦理学研究》2002年第2期。

家领域;①第二,他们将关注的重心由形式正义转至实质正义;第三,他们将正义置于一种动态情境中来进行讨论;第四,较之个体意义上的正义而言,他们更加关心群体意义上的正义。基于新自由主义对于正义的修正,近代民法的三大原则也得到了一定程度的修正。所有权绝对原则变为所有权限制或社会化,契约自由原则变为契约自由受到限制之原则,个人责任原则变为过错和公平责任相结合的原则。

其实,对于正义的修正和近代民法基本原则的修正都和现代社会面临众多问题这一社会背景密切相关。正如学者所指出的那样,现代民法之所以强调社会义务或"相对的社会责任"(茨威格特语),具体而言,是由于20世纪以来伴随着社会经济、科学技术的发展所带来的社会问题和负效应,诸如失业、贫困、贫富悬殊、两极对立(劳动者与企业主、生产者与消费者)、环境污染、缺陷产品等现象,这些现象造成社会生活中强势群体和弱势群体的分化。而这些社会问题的出现是竭力推崇自由主义的近代民法所不能应对的,甚至就是纯粹的自由主义所引发的结果。这种状况在法学领域引起了对"以私法自治取得的效果是否具有社会公正性"的质疑,认为"私法自治作为一种形式上人人平等的自由,没有顾及实质上并非人人平等的事实"。(梅迪库斯语)。有鉴于此,现代民法在继续坚守其个人自由这一核心价值和私法自治原则的同时,开始注重社会正义价值,且对正义价值理念的阐释,由形式正义走上实质正义,由追求形式上的平等,到关注现实社会生活中的实质上的不平等,并试图通过一定的法律措施而使该种显现趋于缓和。②

正义与民法都是建立在共同的社会历史基础上的。只不过,民法是实现正义的工具而已。正义也有特定的语境。不同的历史时期,正义的内涵与要求往往不同。我们发现,现代民法学与现代经济学奠基于同一个基础,即自由与平等。通常,人们过多地强调了民法保障自由的价值,却忽略了作为法的根本价值,即正义价值。笔者认为,正义价值是高于自由价值的。可以看出,自由与平等的纠结构成了正义问题的内在张力,也表现为民法体现正义的具体路径的分歧。具体到民法上,就是保障自由竞争与保护弱势群体的两种选择。

---

① 欧阳英:《关于正义的不同认识》,载《哲学动态》2006年第6期。
② 李少伟、王延川:《私法文化:价值诉求与制度构造》,法律出版社2009年版,第143页。

三、正义与老年人监护制度

正义内在地包含着自由与平等两种价值的张力。这种张力在不同历史时期和不同社会环境下其具体表现形式有所不同。如果说新自由主义对近代古典自由主义正义观的修正实质上是平等对于自由的矫枉,那么这种矫正同样也表现于民法领域中。换句话说,近代民法主要张扬的是自由的价值,现代民法在肯定自由价值的同时也用平等价值对其进行了矫枉。具体到监护制度,尤其是老年人监护制度,则更是对民法的平等价值的彰显,是民法弱者保护精神的一种反映。

(一)分配正义与监护制度的功能

近现代民法主要彰显的是自由的价值,而且主要是个人的自由。这在意思自治和法律行为制度上得到了最为集中的体现。但是作为实现正义的法律部门之一,民法中也有一些制度兼顾了公平的价值。监护制度就是这样一种更注重公平的制度。笔者在前文已述,监护制度具有保护社会弱者的功能,它不但保护社会弱势者的财产权益,更重要的是保护其人身权益。监护制度的弱者保护功能在市场经济背景下更具有重要的意义。有学者谈到法律的社会事务功能,这也是一个我们认识监护制度功能的新角度。根据学者的观点,法律的社会事务功能是指法律基于其社会性或共同性,而对社会公共事务所具有的管理能力,即法律调整社会公共事务,执行社会职能的作用能力。[①] 法律的社会公共事务功能可以预防社会冲突,解决社会问题,实现权利和义务的内在一致性。[②]

弱者保护正是分配正义的应有之义。正如约翰·罗尔斯(John Rawls)所说:"正义是社会制度的首要价值,正像真理是思想体系的首要价值一样。一种理论,无论多么精致和简洁,只要它不真实,就必须加以修正或拒绝;法律和制度,不管它们如何有效率和有条理,只要它们不正义,就必须加以改造或废除。"[③]尽管人们对于正义的理解不尽相同,但正义有一个基本的内涵,即给予

---

① 付子堂:《法律功能论》,中国政法大学出版社1999年版,第118页。
② 付子堂:《法律功能论》,中国政法大学出版社1999年版,第122页。
③ [美]约翰·罗尔斯:《正义论》,何怀宏等译,中国社会科学出版社1988年版,第1~2页。

每人其应得的东西。如果我们把"给予"理解为广义的分配,则正义实质上就指向广义的分配正义。但正义之难就难在依据何种标准来确定"每人应得的东西",而不同的标准则由不同的价值取向所决定。古往今来,按需分配和按劳分配一直是影响着人们的分配观念和分配原则的两种价值取向。并且,按需分配之"需"和按劳分配之"劳"都必须摆脱其自身的抽象性和主观性才能真正作为分配的客观依据。

有学者从社会保障的角度来理解监护制度的功能,认为监护制度具有社会保障的功能。应该说,这是对监护制度和社会保障的一种更为深刻的理解。这种理解可以从以下角度得到说明:社会保障不仅能矫正市场经济的不公,它的更大的意义在于,作为一种与市场经济并存的制度而发挥着作用。市场作为分配制度是有其局限性的。首先,市场作为分配机制的前提是忽略每个人在起始状态的差别以及过程中可能出现的误差的。其次,市场所分配的主要是经济性资源,因而必然也是片面的。再次,市场所提供给人的归根结底是自由竞争的机会。因为,生产和交换都是逐利行为,而逐利行为就必然导致竞争。而所谓的契约自由,却最终是由生产决定的。因为契约关系的客体均直接或者间接是生产的结果。最后,市场的初衷就不是为了实现普遍富裕。因为市场预设的人是经济人,这就决定了作为群体利益的普遍富裕不是市场的目标和原则。因为,主观自利的经济人未必会达到客观利他的效果。这一命题的前提条件是每个人都会以不损害他人的方式进行自利行为。但这个前提恰恰是不成立的。因为利他有各种手段。难免会有人选择那种损人利己的方式。正是由于市场作为分配方式所存在的以上局限性,我们就不能仅仅把社会保障狭隘地理解为矫正市场经济不公之手段,而应该认识到社会保障制度的独立意义,应该视之为与市场经济并存且同等重要的制度。

基于上述理解,我们对于监护制度的功能也可以获得一种新的认识。监护制度的功能从表层来看是弱者保护,但若从深层进行分析,则与分配正义以及正义所包含的自由与平等的张力不无密切关系。平等主要面对的问题是如何把形式层面的机会平等转化为实质的平等。但是,对于平等的理解,却有着各种误区的存在。首先,在自由主义者眼中,机会被狭隘地理解为一种概率,停留在形式平等的层面。他们认为,只要资源、利益向所有人开放,并且制定统一的程序或者规则,便可达到机会平等。但他们却忽略了在机会之后,是支撑把握机会能力的物质和资源。机会之后是把握机会的能力,是在竞争中起点的位置。机会也还受运气的影响。在社会生活中处于优势地位的群体比其他人站在离终点更近的地方,或者在起跑之前就具有初速度。① 其次,在功利主义者眼中,幸福与财富、财产紧密相关,财产的所有和获取对于达到幸福状态是非常重要的。特别是基于个人幸福的正义,与财产的归属有着直接的、不可分割的关系。财产逐渐被纳入幸福价值之中,不仅成为获得幸福的手段,而且成为幸福的目的之一。② 可见,平等往往被片面地理解,被认为只有作为达到自由的工具时才有意义。平等在崇尚市场自由的人那里,只是自由体系的一个起点,不能成为最基本的价值诉求,也不是最基本的社会原则。但这种观念只看到了自由对于平等的限制,却忽略了平等对自由的保障和推动。只有人们处于真正平等的地位,每个人才具有实质的自由。③ 市场经济则集中暴露出了对于平等的片面理解的贻害。市场经济并不是要给每个人提供相同的经济资源,它所保证的是作为参与者的平等身份,期待具有平等身份的人充分挖掘和运用自身的能力,并取得与自己经济贡献相应的具有差异性的利益。自由市场所鼓励的是自由竞争,是市场的经济效率,其维护的是人们挖掘潜能、发展和完善自我的自由,这种自由建立在身份平等之上,而结果的平等并不是市场的目的。但是伴随着市场经济模式的强大渗透力,经济资源分配的差异也渐渐影响到社会生活的其他方面。市场的力量如此巨大而使得它的边界已经模糊不清,对边界之外的领域也产生着巨大的影响。显然,经济上的差异性结果已经让人们在现实生活中处于不平等的地位。经济上的不平等结果使得在权利和公民身份方面的平等受到了挑战和削弱。④ 因此,看到市场经济的局限性以及以之为背景的平等的片面性,我们才可能真正地深刻理解分配正义以及以之为价值旨归的监护制度之功能。

(二)代际公平与老年人监护

人类社会的整体发展是一个代代相续的历史过程。而每个人的个体生命发展历程又遵循着从幼儿、少年到青年、中年再到老年这样一个自然规律。因此,每个社会的整体都是由幼儿群体、青年群体、中年群体、老龄群体等社会子

---

① 周谨平:《机会平等与分配正义》,人民出版社2009年版,第12~13页。
② 周谨平:《机会平等与分配正义》,人民出版社2009年版,第35页。
③ 周谨平:《机会平等与分配正义》,人民出版社2009年版,第46页。
④ 周谨平:《机会平等与分配正义》,人民出版社2009年版,第45~46页。

群体构成的。幼、壮、老这三个子群体之间的动态更替是一条时间长链。代际伦理就是指一个社会中的幼、壮、老三代之间的道德互动关系,其根本原则是代际公平。它意味着在场的各代在社会中地位平等、待遇均衡。代际伦理是以现实的幼、壮、老三代之间的利益关系为核心的伦理关系,以及实现该关系的公正调解、促进该关系协调发展的伦理原则与道德规范的总称。① 可持续发展的代际伦理观以当代人的现实幸福为基础,它一方面强调在场的各代不以牺牲后代人的利益为代价而谋求短暂的幸福;另一方面强调尊重前人的劳动成果及其历史文化价值,实现老龄一代与当下劳动的青壮年一代以及幼代共享社会发展成果这一社会伦理目标。② 因此,代际公平不仅包含本代人与后代子孙之间的公平问题,也还包含有正在工作的一代对于已经退休的上一代,即老年人的公平问题。③

当代社会,涉及老年人的代际公平主要面临如下一些挑战:第一,整个社会表现出一种尊老不足、爱幼有余的趋势。本来,幼儿与老龄人都是社会的弱势群体,是社会伦理关怀的主要对象。然而,他们的发展前景截然相反。幼儿天生惹人怜爱,他们如初升的太阳,是社会的明天,因而往往成为家庭的重心、社会关怀的重点。而且,由于社会竞争的日益激烈,父母对于年幼的子女往往倾注了更多的人力、财力。相比之下,老年人则越来越多地陷入晚景凄凉之中。老龄人由于生理器官功能不可逆转地日趋退化,更易受到疾病的侵扰。而在现代社会中,老龄人不仅是生理性弱势群体,还是社会性弱势群体。人口的高流动性和家庭模式的小型化使越来越多的老年人成为"空巢老人"。整个社会对老年人的生活质量、精神健康状况的关心,远远不如对于幼儿的重视程度。随着退休而来的经济收入的跌落以及年轻一代在知识经济时代独占鳌头,老龄人在家庭中的权威地位正在逐渐削弱,得到的社会关爱也较少。这必然导致代际伦理关系失衡。④ 第二,按劳分配作为市场经济的分配原则,在一种静态的、单面的视角下似乎是公正的,但由于它是以当下劳动者的贡献作为主要参量,而老龄人已退出职业劳动岗位,因而,对老龄群体来说,"按劳分配"

---

① 刘喜珍:《老龄伦理研究》,中国社会科学出版社2009年版,第55页。
② 刘喜珍:《老龄伦理研究》,中国社会科学出版社2009年版,第56页。
③ 曾毅等:《老年人口家庭、健康与照料需求成本研究》,科学出版社2010年版,第287页。
④ 刘喜珍:《老龄伦理研究》,中国社会科学出版社2009年版,第54~55页。

作为初次分配的原则隐含着一定程度的不公正,它忽略了老龄一代曾经为社会作出的贡献,或者只是把他们过去付出的劳动及其成果作为一种参量。①而事实上,分配的正义性是代际公正的必然要求,它以分配的历史性为前提,这不仅意味着分配正义原则具有历史性与相对性,而且是指一定社会的分配制度要以前人的社会贡献的先在性作为重要伦理依据。人类社会的世代交替与发展建立在前人的创造性劳动成果的基础上,他们的社会贡献是不能埋没的,其价值也是不容贬低与忽视的。②第三,整个社会过分强调竞争而忽略了合作的重要意义,因此在对老年人社会价值的认识上存在误区。整个社会就整体而言是一个大的合作体系,甚至可以说是一个大的共生体系。从竞争的角度来看,老年人尽管不占优势,但是若从社会合作的角度来看,老年人仍然是社会和家庭的宝贵财富。波斯纳就曾指出,相比较而言,老人比年轻人更加稳健或保守,因此当一个社会老龄化程度比较高时,这个社会就可能会相对稳定。③

尽管涉及老年人的代际公平的实现还存在一些负面因素,但各国政府对于老年人权益的保护较之以前都更为重视,也不断出台了一些相关政策和法规。仅以我国为例。我国早在1996年就通过了《中华人民共和国老年人权益保障法》(以下简称《老年法》),并于同年10月1日起正式实施。该法第6条规定:"保障老年人合法权益是全社会的共同责任。"这说明该法已经从社会责任的高度来认识和理解老年人权益保护问题,这其中已经包含了代际公平的思想。但是遗憾的是,在对具体权利义务的规定上,《老年法》却表现出了一定的局限性。首先,《老年法》将对老年人的具体义务主要加诸老年人的家庭成员身上。该法第10条规定:"老年人养老主要依靠家庭,家庭成员应当关心和照料老年人。"这说明《老年法》对于代际公平的理解仍然以家庭为限,将代际公平的制度安排也仅局限在家庭范围内。其次,《老年法》对于老年人权益保护的具体制度性措施是民法上的广义的扶养制度,而且主要表现为其中的赡养制度。该法第11条规定:"赡养人应当履行对老年人经济上供养、生活上照

---

① 刘喜珍:《老龄伦理研究》,中国社会科学出版社2009年版,第56页。
② 刘喜珍:《老龄伦理研究》,中国社会科学出版社2009年版,第57页。
③ 苏力:《不知老之将至(代译序)》,载[美]理查德·波斯纳:《衰老与老龄》,周云译,中国政法大学出版社2002年版,第2页。

料和精神上慰藉的义务,照顾老年人的特殊需要。赡养人是指老年人的子女以及其他依法负有赡养义务的人。赡养人的配偶应当协助赡养人履行赡养义务。"但是,《老年法》无形中扩大了民法上对于赡养制度的适用条件和范围的规定,也扩大了赡养人的义务。按照我国《婚姻法》的规定,仅在父母无劳动能力或者生活困难时,有赡养能力的成年子女才应当承担对父母的赡养义务。而且,按照通常的理解,赡养义务也主要表现为物质的供给。可见,《老年法》主要通过赡养制度来具体保障老年人的权益似乎并不可行。

要将涉及老年人的代际公平和对于老年人权益的保障真正落实到具体法律制度的层面,看来还需要另辟蹊径。而老年人监护制度则值得尝试。因为:第一,老年人监护制度扩大了监护义务人的范围,不但自然人可以担任监护人,法人也可以担任监护人;第二,对于监护人与被监护人之间的关系也不再仅限于亲属范围内;第三,监护的内容也可以既照顾到老年人物质生活的层面也可以照顾到老年人的精神需求。这些也都是代际公平所要求的。因为代际公平的观念是以整个社会的发展为语境的,即社会的发展成果是建立在前一代人的付出和努力的基础上的。老年人作为为家庭和社会作出了贡献的一代人,老年人的晚年生活理应得到不仅来自家庭也来自全社会的关心。因此,笔者认为,老年人监护制度对于实现代际公平和保障老年人权益而言是一项有益的制度。

第三章 老年人监护制度域外立法研究

比我国更早进入老龄社会的国家和地区较早地面临了老龄社会中老年人权益的法律保护问题,因而在监护制度的层面上,较早作出了理论上的反思并进行了实际的立法修订活动。无论是大陆法系国家,还是英美法系国家,都有关于老年人监护方面的相关立法或立法修订。在下文中笔者首先对于老年人监护制度的相关立法作一个概述,然后再结合一些典型的立法来具体分析大陆法系和英美法系国家和地区的老年人监护制度立法。

第一节 老年人监护制度域外立法概述

一、社会背景

(一)人口老龄化与老年人保护

各国社会的老龄化是其老年人监护制度立法的一个重要背景。根据联合国人口组织(WPO)的标准,可以把世界各国按照其人口年龄结构分为年轻型、壮年型和老年型国家。根据这个标准,一个国家或一个地区的总人口中,65岁以上人口比重不超过4%的为年轻型;比重在4%~7%之间的为壮年型;超过7%的为老年型。若以60岁为老年的标准,则60岁以上人口超过总人口数的10%也被称为老年型国家。目前,世界上已有60多个老年型国家,其中包括法国、瑞士、英国、德国、美国、日本、意大利等国家。① 而且,现代社会人们的寿命普遍延长,高龄者占人口的比例也在增加。许多国家纷纷进入老龄化社会,使得国际社会出现"银色浪潮"。而进入工业化社会以来,老年人的养老问题主要依靠包括退休金在内的社会保障体系。但是老年人口的增加,使得一个社会的养老体系变得越来越脆弱,形成一种寅吃卯粮的局面。老年人的经济收入状况和实际购买力也每况愈下。老年人的身体和智力状况也逐渐衰退。越来越多的高龄精神障碍者出现了。老年人由于一定程度地退出了市场和社会信息领域,造成信息的不对称,使老年人经常受到上门或者电话等方式推销的商贩的蒙骗。而且,老年人对于网络技术、金融机构、医疗机构的现代化服务的陌生,也使老年人的生活质量受到了影响。另外,老年人的人身和财产利益也很容易受到侵害。他们往往成为了不法分子蒙骗的对象。

而在此前,各国的监护立法对于老年人的保护考虑不足,显然已不能应对老龄化社会所面临的问题。正是在这样的背景下,各国纷纷开始修订其监护制度立法,为老年人监护打开了制度之门。据学者介绍,法国在1968年修订其成年监护法;瑞典于1974年和1989年两度修法以使其成年监护法现代化;奥地利于1983年在其制定的《有关为障碍者代办的法律》中创设了新的成年监护类型;美国于1969年制定《持续性代理权授予法》并于1979年对之进行了修订;加拿大、英国等国家也进行了类似的立法活动。② 德国的照管制度和日本的任意后见制度等也都是在同样的大背景下进行的监护制度立法修订之范例。

(二)家庭结构的变化

家庭结构的变化是老年人监护立法的另一个重要背景。其实,社会老龄化只是导致老年人社会相对地位降低的一个方面,但如果老年人在家庭中能够获得足够的支持,则他们的现实境遇还不至于太令人忧心。然而,雪上加霜的是,现代社会的家庭结构的特点使得老年人变得更为弱势。首先,家庭规模变小,但是家庭内包含更多代的现象却变得更加普遍。根据对我国2000年和2005年人口普查结果的对比分析,有学者指出,这5年期间,1人户和2人户

---

① 王石泉:《中国老年社会保障制度与服务体系的重建》,上海社会科学院出版社2008年版,第58~59页。

② 李霞:《民法典成年保护制度》,山东大学出版社2007年版,第65~66页。

的比例在提高,而4人户的比例在减少,说明家庭有小型化的趋势。但同一时期,3代及以上户所占比例大体维持不变。① 例如,由祖孙2人构成的家庭尽管人数少,但却仍是一个3代户。如果用家族树来直观地表示,就会出现一种更窄而更长的家族树形态。家庭的这种变化意味着,对于那些成年的家庭成员来说,同时去养育子女并照顾多个老人的任务更为艰巨。② 而且由于市场经济社会下激烈的竞争,子女自身的就业、养育后代等的压力已经很大,许多有心照顾父母者往往心有余而力不足。家庭的少子化、核心化以及人口的高速流动使得老年人本来从子女那里获得支持的希望破灭。老年人的生活往往陷于孤苦无依的境地。其次,由于人们对于婚姻和家庭的态度更加多元,选择不婚或者不育的人数在不断增加。当这些人迈入老年人行列时,他们几乎不能从家庭获得有力的支持,而变得更加依赖社会的公共资源供给。再次,"空巢老人"越来越多,引发了各方面的社会问题。空巢老人对于日常生活照料、医疗保健、精神慰藉等的需求与传统家庭功能的丧失形成了一对尖锐的矛盾。许多老年人"出门一把锁,进门一盏灯"的凄苦生活也蚕食着这些老年人的身心健康。

家庭结构的以上变化使得旧有的监护制度和赡养制度捉襟见肘。就监护制度而言,首先,许多国家和地区的成年监护制度立法都将配偶作为最先考虑的监护义务人。但在老年人的情形下,老年人的配偶一般也为老年人,自身也需要照顾,因此无法履行监护义务。其次,家庭结构的变化使家庭会议的职能逐渐弱化甚至名存实亡。而旧有的监护制度往往还规定了家庭会议在监护制度中的作用。再次,监护义务人仅以老年人的家庭成员为限也制约着监护制度发挥其应有的功能。再就赡养制度而言,第一,赡养在国外的婚姻家庭法中并不是一种普遍的制度,尤其在英美法系国家一般并不规定成年子女对于父母的赡养义务。父母对未成年子女的抚养具有单向性。因为西方国家有一种理念,认为父母对于子女有抚养义务,但成年子女对父母可以没有强制性的义务。因为,父母将子女养大成人是为社会作出了贡献,因此,当其迈入老年时,社会应该承担对于老年人的责任。另一个重要的原因是,西方的启蒙文化让个体意识蓬勃发展起来,生育子女既然是夫妻的选择,则他们就应该承担对于

---

① 曾毅等:《老年人口家庭、健康与照料需求成本研究》,科学出版社2010年版,第7页。
② [美]彼得·皮特森:《老年潮》,王晶译,台湾联经出版事业公司2000年版,第245页。

子女的扶养义务,但反之子女对父母的义务则不明确。第二,赡养制度是以家庭伦理和传统道德为基础的,因此很难细致地进行关于权利义务的规定,因为这往往也被认为是家事,因而无须作出细致的规定。第三,赡养是以家庭血缘关系为依据来设定权利义务的,这反映出一种对于老年人的狭隘理解,即把老年人仅仅视为家庭的构成成员,抹杀了老年人更是社会成员、社会同样对老年人负有义务这样的人文关怀的事实。因此,各国涉及老年人的成年监护制度改革一般都强调以老年人利益为出发点,既要设定家庭成员的义务,同样也要明确社会和政府应尽的责任和义务。

二、观念支持

任何制度的革新都离不开观念的支持。各国老年人监护制度的立法以及革新也不例外。具体而言,这些观念支持主要是从两个角度出发的,一个是个体的角度,一个是群体的角度。当然,个体和群体只是在相对的意义上而言的。

(一)人权观念的支持

国际社会对人权问题的关注以及国际组织对于人权保护的推动,使得各国在其立法上都更加关注人权的问题。人权的观念从根本上讲主要关注的是个体的人的生存及福祉。有学者这样界定人权:所谓人权,就是人人都应当享有,而且不会引起冲突的权利。[1] 有学者也正是从这个角度来理解人权法的。她谈到:"人权法包括了保障个人人权的所有法律,可见之于一国的宪法和国内的法律、法规或司法判例中。"[2]老年人的人权保护也以此为大背景。老年人尽管构成了一个类群,但从人权角度出发的对于老年人权益的保护的落脚点仍是一个个作为个体存在的老年人。

在老年人的保护问题上,联合国已经专门召开了两次关于老年人保护的国际大会。两次大会都强调了"不分年龄,人人共享社会发展成果"的人权精神。这正是人权观念在老年人问题上的反映。如果说以前对于老年人的关注点是"老",那么现在对老年人的关注点则转变为"人"。也就是说,更加关注老年人作为人的存在的基本需要与福祉。因为,老年本来就是人的存在的一种

---

[1] 曾庆敏:《老年人权益保障与社会发展》,社会科学文献出版社2008年版,第59页。
[2] 李霞:《民法典成年保护制度》,山东大学出版社2007年版,第9页。

样态。而且在人的寿命普遍延长的今天,老年即成为人的自然存在的一种普遍性样态。正如有学者所指出的:应当把老年人作为人来考察。在以往的老年学研究中,存在着一种过分注重从衰老的角度去研究老年人问题的倾向,而忽视了老年人作为人的地位和价值。① 如果说现代人权观念关注的是一切人的全面自由发展,那么,将老年人看作人类生命存在的普遍样态、关心和保护老年人权益就是这种人权观的题中应有之义和必然要求。

有学者认为,成年人监护制度是在20世纪70年代开始相继发表了残疾人的人权宣言等的背景下进行的,认为"残疾人这个概念当然包括了智障者和认知症高龄者(老年痴呆)等类型"。② 笔者认为,这一背景仍然可以归入更深层次的人权观念对人的全面理解之大背景中。因为,人的身体和智力方面的残障固然构成了人的弱势状态,即便没有这些残障的人,随着年龄的增长,到老年阶段也进入了一个弱势的阶段。对这个阶段的人的保护也属于人权保护的应有之义。因此,无论是对于残疾人还是对于老年人的保护,都是在关注一切人全面发展的人权观念的支撑下进行的。还有学者谈到"正常化理念"和"自我决定权理念",认为这两种理念是现代成年监护制度所奉行的。"正常化理念"认为,不应将各类身心障碍者与社会以及社区生活隔离开来,而是应该让他们有权享受正常人的生活,参与到社会活动和社会生活中去,并认为正常人和身心障碍者都能融入其中的社会才是正常的社会。③ "自我决定权理念"认为,身心障碍者作为社会成员当然享有各项基本人权,是权利的主体;他们当然拥有与其他人一样的、决定与自己生活相关的事务的权利。④ 不难看出,此两种理念都是由人权观念派生出来的,是基于对包括老年人在内的、处于弱势者的全新理解。它们对于老年人监护制度构建的积极意义在于,将老年人看作应该共享社会发展成果、应该正常地参与社会生活、需要保护但同时需要尊重的人,从而突破了旧的成年监护制度将老年人以及其他身心障碍者隔离于交易和其他社会活动领域之外的局限性。

---

① 党俊武:《老龄社会引论》,华龄出版社2004年版,第22页。
② [日]田山辉明:《日本成年监护制度的现状与课题》,载渠涛:《中日民商法研究》(第8卷),法律出版社2009年版,第47~48页。
③ 李霞:《民法典成年保护制度》,山东大学出版社2007年版,第108页。
④ 李霞:《民法典成年保护制度》,山东大学出版社2007年版,第103页。

(二)社会共同体利益观念的支持

如果说人权观念主要是从个体角度出发,那么社会共同体利益的观念则主要是从社会群体的层面上讲的。由于每个人的幸福都依赖于一种合作体系,没有这种合作,所有人都不会有一种满意的生活,因此,利益的划分就应当能够导致每个人自愿地加入到合作体系中来,包括那些处境较差的人们。① 从这个意义上来讲,社会合作体系是社会群体生存和发展的基本形式,也是社会共同体利益的基本保障。因此,老年人作为社会合作体系的构成部分,同样对社会共同体的利益具有重要意义。

社会共同体利益观念的现实意义主要在于对现代化和市场分配机制的反思。在现代化工业和市场经济发展的特定阶段,人们认为起点平等和过程平等对于社会经济效率和秩序具有重要意义,认为分配公正主要是指分配原则和方式的公平,并肯定分配结果的不平等、有差别是必然的、合理的。例如,亚当·斯密就认为:市场经济制度是以"经济人"的存在为前提;在市场制度下,主观追求自利的"经济人"会达到客观上有利于他人和社会的良好效果。而且,自由竞争的市场经济要求把个人权利作为出发点。这种对于分配与合作的较为狭隘的理解使人们忽略了社会的整体利益。20世纪20年代末、30年代初席卷欧美的经济危机则打破了市场万能的幻想,也促使人们对市场经济早期的分配理论进行反思。许多经济学家都认识到,由于市场本身的不平衡,由于市场经济中个人累积的不平等,在自由放任的市场经济条件下逐渐出现了两极分化的现象。主流意识形态由崇尚自由放任的自由经济转向崇尚政府宏观调控,人们从社会整体福利公平分配的原则出发,相应地建立了一套诸如"公平"、"公正"等新的伦理原则。②

新的伦理原则以社会共同利益和整体福利为旨归,因此可以站在一个全新的角度来看待老年人的问题。《维也纳国际老龄行动计划》就体现了这一点。在该《计划》第2项"原则"部分,其第25条第(h)款列明:社会经济发展的一项重要目标是实现一个所有年龄不分长幼的人融为一体的社会,在这个社会里,年龄歧视和非自愿隔离已被取消,而各世代之间的团结和互相帮助得到

---

① [美]约翰·罗尔斯:《正义论》,何怀宏、何包钢、廖申白译,社会科学出版社2009年版,第1~2页。

② 何建华:《分配正义论》,人民出版社2007年版,第41~43页。

鼓励;第(i)款列明:老龄化是贯穿整个人生的过程,我们应当把它作为这样一个事实来加以认识。为全体人民安度晚年做好准备,应当成为社会政策的一个组成部分。这种准备应该包括身体、心理、文化、宗教、精神、经济、保健和其他诸方面的因素。① 可见,社会共同体利益观念已经成了国际社会对待老年人问题的共识和基本原则。

三、立法概况

从学理上讲,监护可以被分为法定监护和意定监护。由于意定监护关系的设立及其内容主要由当事人约定,因此笔者下文仅就法定监护进行讨论。

(一)原则

有学者谈到,日本的《成年监护法》修订时遵循了以下三项原则:第一,必要性原则,即社会福利服务只针对必要的对象;第二,补充性原则,即如果某人已经得到了必要的援助,那么福利服务就仅仅作为补充而不应该优先于该援助;第三,尊重本人意思原则,即施行福利服务时,必须尽量尊重本人的意愿。② 其实,这三项原则也是其他各国进行成年监护制度改革所遵循的普遍性原则。有学者指出,"必要性原则"和"补充性原则"构成了现代法定成年监护制度的两大原则。③ 而"尊重本人意思原则"是从人权观念的"自我决定权理念"派生出来并具体体现于监护制度的一项普遍性原则。其中,"必要性原则"又被称为"最小侵害原则"、"不可替代原则"、"最小限度干预原则"等。④ 该原则是指对作为成年被监护人的身心障碍者应该选择不超出必要限度的保护措施,以求对其产生尽可能小的限制。"补充性原则"主要是就宏观层面而言的,它是指法定监护处于补充意定监护的地位。这一点尤其考虑了老龄化对于监护制度设计的影响。因为有越来越多的老年人在自己的智识能力尚未严重衰退之前就未雨绸缪,事先为自己选择了监护人。在此种情况下,一旦这样的老年人确实需要监护人时,法律就必须在法定监护人和意定监护人之间

---

① 全国老龄工作委员会办公室:《国外老龄政策概览》,华龄出版社 2010 年版,第 237 页。

② [日]田山辉明:《日本成年监护制度的现状与课题》,载渠涛:《中日民商法研究》(第 8 卷),法律出版社 2009 年版,第 49 页。

③ 李霞:《民法典成年保护制度》,山东大学出版社 2007 年版,第 116 页。

④ 李霞:《民法典成年保护制度》,山东大学出版社 2007 年版,第 117 页。

作出何者优先的选择。"必要性原则"即表明，法律选择了优先尊重当事人自己的安排，让法定监护退居意定监护之后，仅作为其补充而存在。"尊重本人意思原则"是在微观层面上讲的，它是指在适用法定监护的情形下，法官根据应受监护之当事人本人的具体情况来决定监护事务时应优先考虑本人的意愿，法官的决定应充分尊重应受监护之人本人的意思。这也是考虑到老年人的监护问题而在法律上作出的应对。上述三项原则正是前文分析过的人权观念和社会共同体利益观念在监护制度立法领域的具体体现。老年人之所以能够成为成年监护制度的保护对象，也正是得益于此。

从上述三项原则中，我们可看出如下一些具体特征：首先，监护制度已经不仅仅是作为一项私法的制度发挥作用，而是构成了大的社会福利体系的一个重要组成部分。而这种新的制度安排也正是建立在对社会福利和保障制度以及监护制度的新的认识基础之上。社会福利和保障制度不再被认为是对市场分配机制的矫正和补充，而被视为一项决定社会发展的根本性制度。监护制度也不再被视为对于交易领域的弱势者采取隔离的一项措施，而被认为是全面保护弱势者的基本人权的制度。其次，以法定监护补充意定监护，使得对被保护人的保护方式更加多元化也更加全面，以适应老龄化社会对于老年人权益保护的需要。再次，在对身心障碍者的保护措施设计上，法官被赋予更多的裁量权来根据应受保护者本人的具体保护需要来安排保护的方式。这些具体特征从总体上来讲都更加有利于老年人受到监护制度之保护。

（二）大陆法系国家和地区的立法改革

大陆法系国家和地区针对老龄化现状进行的成年监护制度改革主要呈现出如下特点：第一，改革后的成年监护制度不再以行为能力制度作为监护制度的逻辑起点，也不再仅以意思能力的状况来作为监护的条件，而是以当事人本人身心障碍的具体情况来确定其是否应受监护以及监护的程度、监护的内容、范围等。这样一来就扩大了受监护制度保护的对象，将需要监护的老年人纳入了成年监护制度的保护范围。应该说，这是监护制度立法上从逻辑主义向经验主义的一种回归。第二，新的成年监护制度更加注重对需要监护者的具体情况的考量，并增加了监护的层级和类型，以适应监护的多样化需求。这也反映出监护制度立法更加注重对实质正义和个案公正的追求。这样就更利于实现对老龄化社会中老年群体的多样化需要的满足。第三，改革后的成年监护制度往往赋予法官在监护个案中更大的自由裁量权，同时也加强了监护监督制度。这样的制度安排使得监护关系的主体更加多元,因此更利于各方利益的相互平衡与制约。尤其在涉及老年人的监护问题上,这样的安排既保障了老年人的利益,又不致对老年人的自由进行过多的限制。第四,新的成年监护制度在其制度框架内创设了意定监护制度,并且赋予它优先于法定监护的地位,表现出了对当事人安排自身事务的充分尊重。但考虑到意定监护中的被监护人毕竟处于相对的弱势地位,意定监护关系的成立又必须以监护监督人的选任为条件。老年人一方面,可以利用意定监护来选择自己信任的人作为监护人;另一方面,又不致因无人监督此等监护人而产生利益被侵害之虞。第五,在新的成年监护制度中,监护义务人不再主要限于被监护人的亲属之范围。现代社会由亲属担任监护人的比例在不断降低,尤其是在老年人监护中。因为,一方面,老年人的配偶一般也都是老年人,显然不适合相互担任对方的监护人;另一方面,子女与老年人共同生活的家庭模式越来越不普遍,许多子女甚至与父母相距遥远,令其担任监护人也存在现实的困难。因此,法律选择了扩大监护义务主体的范围,甚至允许法人担任监护人,就一定程度地化解了仅由亲属担任监护人而存在的现实问题。

有学者评价各国的成年监护制度改革时认为,新的成年监护制度反映了"保护主义和自立精神的融合"。[①] 应该说这个评价是很恰当的。纵观法律在近现代的发展,似乎可以发现一个普遍的精神取向,即弃绝极端而崇尚中庸的精神。无论是从两大法系相互取长补短,发生一定程度的相互融合,还是从民法的三大原则由近代向现代的发展,我们都可以看到崇尚中庸精神的影子。事实上,中庸思想是一种精妙的人类生活智慧,法律制度尤其需要借助于中庸智慧的烛照。而新的成年监护制度改革中不断闪现出的中庸智慧之光则反映着人类现代法律文明的发展方向。

(三)英美法系国家的立法改革

英美法系国家的成年监护制度改革主要表现为两种具体制度的建立:一是持续代理制度,二是公共监护制度。这两种制度其实和大陆法系国家的成年监护制度改革具有异曲同工之效。

1.持续代理制度

英美法系国家对老年人的重要法律保护之一是通过持续代理制度实现

---

① 李霞:《民法典成年保护制度》,山东大学出版社2007年版,第81页。

的。按照传统的代理法,当本人行为能力丧失时,代理权即终止;但在持续代理制度中,即便本人丧失行为能力,代理关系仍然持续。而且持续代理的内容既可以是财产管理也可以是人身照顾。因此,不少老年人即利用此种制度来安排自己的财产或者人身事务,而且不必担心因其丧失行为能力而使此种安排不能继续有效发挥其作用。但是,有学者指出,持续代理制度是建立在代理法的基础上的,然而代理法以本人有完全能力且可以监督代理人的代理行为作为其前提假设;而持续代理的前提假设则是本人可能失去行为能力。由于这种前提预设的不同,持续代理制度就不能够在代理法的框架下得到很好的运行。通过对美国的《统一代理权法》(*The Uniform Power of Attorney Act*,简称 The UPOAA)和英国的《意思能力法》和持续代理权进行的比较研究,该学者进一步指出,由于缺乏有效的监督和相关的程序性措施,在美国持续代理权被滥用已经成为一个普遍问题,因此,建议美国立法应借鉴英国的登记、通知和签字见证等具体措施,来加强对持续代理的监督以防止因持续代理权的滥用造成的对于包括老年人在内的本人的侵害。① 这说明监督机制是持续代理制度的一个关键环节。此外,学者也指出了该制度可能存在的风险:一是持续代理人的可信任度问题,二是第三人是否愿意接受持续代理人的授权,三是授予持续代理权的本人的家庭是否愿意配合。② 因此,要在持续代理制度的低成本、灵活便捷与保护本人、代理人及第三人权益之间保持平衡,立法和司法还任重而道远。此外,还有学者指出,老年人的法定代理人可能面临的各种伦理问题。③

但是总的来说,持续代理制度对老年人的保护是向着一个正确的方向发展的。它和大陆法系的意定监护制度非常类似。因此,研究和借鉴英美法系国家的持续代理制度对于完善我国未来的成年监护制度、尤其是意定监护制度的立法当不无裨益。

---

① Jennifer L. Rhien, No One in Charge: Durable Powers of Attorney and the Failure to Protect Incapacitated Principals, *the Elder Law Journal*, 2009, Vol. 17, No. 1, p. 170.

② Linda S. Whitton, Durable Powers as an Alternative to Guardianship: Lessons We Have Learned, *Stetson Law Review*, 2007, Vol. 37, No. 1, p. 18.

③ A. Frank Jones, Guardianship Adjudications Examined within the Context of the ABA Model Rules of Professional Conduct, *Stetson Law Review*, 2007, Vol. 37, No. 1, p. 251.

2.公共监护制度

公共监护制度是英美法系国家的另一项重要的保护弱势成年人尤其是老年人的制度,是其监护制度的重要构成部分。学者对公共监护的定义是:在有监护需要的人其家庭成员或者朋友中没有合适的监护人人选,而且其财力也不足支付私人监护人的情况下,指定一个公务员或公共基金组织来承担法定监护人之职责。[1] 担任公共监护职务的主体一般是由政府提供资金支持的机构,这些机构主要为两类群体服务:一是失去为决定之能力的无行为能力老年人,二是有精神缺陷或进行性残疾而无判别能力者。公共监护人可以作为财产监管者、人身照护者,或者有时也可充当指定的受偿人或替代被监护人作决定者。

公共监护制度的设立是以国家亲权(parens patriae)的理念为基础的。依照国家亲权的理念,国家有义务保护那些不能够自己照顾自己的市民。因此,公共监护人往往被视为是国家的代理人。但事实上,民主与国家亲权之间是存在着悖论的。前者的出发点是考虑到,并符合被监护人的偏好;而后者的立足点却是保护和国家亲权。换句话说,在监护的情形下,民主政治原则却被用于作为所谓的"法定死亡"者的公民身上。法律需要发挥平衡的作用的要求再一次显现了出来。此处,重要的是要寻求"保护"与"满足需求"之间的平衡。[2]

公共监护其实也可以看作是一种人与人之间关系的拟制,即拟制出来的"家人"间的关系。我们常说法律是陌生人社会的产物。此言不虚。但是在监护制度领域,我们要做的却是将陌生人社会一定程度上还原为熟人社会。或者说,在监护制度领域,法律所要做的事情,恰恰是帮助重建一种熟人社会。而以往的历史已经证明,熟人社会较之陌生人社会对于弱者的保障更有效率。过去,老年人一方面有家庭结构作为其保障,而且还有熟人社会为其提供最后一道保障。

以上监护制度的改革在一定程度上都是为了应对以前监护制度对老年人保护不够的问题,因此,在这个意义上称之为老年人监护制度改革也不为过。

---

[1] Pamela B. Teaster, Erica F. Wood, Susan A. Lawrence, Winsor C. Schimdt, Wards of the State: A National Study of Public Guardianship, *Stetson Law Review*, 2007, Vol. 37, No. 1, p. 214.

[2] Pamela B. Teaster, The Wards of Public Guardians: Voices of the Unbefriended, *Families and the Law*, 2002, Vol. 51, No. 4, p. 349.

这些改革措施,尤其是一些细节的处理,对我国建立老年人监护制度有着重要的借鉴意义。

第二节　大陆法系国家和地区的老年人监护制度立法

在上一节中,笔者简单介绍了大陆法系国家和英美法系国家的老年人监护制度的立法概况。在本节和下一节中笔者将分别对一些大陆法系国家和地区以及英美法系国家涉及老年人监护的法律制度作具体介绍。因为,尽管各国的相关立法从宏观上看具有很大的相似性,但是从微观层面上看各国的老年人监护制度立法往往在细节处见智慧,而各自显示出一些独到之处。就借鉴的角度而言,关注这些具体制度及其细节安排的意义不容忽视。

一、法国

法国是较早对成年人监护制度作出改革的国家之一。改革的动因也是旧的监护制度对于成年被监护人的保护存在不足。法国于1968年1月3日颁布第68-5号法律,废除了原来的民法典中规定的禁治产和准禁治产宣告制度,而对于需要保护的成年人的具体情况,由法院进行个案审查以确定对其适合的监护类型。法国的成年人监护制度改革的主要内容表现在以下几个方面。

1. 禁治产和准禁治产制度的废除将监护制度的重心真正导向了对于被监护人的保护而不是限制。修改以前的《法国民法典》[①]第489条规定:成年人经常处于痴愚、心神丧失或疯癫的状态者,即使此种状态有时间歇,应禁止其处理自己的财产。该法典第499条也规定了在驳回禁治产的请求时,如情况需要,法院得命令被告今后非得依该判决指定的辅助人的协助,不得为一些重要的财产行为。第513条还规定了浪费人如无法院为其任命的辅助人的协助,也不得为一些重要的财产行为。由以上法条可见,禁治产宣告的直接后果是禁止被宣告人处理自己的财产。对于未达到宣告禁治产程度的精神障碍者

---

① 修改以前的《法国民法典》参考的是李浩培、吴传颐、孙鸣岗所译,商务印书馆1979年出版的《法国民法典》。

以及浪费人,法院还可为其指定辅助人。而辅助人之设也主要是限制被辅助人的一些诉讼和重大财产行为。这样的制度更多的表现为一种限制而超出了保护的必要限度。修改之后的《法国民法典》①第 488 条规定:由于身体官能损坏,致使其不能自行保障其利益的成年人,得在特别行为之时或者持续地受到法律的保护。由于挥霍浪费、纨绔不羁、游手好闲,有可能自陷贫困或影响其履行家庭义务的成年人,亦得进行保护。新法第 490 条规定:在人的精神官能受到疾病损坏或因残疾或年龄而衰弱时,为当事人之利益,得实行以下诸章规定的某一种保护制度。身体官能受到损坏的情况,如妨碍当事人表达其意思,亦适用相同的保护制度。精神官能与身体官能是否受到损坏,应当由医生确认。从以上条文可以看出,新法的宗旨更加注重对当事人的保护而非限制。

2. 改革后的法律对于成年监护制度的主体范围有一定程度的扩大。按照新法的规定,可以受到法律保护的成年人是指那些"由于身体官能损坏,致使其不能自行保障其利益的成年人"或者"由于挥霍浪费、纨绔不羁、游手好闲,有可能自陷贫困或影响其履行家庭义务的成年人"。相较于旧法所规定的"成年人经常处于痴愚、心神丧失或疯癫的状态者"或"浪费人",新法的成年人保护范围显然更广。修改之后的《法国民法典》第 490 条的规定尤其可圈可点,该条规定:在人的精神官能受到疾病损坏或因残疾或年龄而衰弱时,为当事人之利益,得实行以下诸章规定的某一种保护制度。身体官能受到损坏的情况,如妨碍当事人表达其意思,亦适用相同的保护制度。该条列举出了疾病、残疾、年龄和身体官能受损等几个可能影响到本人精神官能的因素,对应受保护的成年人的情况考虑更为全面。

3. 新法所规定的保护方式更具灵活性和适应性,能够更全面、广泛地保护成年被监护人的利益。新法规定的对需要保护的成年人的保护方式主要有三种:(1)在民事生活行为中需要由他人持续代理的,可为其设立监护。(2)在并非完全不能自己行为,但民事生活中却需要得到指导与监督时,可为其实行财产管理;财产管理人仅对"在成年人监护制度下应当得到亲属会议批准的行为"进行协助管理。(3)对于身心障碍不太严重但在民事生活中又需要一定保

---

① 修改之后的新《法国民法典》参考的是罗结珍所译,法律出版社 2005 年出版的《法国民法典》。

护的成年人,可以将其置于司法保护之下①。被置于司法保护的成年人,保留行使其权利;但为保护其利益,该成年人根据契约或约定承担的义务可能被撤销或者减少。② 这种三级制的成年保护方式针对需要保护的成年人的具体情况,对其进行程度不同的保护,一方面,达到了保护成年人中特定弱势者的要求,另一方面,也尽可能少地限制了其自由,取得了一种适中而合理的保护效果。而且,老年人因为可能处于其"精神官能因年龄而受到损坏或衰竭"或"体能受到损坏而妨碍其表达其意志"的状态,因此,就可能在修订之后的监护制度框架下得到保护。

4. 新法扩大了监护法官的自由裁量权。根据新法第491-2条的规定,置于司法保护的成年人订立的契约与缔结的义务,可以因"显失公平、受到损害"而取消,或者在负担的义务过分的情况下,得减少之;甚至在根据第489条之规定不能撤销此种契约与义务的情况下,亦得因负担过分而减少之。对此种问题,法院将考虑受保护人的财产多寡,与其订立契约的人是诚信还是非诚信,以及交易是否有益等多方面的情况。第501条规定:在设立监护时,或者在之后作出的判决中,法官得依据治疗医生的意见,具体规定受监护的人有能力单独或者在监护人或者相当于监护人的人协助下实施哪些特定行为。第511条规定:法官在设立财产管理时,或者在之后作出的判决中,得根据治疗医生的意见,具体列举财产受到管理的人有能力不依第510条之规定自行完成哪些行为;或者相反,除第510条规定的应有财产管理人协助的行为之外,补允规定哪些行为也应得到财产管理人的协助才能完成。从以上条款我们可以看出,法官在成年人的保护方式和保护程度方面的自由裁量权大大增加,从而更有利于实现个案公正。

由于法国的成年监护制度改革较早,囿于当时的社会历史状况,其改革还有许多在今天看来不无遗憾之处。例如,仍然显示出对于财产保护的高度重视,而对于人身方面的保护力度尚嫌不足。此外,对于成年受保护者范围的规定似乎仍然以意思能力为判断依据,有失片面,不利于对更多成年身心障碍者尤其是一部分老年人的保护。这也是我们未来立法应当注意避免的问题。

---

① 李霞:《民法典成年保护制度》,山东大学出版社2007年版,第71页。
② 详细内容参见修改之后的《法国民法典》第491-2条的规定。

二、德国

德国的成年人监护制度改革主要有以下几个方面值得关注。这些方面都与对老年人的保护密切相关,因此,了解它们对我国未来的立法借鉴当不无裨益。

1. 德国成年监护制度改革没有以颁布单行法的形式进行,而是以修改旧有条文的方式进行的。德国联邦政府于1989年2月1日向联邦参议员提出了《关于改革监护法和保佐法的法律》(简称《照管法》)的草案。后来,该草案连同参议院对之提出的81项意见又交由联邦众议院审议。经过广泛听证与专家论证,该法于1990年4月25日在联邦众议院通过,同年6月1日获联邦参议院通过,同年9月12日正式公布,并自1992年1月1日起实施生效。[①] 由此,《德国民法典》过去关于禁治产制度的第1896条至第1908条的内容被废除,新修订的《照管法》的内容则构成了《德国民法典》新的第1896条至第1908i条。后来经过1998年6月25日的法律修订,"照管"(Betreuungs)又被称为"法律上的照管"(Betreuungsgesetz)。笔者认为,德国成年监护制度改革的立法模式与其追求法典统一和体系完整的立法传统有关。另外,将"照管"改为"法律上的照管"也有其意味深长之处。这充分揭示了照管作为法律制度以及照管关系作为法律关系的意义。

2. 新的成年监护制度废除了过去的禁治产制度,也相应取消了原来针对禁治产人的监护(Vormundschaftsrecht)和保佐(Pflegschaftsrecht)制度,将二者变为照管制度。禁治产制度改革的意义并不在于改变了保护方式的名称,而是在于不以宣告禁治产为保护的前提,直接根据需要保护者本人的情况,来确定照管的方式、程度、范围等。以前宣告禁治产的直接后果首先是对被宣告人行为能力的限制,其次才是为被宣告人设立监护人或者保佐人来保护其权益。行为能力和监护的这样一种逻辑关系就制约了监护制度很好地发挥保护弱势者的利益,行为能力的等级也制约了监护方式的多样性。改革之后的成年人监护制度不再以宣告为前提,就可以灵活地适应弱势者的需要,更好地保护其利益。

[①] 王竹青:《德国从成年人监护制度到照管制度的改革与发展》,载《北京科技大学学报》2005年第2期。

3. 新的成年监护制度对于受保护的主体范围有所扩大,而且更加注重人身方面的保护。修改前的《德国民法典》[①]第 6 条规定的成年受监护人包括"因精神病、精神耗弱而不能处理自己事务的人;因浪费成习而使自己或家属有可能陷于贫困的人;因酗酒成癖或麻醉药品中毒而不能处理自己事务,或使自己或家属可能陷于贫困或危及他人安全的人"。修改前的《德国民法典》第1901 条规定的受保佐人包括"成年人没有达到受监护的程度,但因身体上的障碍,如聋、盲、哑等不能处理自己事务,或因精神上或身体上的障碍不能处理特别事务者"。而修改后的《德国民法典》规定的受照管人主体范围是"成年人因心理疾患或者身体上、精神上或者心灵上的残疾而完全地或者部分地不能处理其事务的"。我们可以从新旧法条对比中看出,新法所界定的保护对象的外延更大一些。同时也可以看出旧法对财产保护的偏重得到了一定程度的纠正,不再强调"有可能陷于贫困"这个因素。

4. 新的《德国民法典》第 1903 条规定了一项被称为"同意之保留"的制度。根据该条的规定,监护法院在特殊情形下可以作出"同意之保留"(Einwilligungs-Vorbehalt)的命令,对于"同意之保留"判令范围内的事务,被照管人的行为须得到其照管人的同意方为有效。换言之,对该范围内事务的"同意权"被保留在照管人手里,以便更好地保护被照管人的利益。但是,涉及婚姻能力和遗嘱能力的身份行为一般不在"同意之保留"的范围内。另外,被照管人纯获利益的行为或者日常生活的琐事也不受"同意之保留"的限制。[②] 该新制度与以前的制度大异其趣的地方就在于,将以前对被监护人或被保佐人行为的"普遍限制、个别赋权"矫正了过来,变为"个别限制、普遍赋权"。这样一来新制度的优越性就是显而易见的了。

5. 新法为意定监护制度预设了制度空间。修订后的《德国民法典》第1896 条第 2 款规定:仅得对有必要照管的任务范围而选任照管人。该成年人的事务,由不属于第 1897 条 3 款所称之人[③]的意定代理人,或者在未选任

[①] 该部分关于《德国民法典》的相关法条及其新旧对照参考了陈卫佐译注,法律出版社 2004 年出版的《德国民法典》。

[②] 王竹青:《德国从成年人监护制度到照管制度的改革与发展》,载《北京科技大学学报》2005 年第 2 期。

[③] "第 1897 条第 3 款所称之人"是指"与成年人被安置或者居住于其中的疗养机构、休养所或者其他设施有隶属关系或者其他密切关系的人"。参见陈卫佐译注之《德国民法典》。

法定代理人的情况下,由其他辅助人可恰如由照管人处理一样获得处理的,照管即为不必要。同条第 3 款规定:被照管人向其意定代理人的权利主张,也可以确定为职责范围。通过以上条文我们可以看出,需要照顾的当事人的意定代理人具有优先于法定照管人的地位。而且,本人与其意定代理人之间的协议也受到《照管法》的认可。在这样的制度安排下,老年人或者其他身心障碍者就可以在其智识尚未衰退之时通过法律行为授予其配偶、子女或其他可信赖的受托人以代理权,由该受托人在本人不能处理自己事务时来代理本人进行事务处理。因此该制度往往也被学者称为"防老授权"。[①]

以上各个方面的改革从总体上来讲都更加有利于对老年人的保护,因此称其为老年监护制度的改革似乎亦不为过。

三、日本

日本的成年监护制度改革也有其深刻的背景。其中有三个方面的因素尤为重要。第一,日本社会在战后平均寿命呈递增趋势。根据日本的人口统计资料,日本人在战后的平均寿命变化状况如下表所示:[②]

表 1　日本战后平均寿命变化表

单位:岁

年份	男子的平均寿命	女子的平均寿命
1947	50.06	53.96
1950	58.0	61.5
1960	65.32	70.19
1984	74.54	80.48
1993	76.25	82.51
1997	77.19	83.82
2000	77.64	84.62

资料来源:日本厚生劳动省官方网站。

根据联合国关于老龄社会的标准,日本于 1970 年即已进入老龄化社会,

---

① 李霞:《民法典成年保护制度》,山东大学出版社 2007 年版,第 71 页。
② 渠涛注译:《最新日本民法》,法律出版社 2006 年版,第 425 页。

65 岁人口占到总人口的 7% 以上。而且根据日本人口部门的预测,到 2025 年,日本的老年人口将达到总人口的 23.4%。由于老年人口的比例上升,而老年人口中患有老年痴呆症者又不在少数。痴呆性老年人的人口,1995 年是 125.9 万人,2000 年是 155.8 万人,预计到 2020 年,可能会达到 300 万人。[①] 因此,老年人,尤其是高龄痴呆者的生活照料和财产管理就成为一个突出的问题,各类涉老事件频发,需要法律对此作出回应。第二,日本社会福利政策的转变是另一个促使监护制度改革的重要因素。二战后,日本的福利政策的主要救济对象是归国者以及国内的战争受害者这些在经济上以及社会地位上的弱者。但二战后日本社会和经济经过 50 年的发展,福利政策的救济对象与社会实际需要救济的群体已经不协调,因此需要重新调整福利救济的对象范围。[②] 老年人等其他社会弱势群体也需要得到福利政策的考虑。第三,国际社会对于身心障碍者的"尊重自我决定"和"生活正常化"等的理念也是影响日本监护制度立法的重要因素。有学者评论日本的成年监护制度立法修改是"保护主义和自立精神的融合"。其实,自立精神也可以看作是对保护程度的一种限制,所以根本出发点其实还是保护弱者的理念和思想。

在上述背景之下,日本于 1999 年底通过了以下几部法律:《关于修改民法的一部分的法律》、《关于任意监护契约的法律》、《关于监护登记等的法律》、《关于伴随施行〈关于修改民法的一部分的法律〉修改完善相关法律的法律》。这些法律于 2000 年 4 月 1 日起开始实施。新的法律对于旧的成年监护制度作出了较大的改革,其要点如下:

1. 新法从宏观的层面上构建了任意监护制度和法定监护制度的大框架,并且以单行法的形式对任意监护制度作出了较为详尽的规定。而且从原则上,任意监护制度是优先于法定监护制度的,除非在"为了本人的权益而有特别必要"时才可以优先适用法定监护制度。任意监护制度以任意监护契约为核心。任意监护契约是指由本人在具有完全的判断能力时,授予任意监护人对本人丧失判断能力之后的生活、疗养看护和财产管理等事务的全部或者一部分的进行监护的代理权的委托契约,该契约内容中需要附加契约效力发生

---

① 渠涛注译:《最新日本民法》,法律出版社 2006 年版,第 425 页。
② [日]田山辉明:《日本成年监护制度的现状与课题》,载渠涛:《中日民商法研究》(第 8 卷),法律出版社 2009 年版,第 48 页。

条件的特别约定,即一般需要规定,本人因精神障碍等原因判断能力严重低下时,须经本人、配偶、四亲等以内的亲属或者受委托的任意监护人的请求,在家庭法院选任任意监护人的监督人后,方发生效力。任意监护监督人监督任意监护人的监护事务,须向家庭法院定期报告有关监护事务的执行;家庭法院有权在认为必要时,可以要求任意监护监督人提出报告以及下令对其行为进行处分。而且该契约必须由公证人作成公证书,并须在登记机关登记。① 任意监护制度不同于传统委托制度之处就在于引入了家庭法院对其进行监督的机制,因为任意监护契约是在本人判断能力衰退的情况下才发生效力的,此时本人无法自己对于受托人进行监督,因此引入中立的第三方的监督就非常必要。这样一种新创设的制度可以被老年人广泛利用,老年人可以在其判断能力尚未衰退之时选择可信任的人选与其订立任意监护契约,这样在其判断能力衰退之时即可由该受托人在接受监督的情况下照管老年人的生活、代理其事务及管理其财产。

2. 新法对法定成年人监护制度也作出了较大的改革,其中最主要的是对禁治产和准禁治产制度进行的改革。禁治产和准禁治产制度针对的对象分别是"没有判断能力的人"和"判断能力不够充分的人"。而判定这两者身份的程序如下:首先,家庭法院根据一定亲等的近亲属申请作出关于行为能力限制的"宣告";其次,分别为禁治产人安排监护人,为准禁治产人安排保佐人;最后,将"宣告"的内容在《官报》(日本政府公报)上公告,同时将其内容记载于本人的户口簿上。② 该制度无视个人的差异,对需要保护的成年人进行了简单的划分和保护,规定禁治产人的财产完全由监护人管理;而准禁治产人在处分重大财产时,则需要保佐人同意,因此在实质上更有利于保护同这些人发生交易关系的相对人。而新制度首先将保护类型增加到三类,增补了辅助的类型,形成了"监护(後見)、保佐(介護)、辅助(市話)"等三级保护制度。新制度在一定程度上缓和了原制度的僵化,而且"浪费人"也不再成为认定需要保护的理由。其次,新制度还废止了有关被监护人行为能力方面的宣告制度。这是对保护本人利益和保护交易安全两种价值进行权衡和反思后作出的有利于保护本人

---

① 渠涛注译:《最新日本民法》,法律出版社 2006 年版,第 433 页。
② [日]田山辉明:《日本成年监护制度的现状与课题》,载渠涛:《中日民商法研究》(第 8 卷),法律出版社 2009 年版,第 48 页。

利益的选择。再次,出于交易秩序之考虑的户籍登记制度被废除。最后,还取消了旧制度中被监护人选举权被连带限制的规定。①

3. 除了上述大的方面的改革,日本新的成年监护制度在以下细节方面的改革也很值得注意。(1)有权作出监护申请者的范围有所扩大,市町村长也可以提出监护等的申请。(2)对于有配偶者由其配偶当然担任法定监护人的规定进行了修订,改由家庭法院根据个案的情况来选任最符合被监护人利益的监护人。(3)规定了监护人可以由一个以上的自然人担任,而且非盈利性法人也可以担任监护之职。(4)更加注重对被监护人日常生活的照顾义务和其他人身权益的保护。(5)加强了对于监护关系的监督,家庭法院在认为有必要时,对于各个保护级别都可以选任监督人来对监护人履行义务情况进行监督。(6)新的登记制度既起到了公示作用,又避免了被监护人受到不应有的歧视。因为以前户口簿上有"玷污登记",所以在所有需要出示户口簿的场合,被监护人都有可能受到歧视。新的登记制度并不在户口簿上登记,而仅在登记机关保留登记记录,既方便利害关系人查询,又不会导致被监护人在很多场合遭受歧视。

总之,日本的成年人监护制度改革范围较广,力度较大。但其改革的实效目前也在学者的进一步观察与研究中。其经验与不足也都值得我们国家在未来的立法改革中引以为鉴。

四、韩国

韩国法务部于 2009 年 2 月成立了由 37 位委员组成的民法修改委员会。该委员会分成 6 个分组,其中第二分组负责行为能力方面的修改。该分组的工作成果——成年监护制度的导入,被确定为修改委员会法案并经法务部研究后于 2009 年 9 月 18 日进行了立法预告。②

立法预告的修改案对于旧法的改革主要涉及以下几个方面的内容:③

1. 修改案对旧法规定的禁治产制度和限定禁治产制度作出的修订。韩

---

① [日]田山辉明:《成年後見法制の研究》,台湾成文堂 2000 年版,第 65~67 页。
② [韩]尹喆洪:《韩国民法典的修改现状及其今后的课题》,载《第四届罗马法、中国法与民法法典化国际研讨会论文集》(下),中国政法大学出版社 2009 年版,第 983~985 页。
③ 该部分的相关信息得自韩国仁荷大学教授朴仁焕在与厦门大学法学院的学术交流活动中的发言稿。

国旧民法规定了对缺乏判断能力处在心神丧失的状态者宣告禁止处置财产,对判断能力不足的心神耗弱者或者财产浪费者宣告限制处置财产的禁治产和限定禁治产制度(参见韩国旧《民法》第 9 条到第 17 条)。按照此规定,被宣告禁治产者原则上不能进行法律行为,需要监护人代理才能形成法律关系;被宣告限制处理财产者可以在监护人的同意下进行法律行为或单独进行家族法上的法律行为或者在监护人的代理下形成法律关系。但事实上,这些制度在现实中很少适用。其主要原因在于它们缺乏弹性。按照旧的判断能力制度实行的僵化的二分法将所有案件中的被申请人分为心神丧失者和心神耗弱者,并对其分别进行禁止处置财产宣告和限定处置财产宣告,而并没有具体考虑个人判断能力的实际差异。因此,就可能出现保护过度或者保护不足的情形。修改案则将法定成年监护制度的保护等级增加为三种,即成年监护、限定监护和特定监护,每一种的具体保护方式也更为灵活,并新增加了任意监护制度。任意监护制度则一方面允许当事人在"因为疾病、高龄等其他事由精神受到制约,处理事务的能力不足或将要不足"的情况下签订将其财产管理或者人身保护的相关事务委托他人处理的监护合同,但由家庭法院根据委托者本人的实际精神状况及需要选任任意监护监督人之后此等合同才开始发生效力。这样也就给老年人提供了一种保护自己人身和财产利益的可能选择。

2. 修改案对成年监护制度的保护对象范围进行了一定程度的扩大。韩国新的法定成年监护制度启动的原因为"因为疾病、高龄等其他事由精神受到制约,持续缺乏处理事务的能力",这样就扩大了成年人监护制度所保护的对象和范围,将老年人尤其是高龄老人纳入了保护的可能性范围,对于韩国的社会老龄化作出了积极的应对。

3. 修改案废止了亲族会并新创设了监护监督人制度。韩国旧民法第 960 条规定了作为监督机关的亲族会,本次修改案将亲族会废止,新设监护监督人制度。这是考虑到家族会召开的不便以及为加强监护监督而作出的修改决定。

4. 对于成年监护人的选任,修改案废除了按照一定范围的亲属顺位来决定法定监护人的做法,规定法官依职权来选任最有利于被监护人利益的成年监护人。而且修改案还规定了成年监护人可以为多个且法人也可成为成年监护人。

5. 修改案在一定程度上矫正了旧成年人监护制度偏重财产保护的倾向,

对人身方面的保护也进行了规定。例如,按照修改案第 938 条第 3 款和第 4 款的规定,在成年被监护人不能自己作决定的状态下,家庭法院可以确定成年监护人在人身方面的决定权限范围,并按照情况的变化作出变更。修改案第 947 条第 2 款第 2 项规定,成年监护人为了成年被监护人治疗之目的,在精神病院以外的场所对其进行隔离时,必须经过家庭法院的许可。

韩国民法修改案的上述措施均考虑了社会老龄化的人口状况、交通事故率升高、工业化社会产业灾害发生率较高等背景下更多的成年身心障碍者需要得到保护之现状,因此也有值得我国借鉴之处。

五、我国台湾地区

我国台湾地区于 2008 年 5 月 23 日公布了对于其"民法亲属编"第四章"监护"部分的修正,并于公布后的 1 年零 6 个月施行之。该修正对于监护一章的条文变动共计 32 处,其中修订的有 20 处,增加的有 10 处,删除的有 2 处。另外,监护一章的第二节节名也从原来的"禁治产人监护"改为了"成年人之监护与辅助"。此外,"民法总则编"的几个条文也因该修订而作了相应的修正。① 总之,这次成年人监护制度的改革集中体现了保护和尊重受监护人的立法旨意。本次改革的主要内容包括以下一些方面:

1. 本次修改对涉及受监护人的称谓及相关术语作了修正。这些修正主要表现为以下几点:首先,"总则编"及监护一章分别将原来的"禁治产宣告"改为"监护宣告",并相应地将原来的"禁治产人"改为"受监护宣告之人"。其次,新增了针对"精神障碍或其它心智缺陷未达应为'监护宣告'程度,仅为能力显有不足者"的辅助宣告制度,并将受此等宣告者称之为"受辅助宣告之人"。再次,"监护"一章的第二节节名从原来的"禁治产人监护"改为"成年人之监护与辅助"。语言作为传情达意的符号,其无形的力量是巨大的。因此,这些用语的改变,至少有着如下几点作用:其一,较之"禁治产宣告"所带有的限制意味,"监护宣告"和"辅助宣告"之表达则凸显出保护之意味;其二,"禁治产"的表达仅仅反映出对于财产行为的限制,即便这种限制的最终目的还是为了保护,但仅关注被宣告者的财产权益之保护显然也是片面的,而用"监护"或"辅助"等用词来替代它,则表明保护的范围不局限于财产权益,而是还包括其他权益,

---

① 郭钦铭:《亲属继承:案例式》,台湾五南图书出版公司 2008 年版,"序言"第 6 页。

因此更加全面;其三,新增加的"辅助宣告"制度从用语的角度也更多地体现了对受辅助宣告者本人的尊重;其四,"监护"一章的第二节节名"成年人之监护"对应于第一节的节名"未成年人之监护",在逻辑上也更加周延。因为,以成年年龄为标准,人有"成年"与"未成年"之分。那么,按照受监护人属于"未成年人"还是"成年人",从而将监护制度分为"未成年人之监护"和"成年人之监护",则较之以前的"未成年人之监护"与"禁治产人之监护"之分,显然更合乎逻辑。

2. 这次改革很重要的一点是扩大了成年受监护人的主体范围,为更多需要保护的弱势成年人或老人打开了保护之门。尤其是新增的"辅助宣告"制度,它针对的是"精神障碍或其它心智缺陷未达应为'监护宣告'程度,仅为能力显有不足者",这就使得有轻微心智障碍的老年人也可成为受保护的对象,适应了台湾老龄化社会的现实需要。因为,人的自然衰老以及由衰老所引起的身心能力的衰退是一个逐渐进行的过程。在这个过程中,更常见的情况是,老年人虽然的确已经存在某种程度的身心障碍,并且这些障碍足以影响到老年人的正常生活,但其障碍却未达到法律所要求的宣告监护的程度。此时,新增加的辅助制度就针对这些情况,将此类老年人以及其他情况类似的成年人包括了进来,使得他们也可以得到辅助制度的保护与帮助。

3. "监护"一章的第二节"成年人之监护及辅助"中条文的具体修订也处处体现了尊重并维护应受监护制度保护者利益的原则。首先,修订后的第1111条将原来的法定监护人顺序修改为"法院为监护之宣告时,应以职权就配偶、四亲等内之亲属、最近一年有同居事实之其他亲属、主管机关、社会福利机构或其他适当之人选定一人或数人为监护人,并同时指定会同开具财产清册之人。法院为前项选定及指定前,得命主管机关或社会福利机构进行探访,提出调查报告及建议。监护之申请人或利害关系人亦得提出相关资料或证据,供法院斟酌。"由于旧条文直接规定监护人之顺序因而缺乏应有的弹性(旧条文是这样规定的:"第1111条:禁治产人之监护,依左列顺序定之:一、配偶。二、父母。三、与禁治产人同居之祖父母。四、家长。五、后死之父或母以遗嘱指定之人。不能依前项规定定其监护人时,由法院征求亲属会议之意见选定之。")新条文由法院依职权在一定范围内选定监护人的规定则显然更符合受监护宣告之人的最佳利益。因为在老龄化社会中,受监护宣告之人很有可能为老年人,而当受监护人为老年人时,其配偶及父母等亦为老人,旧条文规定的法定监护人之顺序显然不合理。另外,该新条文废除了关于亲属会议之规定,也更有利于保护受监护宣告者。现代社会家庭规模的缩小以及人口流动性的加大使得召开亲属会议的难度大大增加。因此,由法院根据主管机关或社会福利机构的调查报告及建议或者根据监护之申请人或利害关系人提出的相关资料或证据来选定合适的监护人则更合理。此外,该新条文还规定了法人可担任监护人,对受监护宣告之人利益的考虑可谓更加周全和细致。其次,新增加的第1111-1条规定:"法院选定监护人时,应依受监护宣告之人之最佳利益,优先考虑受监护人之意见,审酌一切情状,并注意下列事项:一、受监护宣告之人之身心状态与生活及财产状况。二、受监护宣告之人与其配偶、子女或其他共同生活之人间之情感状况。三、监护人之职业、经历、意见及其与受监护宣告之人之利害关系。四、法人为监护人时,其事业之种类与内容,法人及其代表人与受监护宣告之人之利害关系。"该条不但明确了维护受监护宣告之人之最佳利益的原则,而且显示了对于受监护宣告之人的尊重。另外,该条规定了法院选定监护人时应考虑的事项,从而限制了法院职权的任意行使,也更好地保障了受监护人的利益。再次,修正后的第1112条规定:"监护人于执行有关受监护人之生活、护养疗治及财产管理之职务时,应尊重受监护人之意思,并考虑其身心状态与生活状况。"本条除了从监护人的角度进行规定,再次强调了对受监护人的尊重外,也对于监护人的监护职责作出了更为细致的规定,即包括了生活、护养疗治和财产等三个方面的事务。

总之,台湾此次的改革从术语的改进、对受监护人主体范围的扩大以及对受监护人最佳利益的保护和对其本人的尊重等几个方面对成年人监护制度进行了完善。完善后的成年人监护制度更加符合社会现实的需要,也能更加全面细致地对心智有障碍者进行保护,因此对大陆未来的成年人监护制度之改造具有积极的借鉴意义。

在纵观以上国家和地区的成年监护制度改革之后,让我们再回到老年人监护的问题上。我们要问的一个问题是:既然成年监护制度是具有弱者保护功能的一项制度,为什么直到近几十年各国的立法改革才将老年人纳入其保护范围?笔者以为除了人口变化的因素之外,在理论层面主要存在以下两个方面的问题:

1. 旧的监护理论构建的是一种他治型的监护关系,即强调监护人对被监护人的他治,忽略了受监护者本人可能的自治。其实,这种理论还是反映了对人本身的一种简单化、机械化的理解。上文已经谈到过,行为能力制度是一种对人进行划分的制度。但我们不应该忘记的是,行为能力的这种划分本来就是一种权宜之策,是一种对于人的实际能力状况在理论上的简单化处理。行为能力制度把人设想为像苹果一样可以分出大小好坏的东西,并且似乎认为一旦分定就不会变化。但实际上,我们人类的能力状况终究无法逃脱斯芬克斯之谜的诅咒。因此,行为能力制度的这种简单化处理的局限性有三:首先,上文提到过的行为能力制度对人进行了成年与未成年之二分是其局限之一。其次,它的局限性还表现为对于未成年人和能力欠缺之成年人的能力状况的绝对化理解,即认为他们基本无法自主地完成关于自身的绝大部分事务,而是需要监护人来代理他们的绝大部分事务,从而实现保护他们的目的。但一方面,即便是被行为能力制度认定为无行为能力的人,实际也都有虽弱于正常成年人但却能在一定程度认知、判断和处理自己事务的能力。另一方面,正如有学者所言,即便一个人按照行为能力制度的划分属于完全行为能力人,但生理残疾或者一定程度的精神衰弱也可能影响其处理自己事务的能力。[①] 最后,行为能力制度的另一个局限是对成年人的能力状况进行了静态化的理解,而忽略了人的能力状况的动态变化,尤其是忽略了在老年阶段人的能力又处于相对较弱的状态。

2. 旧的监护理论的另一个缺陷是,对于成年被监护人,它强调财产方面的保护,而忽略了对其人身方面的保护。这一点,首先从成年被监护人以前的称谓即可看出:成年被监护人曾被称为"禁治产人"或"准禁治产人"。这样一来,其逻辑的推论就是,对成年被监护人进行的监护也主要表现为代理其为财产行为的活动。但是,依笔者拙见,监护关系可以分为内部关系和对外关系两个方面。内部关系是指监护人与被监护人之间的关系,对外关系则指的是监护人与被监护人这个组合对外时与其他主体之间的关系。而无论是内部关系还是对外关系,也都涉及人身和财产关系两个方面。但是,就目前的立法和理论来看,只有在对外关系的财产方面有代理的相关理论及制度安排,而在监护的内部关系方面无论是理论还是制度都明显欠缺。这就导致了监护关系中人身监护功能的虚化和弱化。而这种虚化与弱化无疑扼杀了老年人作为人身监

---

① Richard V. Mackay, *Guardianship and the Older Person in the Law of Guardianships*, Oceana Publication Inc., 1980, p. 13.

护受益者的可能性,使老年人对于人身照管之需要被忽视了。

由于上述理论方面的局限,传统的监护制度就使得老年人很难被作为监护对象而加以保护。而近年来各国成年监护制度理论的发展则逐步突破着这些局限,使得老年人也成为可能得到该制度保护的主体。这些理论上的发展主要表现为对于以理性主义为基础的行为能力理论和制度的反思,对于他治型的监护理论及强调财产监护而忽略人身监护的倾向的反思。

第三节　英美法系国家的老年人监护制度立法

英美法系国家由于不追求逻辑化、体系化的立法模式,而是以解决实际问题为导向来进行立法,因此,关于老年人权益保护方面的立法就呈现出不同于大陆法系国家的特点,更具有灵活性和针对性。以下分别以英国、美国为例进行介绍和分析。

一、英国

英国涉及老年人和其他成年身心障碍者的保护的立法主要表现为以下几部法律:

英国早期的相关立法主要是 1983 年的《精神健康法》(*The Mental Health Act*)和 1985 年的《持续代理权法》(*The Endurable Powers of Attorney Act* 1985)。其中,《精神健康法》是保护精神障碍者的一部专门立法。但该部法律存在一定的历史局限性,暴露出了一些缺陷。正如学者所指出的,该法最大的不足在于对"精神障碍"和"严重精神障碍"的法律界定及法定标准存在缺陷。尽管该法的目标是保护和保障精神障碍者的权利,但因其要求有精神障碍者同时还要符合"行为具有异常攻击性或者严重不计后果"的条件,因此,就把许多需要帮助者排除在保障体系之外了。[①]《持续代理权法》主要是允许本人在其意思能力衰退或者丧失前签订代理协议,约定当本人意思能力受损或丧失时由代理人代理其处理财产及经济事务。该法存在的主要缺陷是

[①] T. Hari Singh, Mental Health Act 1983: Guardianship order And Definition Of Mental Impairment, *British Medical Journal*, 1989, Vol. 25, No. 18, p. 1284.

偏重财产的保护，对成年身心障碍者人身方面事务的处理缺乏有效的安排。因此，在2005年4月7日，对以上两部早期立法作出修正的《意思能力法》（The Mental Capacity Act，简称MCA）获得了皇家委员会的批准，并于2007年4月1日起实施。此后，旧法中与其冲突的内容都已被废止。①

英国2005年的《意思能力法》有五个基本原则：(1)该法的前提预设是每一位成年人都有意思能力，除非有相反的证明；(2)每个人都有权在别人断定其缺乏意思能力之前在合适的帮助下作出决定；(3)每个人都有权作出被认为不明智或自以为是的决定；(4)任何为了失能者或以其名义为行为者，都应当出于该失能者的最佳利益之目的；(5)任何为了失能者或以其名义为行为者，都应选择对该失能者的基本权利和自由产生最小限制的方式。②《意思能力法》对于失能者的界定是"已满16周岁的成年人由于大脑或精神方面的功能受阻或者缺陷，在处理相关事务的关键时刻不能对该事务进行自主决策者"。而"不能对相关事务自主决策者"的具体衡量标准有以下几点：第一，不能理解有意义的相关信息；第二，不能记住此类信息；第三，决策过程中不能利用或者权衡此类信息；第四，不能准确表达其决定。③ 很显然，《意思能力法》认定"无能力"的标准是以"自主能力"为导向的，因此最大限度地保护了被代理人的自主权。为了实现其"强化和保护失能的弱势者"的目标，该法的主要内容涉及了以下方面：(1)对能力的评判标准以及对那些失能者的照料者进行了有关规定。(2)规定了持续代理制度（lasting powers of attorney）。(3)该法还创设了新的保护法院（Court of Protection），来专门处理无能力的成年人的保护问题；该法院可以确定持续代理是否有效，可以解除代理人的职务，还可以派出"保护法院观察员"（Court of Protection Visitors）来视察失能者的生活状况。(4)该法还设立了"独立的意思能力律师协会"（Independent Mental Capacity Advocates），来帮助那些没有能力作出重要决定者以及那些没有家人和朋友

---

① Carolyn Johnson, Jane Liddle, The Mental Capacity Act 2005: a New Framework for Healthcare Decision Making, Journal of Medical Ethics, 2007, Vol. 33, No. 2, p. 96.

② Jennifer L. Rhien, No One in Charge: Durable Powers of Attorney and the Failure to Protect Incapacitated Principals, the Elder Law Journal, 2009, Vol. 17, No. 1, p. 170.

③ Carolyn Johnson, Jane Liddle, The Mental Capacity Act 2005: a New Framework for Healthcare Decision Making, Journal of Medical Ethics, 2007, Vol. 33, No. 2, p. 96.

可资商量者。①

笔者认为,英国的《意思能力法》能显现出立法者智慧的一些细节主要有以下几个方面。第一,关于照料人免责的规定。该法第5条规定:照料人(无论是家庭成员担任照料人还是其他的有酬照料人)以及医疗和社会照料工作人员可以对被照料人进行一些治疗措施而不必有承担责任的后顾之忧。这样的规定是从普通法的必要性原则(the doctrine of necessity)中派生出来的。正是该原则赋予了照料人等对被照料人进行一些治疗措施的正当性。一般来说,只要照料人有理由认为被照料者欠缺自主决定的能力并且本着为被照料人最佳利益着想的原则,其所作的与照料和处理被照料人事务相关的行为就应受到法律的保护。照料人受到保护的行为之范围一般也被进行了较为宽泛的解释,包括帮助被照料人洗漱、穿衣、个人卫生、进餐、购物、常规医疗护理、牙病诊治以及其他此类行为。健康照料行为也还包括疾病检查、提供医药、紧急救治以及提供医护。唯一例外的是,当照料人的行为与被照料人事先选择的持续代理人或者法院为其指定的代理人的决定相冲突时。这样的制度安排让照料人可以没有后顾之忧地积极投入对包括老年人在内的被照料人的照料任务中去,鼓励更多的人积极担任照料人。第二,该法对持续代理进行了较详细的规定。根据该法的规定,年满18周岁的成年人可以通过签订持续代理协议来指定一位持续代理人对其事务进行持续代理。持续代理的范围可以是财产方面的事务也可以是人身方面的事务。但是人身方面事务的持续代理必须是在本人丧失自主决定能力的情况下才被允许。人身方面事务的持续代理可以包括决定日常的护理以及对治疗作出同意。但是涉及被代理人生命维持方面的救治除非被代理人在持续代理协议中有明示的且合法有效的授权,否则持续代理人无权对此作出决定。持续代理人也必须秉奉为被代理人"最佳利益的原则"。至于何为被代理人的"最佳利益",该法要求代理人考虑被代理人的愿望、情感、信仰和价值观等因素,但最终判断被代理人的"最佳利益"的判断权还是在代理人手里。② 这样就在对被代理人的保护与尊重与被代理人的

---

① Jennifer L. Rhien, No One in Charge: Durable Powers of Attorney and the Failure to Protect Incapacitated Principals, *the Elder Law Journal*, 2009, Vol. 17, No. 1, p. 170.

② Carolyn Johnson, Jane Liddle, The Mental Capacity Act 2005: a New Framework for Healthcare Decision Making, *Journal of Medical Ethics*, 2007, Vol. 33, No. 2, p. 96.

自主权之间形成了一种较好的平衡，而且凸显了对于失能者人身保护的重视。第三，该法创设了由公共监护局（the Office of the Public Guardian）来负责监督和对持续代理的设立进行登记的制度。登记可以由被代理人或者代理人提出，但只有经过登记之后的持续代理协议才是可以有效对外的。最为重要的是，登记的具体技术处理很有新意，概括起来主要有以下三点：其一，它要求被代理人设立持续代理时，填写一份制式表格。该制式表格上允许被代理人指定不超过 5 个受告知人。这就意味着除了被监护人以外可以有其他人了解持续代理的情况并帮助监督代理人的行为。其二，填写该格式表格时，被代理人还需要找一位见证人来填写该表格的一部分内容。该见证人的任务就是确认被代理人不是在受强迫的情况下设立该持续代理的。而且该制式表格还需要有一位证人加以签署。以上情况都说明，持续代理的设立对契约自由作出了限制，并且把当事人二元关系的固定模式作了扩大，让更多的当事方介入从而起到多种因素制衡的作用。这种思路有点像对于轻重不同的两个物体，为了保持天平的平衡，从调节天平到给轻物增加砝码。这显然是一个正确的思路。因为持续代理关系中的被代理人往往是弱势一方，仅仅通过干涉双方关系并不能达到有效保护弱势者的目的。其三，按规定填写好的表格必须在公共监护局进行登记才有效。这样，登记机关一方面可以对持续代理协议的内容进行合法性审查，另一方面也方便相关当事方进行查询，而且登记时向协议所列的被告知人进行告知也能促使其及时对持续代理加以监督。[1]

英国 2005 年的《意思能力法》的可取之处很多，但仍有学者对其表示了以下担忧：第一，设立持续代理手续比较麻烦且费用昂贵，约需 300 美元，这样会影响该制度的广泛应用；第二，由于登记可以不经公示而立即进行，因此很难被除当事人之外的社会公众知悉；第三，该法规定持续代理协议中必须有一个条款来告知代理人其根据《意思能力法》所承担的义务，这样一来，代理人会因为担心承担很多义务而拒绝担任持续代理人；第四，由于该法 2007 年 10 月才开始实施，其保护弱者的实际效果取决于包括照料者、医护人员、社会工作者、律师、持续代理人等在内的社会多方力量的努力程度，因此，还有待实践的进

---

[1] Jennifer L. Rhien, No One in Charge: Durable Powers of Attorney and the Failure to Protect Incapacitated Principals, *the Elder Law Journal*, 2009, Vol. 17, No. 1, p. 170.

一步检验。①

二、美国

美国关于老年人保护的立法在联邦立法和统一法的层面上主要有《美国老年人法》(Elder Americans Act)、《统一监护和保护诉讼法》(Uniform Guardianship and Protective Proceedings Act 1997)和《统一代理法》(The Uniform Power of Attorney Act 2006,简称 The UPOAA)等。另外,《统一退伍军人监护法》(the 1942 Uniform Veterans Guardianship Act)虽然并非直接与老年人保护有关,但它也是美国统一监护立法方面的一个范例,并且在具体制度设计方面也有值得借鉴之处。因此,笔者在下文将分别介绍它们的主要内容以及相关制度。

(一)《美国老年人法》

《美国老年人法》(包括其 2000 年的修正案)是一部专门保护老年人权益的法律。从大的方面来讲,它的主要内容其实更多是公法性质的,规定的主要是联邦政府和州政府保护老年人的义务等。但是,如果从我们所关注的老年人保护这一视角进行观察,它仍有以下几点值得我们重视。第一,《美国老年人法》对于应受保护的老年人的范围进行了较为具体明确的界定,规定 60 岁以上的老年人如果符合以下几种情况之一即应受到保护:(1)障碍(disability);(2)严重障碍(severe disability);(3)发展型障碍(developmental disability);(4)身体或精神障碍(physical or mental disability);(5)身体和精神障碍(physical and mental disability);(6)身体障碍(physical disability)。其中,"障碍"是指"因精神或身体缺陷或者精神和身体的双重缺陷而导致在如下重要生活领域的一项或多项实质功能受限的障碍:(1)生活自理;(2)语言领会及表达;(3)学习;(4)日常行走;(5)自我安排;(6)独立生活的能力;(7)经济上的自立;(8)认知功能;(9)情感判断"。第二,该法规定的保护老年人权益的义务主要由联邦政府和州政府共同承担。第三,由联邦和州政府承担了主要的保护老年人的义务后,该法也鼓励家庭、社区、志愿者、非营利性机构等更多的社会力量加入到保护老年人的行列中,承担起一部分义务。第四,为了防止"养懒

---

① Jennifer L. Rhien, No One in Charge: Durable Powers of Attorney and the Failure to Protect Incapacitated Principals, *the Elder Law Journal*, 2009, Vol. 17, No. 1, p. 170.

汉",该法对于老年人自身也有一定的要求。第五,该法在原则上虽以60岁作为界定老年人的年龄标准,但是针对不同情况,对年龄规定也进行了灵活处理,在特定情形下也分别以70岁或55岁作为年龄标准。①《美国老年人法》对公共监护制度的建立颇具借鉴意义。

(二)《统一监护和保护诉讼法》

1997年出台的《统一监护和保护诉讼法》也与老年人保护有着紧密的联系。该法取代了之前在1982年由统一州法委员会全国会议通过的同名立法。该法由5个条款构成。第1条主要对一些术语进行了界定,并对有关监护人和保护人以及与监护和保护局及法院的管辖权相关的事项等进行了一般规定。其中,对于"失能者"(incapacitated person)的界定是这样的:失能者是指非因未成年的原因而不能够接受和判断信息或者作出决定或表达决定且其严重程度到了即便在技术手段支持的情况下都不能满足基本的身体健康、安全或者生活自理的要求的人。对于"保护人"(conservator)是这样界定的:保护人是指由法院指定来管理受保护人不动产的人。该术语也包括有限保护人。对于"监护人"(guardian)是这样界定的:监护人是指依据父母、配偶或者法院的指定而有资格担任未成年人或者失能人的监护人者。该术语包括有限监护人、紧急监护人和临时替代监护人,但是不包括"诉讼监护人"(a guardian ad litem)。第3条主要规定的是失能者之监护人的选任及其程序,涉及以遗嘱或其他书面形式指定监护人,或者向法院申请并由法院进行听证后为失能者选任监护人等程序方面的具体规定。② 该法的内容让我们看到了美国法对于大陆法系的法定监护制度进行软化和灵活处理的影子。

(三)《统一代理法》

《统一代理法》是较新也较为重要的一部涉及老年人监护的法律,它为老年人及其家庭提供了便利,使老年人在需要帮助时获得持续代理人的帮助。2000年的一项调查显示,美国50岁以上者有45%都签有持续代理协议。年纪更大者签署持续代理协议的比例就更大。80岁以上者约75%的人都签有

---

① A. Kimberley Dayton, Thomas P. Gallanis, Molly M. Wood, *Elder Law: Statutes and regulations*, Anderson Publishing Co., 2003, pp. 169~174.

② A. Kimberley Dayton, Thomas P. Gallanis, Molly M. Wood, *Elder Law: Statutes and regulations*, Anderson Publishing Co., 2003, pp. 169~174.

持续代理协议。在美国,被代理人可以选择建立两种不同的持续代理关系。一种是财产的持续代理,一种是健康照料的持续代理。前者授权代理人持续管理被代理人财产的权利;后者授权代理人持续地为被代理人健康照顾作出安排。持续代理是由州法创设和调整的。因此各州的规定并不完全相同。但总的来说,持续代理的创设需要三个条件:第一,代理人创设持续代理时须有辨识能力;第二,持续代理的创设需要以书面形式作出且经过被代理人的签字确认;第三,被代理人须明确作出希望代理持续进行的意思表示。有些州还要求进行公证或者见证人签名,甚或二者兼备。被代理人在协议中可以决定持续代理何时生效;可以规定持续代理在成立后立即生效,也可以等到被代理人失能时生效。代理人的代理权范围可以是概括授予的,也可以限制在较窄的范围内。1979年,统一各州立法委员会(the National Conference of Commissioners on Uniform State Laws,简称 the NCCUSL)新公布了《统一持续代理法》(*The Uniform Durable Power of Attorney Act*)。因为该法是一部独立的统一立法,因此便于各州在不影响其原有法规的情况下对其单独采用,所以到1984年,美国50个州以及哥伦比亚特区都颁布了自己的持续代理法。1987年该《统一持续代理法》还被进行了最后一次修订。之后的90年代初,各州又纷纷加强了对滥用持续代理权的惩罚力度,并创设了监督机制。[①] 但因为大多数州都对超出统一法范围的事项进行立法,这种立法上分歧与冲突的状况导致了新的统一立法的需要。2006年的《统一代理法》(简称UPOAA)便是在这样的背景下应运而生的。

  2006年的《统一代理法》的内容具有以下几个方面的特点:第一,该法对"无能力"(incapacity)给出的界定是"指某人因以下原因不能管理其财产及交易事务:(1)存在信息交流和意思自主方面的缺陷;(2)失踪或受到阻滞(包括在监狱服刑)或者在美国国境之外而不能返回"。这是一个相对较窄的主体范围之规定。第二,该法的主要适用范围是经济和财产方面的持续代理,一般不涉及健康照料方面的代为决策。第三,该法要求代理人在可以获知的情况下尽可能按照被代理人的可能预期来为代理行为,或者按照被代理人最佳利益的原则来代理。第四,创设持续代理要求以书面形式作出并且经过签署即可

[①] Jennifer L. Rhien, No One in Charge:Durable Powers of Attorney and the Failure to Protect Incapacitated Principals,*the Elder Law Journal*,2009,Vol. 17,No. 1,p. 170.

成立生效。第五,它的目的主要是对各州的持续代理立法进行统一化。因此它设定的适用条件越低就越有可能被各州采用。①

尽管 2006 年的《统一代理法》在内容上不乏可取之处,尤其对于推进美国的统一立法起到了积极的作用,但从其实际社会效果的角度来看,仍有学者给了它较为消极的评价——"它仍然没能有效地应对被代理人为失能者时不能对其代理人的代理行为进行监督的问题"。② 尤其在老年人财产被挪用成为一个普遍问题的情况下,持续代理制度反倒因为其授权广而监督少助长了这种情况。总的来说,老年人随着其精神和体能的逐渐衰退,更易成为财产被挪用的受害者。但事实上,绝大多数财产被挪用的老年人都是有心智能力并可以自己作出决定的。尽管新法规定了代理人的诚信义务,但是由于缺乏对代理人的监督,则失能者作为被代理人时仍然处于财产被挪用的风险之中。失能者很可能注意不到代理人对诚信义务的违反并且不能对违约采取必要措施或者起诉以寻求赔偿。规定义务只能在义务被违反后进行事后的救济,是一种事后救济方式。因此最关键的问题是应该寻求防患于未然的措施。另外,新法还规定,委托人对于代理人的授权范围要明确具体。但是越权代理后,也仍然只能通过诉讼来救济。以上情况充分说明,意思自治、当事人自决等原则存在着局限性。即便对于当事人的行为方式本身加以干涉也仍然是有缺陷的。其效果远不如一个第三方的监督。这实际上是对契约自由的限制。更多的人可以向法院请求来保护被代理人是一个正确的方向,但这仍然是一种事后的介入。而新法仍未积极鼓励对于失能者的代理人的行为进行监督。

鉴于以上原因,美国学者对 2006 年的《统一代理法》的未来改进提出了四点建议。这四点建议其实对于我们来说也是很有借鉴意义的。第一,学者建议对持续代理进行登记。因为登记有以下几个方面的作用:首先,登记机关可以对持续代理的设立进行必要的合法性审查;其次,代理协议在登记机构留底备案存档后,便于其他相关当事方查询;最后,登记时向被告知人进行的告知便于他们开始监督代理人的行为。此外,委托人和代理人都有权利提出登记

---

① Jennifer L. Rhien, No One in Charge: Durable Powers of Attorney and the Failure to Protect Incapacitated Principals, *the Elder Law Journal*, 2009, Vol. 17, No. 1, p. 170.

② Jennifer L. Rhien, No One in Charge: Durable Powers of Attorney and the Failure to Protect Incapacitated Principals, *the Elder Law Journal*, 2009, Vol. 17, No. 1, p. 170.

也是很重要的。委托人登记是使自己在具有意思能力时选择的持续代理人通过登记获得有效授权,实现了其意思自治。而允许代理人进行登记的考虑在于,当委托人万一在其失去意思能力之前选择了持续代理人却没有能够及时进行登记,假如不允许其选择的持续代理人进行登记,那么就等于置他设立持续代理的意愿于不顾。因此,从这个意义上讲,允许代理人进行登记正是为了尊重委托人有意思能力时的意思自治(因为填表后并不一定立即进行登记)。第二,学者建议证人见证制度的引入。见证人制度可以强调委托人选择的重要性以及代理人接受此种义务的重要意义。据学者意见以及参考英国的《意思能力法》,见证人应该有三种:对持续协议进行见证的见证人;对委托人的签署进行见证的见证人;对代理人的签署进行见证的见证人。前两种见证人的选择都应该排除已经被选任为持续代理人的人。这是为了保证其立场是关注委托人的利益。而对于代理人的签署的见证,之所以不排除已担任持续代理人者,是因为该见证人只是为了确认代理人对其义务已经明确获知。第三,委托人填写统一的制式表格时指明被告知人,此类被告知人也有权利向法院起诉关于代理人违反义务的行为。无论由哪一方提出登记请求,被告知人都可以从委托人的利益出发对代理人的行为开始进行监督。第四,关于收费的问题。学者建议为了登记制度的运转,应当收取一些成本费用,但是收费不宜太高使得该制度的利用成本过高而不能普遍推行。但是也可以区别对待。对于有些额外服务可以收取额外的费用。①

(四)《统一退伍军人监护法》

《统一退伍军人监护法》是美国统一监护立法方面的一个典型,它的一些具体制度设计值得我国未来老年人监护制度立法进行借鉴。笔者认为,《统一退伍军人监护法》有以下几个方面值得我们关注。第一,按照该法的规定,退伍军人管理公署(the Veterans Administration)和退伍军人事务管理专员(the Administrator of Veterans Affairs)在整个制度体系中起着非常重要的作用,尤其是该法规定了退伍军人事务管理专员作为重要的当事方(a party in interest)参与所有涉及退伍军人及其遗产继承人的监护事务之程序。而退伍军人管理公署则除了监督和管理退伍军人及其遗产继承人的监护事务外,还应

---

① Jennifer L. Rhien, No One in Charge: Durable Powers of Attorney and the Failure to Protect Incapacitated Principals, *the Elder Law Journal*, 2009, Vol. 17, No. 1, p. 170.

提供所有必要的表格、单据等等。第二,该法对于作为被监护人的退伍军人或者其受监护的遗产继承人从退伍军人管理公署获得现金补贴作了强制性规定。第三,该法对于监护人的指定进行了较为具体的规定。(1)指定监护人之前,应由法院确认需要监护的退伍军人或者其遗产继承人的身份和失能状况。在缺乏其他证据且没有反证的情况下,退伍军人事务管理专员所提供的证据即足以用来认定当事人的身份和失能状况。(2)一旦确认了当事人的身份和失能状况属于应设监护人的情况,则法院应为此等当事人指定监护人。监护人的指定应当以法律协议的方式进行备案。(3)一个监护人不得同时担任超过5个被监护人的监护职责,但多位被监护人属于同一家庭的情况除外。(4)该法规定监护人每年需要向退伍军人管理公署提交有关被监护人财产收支情况的账目清单以备案。(5)该法要求监护人对于被监护人的资产盈余进行一定范围内的投资并获取收益。①

以上是从立法的角度进行的介绍。如果从监护类型的角度来看,公共监护制度(Public Guardianship)是美国保护弱势群体的一项监护制度类型,并且构成了其监护制度的重要组成部分。学者一般将公共监护界定为:当有监护需要的人其家庭成员或者朋友中没有合适的监护人人选,而且其财力也不足以支付私人监护人的情况下,指定一个公职人员或公共基金组织来承担法定监护人之职责。公共监护制度的理论基础是国家亲权(Parens Patriae)的理念。有学者认为,国家亲权的观念早在罗马法中就已经存在,它首先表现为国家在自然父亲缺位时顶替其角色,其次表现为出于国家之利益考量而干预或阻却自然亲权的行使。古罗马的官选监护制度即为其例证。② 依照国家亲权的理念,国家有义务保护那些不能够自己照顾自己的市民。因此,公共监护人往往被视为是国家的代理人。③

尽管专门针对老年人的公共监护制度因涉及公共政策和社会福利体系以及其他社会机构,其立法主要还是在各州的层面上,而没有形成联邦的统一立

---

① Richard V. Mackay, *The Law of Guardianships*, Oceana Publication Inc., 1980, pp. 71~73.
② 徐国栋:《普通法中的国家亲权制度及其罗马法根源》,载《甘肃社会科学》2011年第1期。
③ Pamela B. Teaster, The Wards of Public Guardians: Voices of the Unbefriended, *Families and the Law*, 2002, Vol. 51, No. 4, p. 344.

法,但是从各州的立法来看,老年人的确是被公共监护制度作为保护对象而考虑在内的。各州的公共监护一般针对两类对象:一是失去了自主判断能力的老年障碍者;二是那些可能存在先天无判断能力的精神障碍者或者有能力缺陷者。其运作方式可以是职员也可以是职员和志愿者结合的方式。学者认为有五个方面的原因加剧了老年人公共监护的需要:(1)二战后"婴儿潮"(Baby-boom)中出生的那一代人逐渐步入老年,使得人口老化程度突然加剧;(2)年事渐高的残障者们的家庭照料人(Care-giver or Carer)也逐渐衰老;(3)医疗技术的发展提供了新的可供选择的慢性病疗养和临终照料的方式;(4)不断增多的虐老事件;(5)社会人口的高度流动使得家庭成员分处不同地方。① 公共监护人可以充当财产监护人、人身监护人,有时也可以作为付款代收人或替代决策人。公共监护管理机关根据其设置模式可以分为以下四类:其一,设立在法院体系中;其二,作为独立的政府机构而设立;其三,作为社会服务代理机构的分支而设立;其四,在郡一级的行政部门设立。②

美国研究公共监护制度的学者们对公共监护制度的未来发展提出了如下一些建议:第一,应缩短监护人的实际角色与被监护人对他们的角色预期之间的距离。第二,被监护人对监护的意见和看法应该得到考虑并应该反映在其档案资料中。第三,被监护人社会心理方面的情况也应该像其他能力记录项目一样被记录下来。第四,对于被监护人的个人照料需求,监护人应该保证足够的时间了解被监护人的需要并增进监护关系;监护人的培训也很重要,因为监护涉及老年学、护理、精神健康、伦理学、法律、社会工作以及公共管理等多方面知识的综合运用。第五,依据民主理论,监护人在代替被代理人作出决定的同时应认可他们的意见。对此可以比照私人监护的情况进行规定。③

现代法律被认为是以陌生人社会为背景的行为规范体系。但是在监护制

---

① Pamela B. Teaster, Erica F. Wood, Susan A. Lawrence, Winsor C. Schimdt, Wards of the State: A National Study of Public Guardianship, *Stetson Law Review*, 2007, Vol. 37, No. 1, p. 203.

② Pamela B. Teaster, Erica F. Wood, Susan A. Lawrence, Winsor C. Schimdt, Wards of the State: A National Study of Public Guardianship, *Stetson Law Review*, 2007, Vol. 37, No. 1, p. 203.

③ Pamela B. Teaster, The Wards of Public Guardians: Voices of the Unbefriended, *Families and the Law*, 2002, Vol. 51, No. 4, p. 349.

度领域,法律的调整方向却是在一定程度上将陌生人社会还原为熟人社会。这一点在公共监护制度领域表现得尤为明显。因为我们发现,公共监护制度最终想要达成的调整目标就是在监护人和被监护人之间建立一种类似于熟人间甚至是家人间的关系。仍以上文提到的有关公共监护制度的建议为例来进行分析,我们可以看到,公共监护制度非常重视监护的内部关系,尤其考虑到个案中被监护人的实际保护需要。当然,就监护关系的角度而言,监护的内部关系以及外部关系都很重要。但传统重视的是监护的外部关系,即与第三人的关系,而将内部关系信任地交给伦理道德来调整。而当监护人与被监护人为亲属关系时,自然亲情和伦理道德的确能够起到很好的调整作用。但是,当监护人与被监护人逐渐成为陌生人之间的关系时,则需要法律来调整。但法律调整的方向和目标却仍然是在监护人和被监护人之间拟制出一种熟人甚至家人般的关系。这正是公共监护制度的目标及其值得深思之处。

我国老年人监护制度之构建

我们了解和研究域外老年人监护制度的最终目的还是期望为我国未来的老年人保护立法及其他制度的建立提供参考。当然,老年人保护是一个复杂的社会问题,并非仅靠老年人监护这样的单一制度即可解决。但至少,老年人监护制度的构建在微观层面上能够对老年人保护有所助益。在以下各节中,笔者想分别从构建老年人监护制度的背景、具体制度设计以及老年人监护制度良性运行的环境等几个方面试为探讨。

第一节 构建我国老年人监护制度的背景

我国老年人监护制度的构建有着紧迫的客观需要,而且面临着极不乐观的背景。我国社会老龄化的现状、家庭结构的改变、人口与社会发展的矛盾以及我国当前相关的立法现状都是老年人监护制度构建过程中不容忽视且令人担忧的因素。下文将进行详细分析。

一、人口现状

我国民政部于 2010 年 6 月 10 日在其官方网站上发布了《2009 年民政事业发展统计报告》。根据报告提供的数据,截至 2009 年年底,我国 65 岁及以上老年人口为 11309 万人,比上年增长了 3.22%,占全国总人口的 8.5%,比上年上升了 0.2 个百分点。60 岁及以上的老年人口已达 16714 万人,比上年增长了 4.53%,占全国总人口的 12.5%,比上年上升了 0.5 个百分点。

较之其他老龄化国家,我国的老龄问题还有其自身的突出特点,主要表现为以下几个方面:(1)老年人口基数大。截至 2010 年,我国 60 岁以上的老年人口总数已达 1.67 亿之多,占到了世界老年人口总数的 22%。(2)老年人口增速快。发达国家和地区人口年龄结构从成年型转向老年型一般经历几十年甚至上百年的时间,而我国只用了 17 年。① (3)高龄化趋势显著。人口学上一般以 60 岁以上老年人口占总人口的比重来反映一个国家或地区的老龄化程度,而以 80 岁以上的高龄老人占老年人口总数的比重来反映一个国家或地区高龄化程度。目前我国 80 岁以上的高龄老年人每年以 5% 左右的速度增加。② 截至 2010 年,我国有 1.67 亿老年人,其中 80 周岁及以上的高龄者为 1899 万,占 11.4%,其中多数渐不能自理。2011 年 2 月 25 日在云南昆明举行的全国老龄办主任会议上,全国老龄委副主任、民政部部长、全国老龄办主任李立国先生预测"十二五"时期将是我国人口老龄化加速发展期,人口老龄化形势会更加严峻。据他介绍,预计到 2015 年,我国 60 岁以上老年人口将达到 2.16 亿,约占总人口的 16.7%,年均净增老年人口 800 多万,超过新增人口数量;80 岁以上的高龄老人将达到 2400 万,约占老年人口的 11.1%,年均净增高龄老人 100 万,增速将超过我国人口老龄化速度。③ (4)农村老年人口所占比重大且老龄化程度高于城市。根据第五次全国人口普查数据显示,2000 年我国 65 岁及以上人口中城镇有 2873 万人,农村有 5938 万人,从绝对量上,农村地区的老年人口数量是城镇地区的 2 倍多。农村人口的高龄化程度也已经远远高于城市,65 岁及以上人口占农村人口的比重高达 7.35%(城镇比重为 6.30%),说明在中国整体老龄化的背后,农村人口早已迈入了老年型和高龄化人口的行列。④ 其中,农村留守老人约 4000 万,占农村老年人口的 37%。据统计,我国农村老年人的患病率是 22.6%,比农村人口的平均患病率高出 2.1 倍,60 岁以上的老年人有 3/4 的时间是与慢性病为伴。因此,农村的空巢家庭中多是体弱多病的老人,正当劳动能力逐渐丧失,各种疾病越来越明显的

---

① 陶立群:《中国老年人社会福利》,中国社会出版社 2002 年版,第 205 页。
② 周运清、彭锦:《空巢老人玫瑰梦》,武汉大学出版社 2008 年版,第 216 页。
③ 卫敏丽、刘娟:《民政部:中国未来 5 年步入人口老龄化加速发展》,http://www.chinadaily.com.cn/micro-reading/china/2011-02-26/content_1869206.html,下载日期:2011 年 2 月 26 日。
④ 宋健:《中国农村人口的收入与养老》,中国人民大学出版社 2006 年版,第 3 页。

时候,子女外出打工又不能陪伴身边,因而自我照顾能力较差,被照顾的欲望和需求强烈。① (5)空巢化程度日益严重。老年空巢家庭是指身边无子女共同居住,老年人独自生活的家庭,包括单人空巢家庭和夫妇两人的空巢家庭。这些家庭中的老人被称为空巢老人。有数据显示,2009年年底我国城市地区的空巢老人家庭已达到老年人家庭总数的49.7%,农村地区空巢老人家庭已达到老年人家庭总数的38.3%。② 根据人口部门的最新统计数据及预测,目前我国空巢家庭已超50%,部分城市达70%;预计到2015年,我国65岁以上空巢老年人口将超过5100万,约占老年人口的近1/4,老年人照料问题将更加突出。(6)老年人口性别比例不平衡,老年人中女性人数远大于男性人数。这意味着在"空巢老人"中有很大一部分女性老年人是"孤身空巢老人"。(7)失能老人占老年人口比重不断加大。据介绍,至2008年12月月底,在我国1.6亿老年人中,身体不能自理或完全不能自理的高龄失能老人是1300多万,如果再加上残疾老人,需要照料的老年人总数接近4000万人。全国完全失能的老年人已由2000年的799万增加到2009年的940万,部分失能老年人同期由1461万增加到1894万。③ 到了2009年年底,我国80周岁以上老人达1899万,在老年人口中占到11.4%。其中失能半失能老人已增加至3159万,在老年人口中占到18.9%。如果说老年人是弱势群体,则失能老年人就更是"弱中之弱",对其照料和保护的任务也就更为紧迫和艰巨。

  以上关于老龄人口方面的信息意味着,我国目前面临着比其他国家都更为严峻的老龄问题之挑战。而且我国"未富先老",是在经济尚不发达的情况下进入老龄化社会的,加之我国的社会保障体系尚不完善,因此,老年人问题之解决对我国而言任务更为艰巨和复杂。正因为如此,老龄问题目前引起了社会学、心理学等多学科的关注。然而,法学对这个问题的关注和研究还相对滞后。从法学的角度来看,这种滞后表现为在世界各国纷纷修订成年监护制度立法的大趋势下,我国仍未作出应有的反应。因此,在借鉴其他国家已有立法例的基础上对我国目前的监护制度作出立法上的修订就是我国民法学界应

---

① 周运清、彭锦:《空巢老人玫瑰梦》,武汉大学出版社2008年版,第64页。
② 郭彦林、刘红尘:《以养老机构延伸服务社区解决养老难题》,http://news.sohu.com/20091028/n267803456.shtml,下载日期:2011年2月26日。
③ 郭彦林、刘红尘:《以养老机构延伸服务社区解决养老难题》,http://news.sohu.com/20091028/n267803456.shtml,下载日期:2011年2月26日。

该努力的一个方向。

二、家庭结构

一些老年学理论认为现代化进程导致了家庭结构的变化,为老年家庭成员带来可悲后果。有学者指出,社会现代化进程与经济发展导致家庭规模减小,核心家庭逐渐占据主导地位,老年人可获得的社会资源减少。另外,经济发展带来的劳动力外流削弱了家庭赡养老年人的能力,核心家庭取代作为家庭养老基础的联合大家庭,已经成为最常见的家庭结构。[①] 应该承认,这种对于家庭结构变迁原因的认识具有一定的说服力,但笔者认为,现代化应该从两个层面上去认识,即生产方式的层面和文化的层面。因此,仅仅从生产方式的层面去理解现代化,继而解释家庭结构的变迁则难免失之偏颇。事实上,文化层面的因素对于我国家庭结构的变迁也产生了很大的影响。正如梁漱溟先生所说,中国传统社会是建立在"伦理关系"之上的"伦理社会"。他所说的"伦理关系"是指家族与拟家族关系,他所谓的"伦理社会"亦是指把一切社会关系家族化的社会。他指出,伦理关系的特点是在这种关系中的人之间有情分、有情义,"伦理关系即是情谊关系"。在这种关系中是以义务相调节的。所以在这个意义下,不只是家庭和家族,一切以义务相调节的情谊关系在性质上都属于伦理关系。他指出:"举整个社会各种关系而一概家庭化之,务使其情益亲,其义益重。由是乃使居此社会中者,每一个人对于其四面八方底伦理关系,各负有其相当义务;同时,其四面八方与他有伦理关系之人,亦各对他负有义务。全社会之人,不期而辗转互相连锁起来,无形中成为一种组织。"这样一种社会即是"伦理本位"的社会。伦理社会的主导原则是情理,而不是法律。[②] 这种伦理观念对于传统的社会家庭结构显然具有重要的影响作用。可以说,我国社会转型以及家庭结构变迁背后的原因正是这种伦理本位观念向个人本位观念的变革。

我国当前社会的家庭结构主要呈现出以下特征:(1)小型化。小型化是指家庭规模的缩小。1973年,我国家庭平均人口为4.33人;1982年为4.41人,

---

① 曾毅等:《老年人口家庭、健康与照料需求成本研究》,科学出版社2010年版,第27页。

② 陈来:《传统与现代——人文主义的视界》,三联书店2009年版,第275页。

2002年为3.39人,2005年为3.13人。从以上数据可以看出,在1973年至2005年的32年间,我国家庭平均人口减少了1.68人,下降幅度高达34.93%。而且,城市家庭较之农村家庭其小型化程度更高。① (2)核心家庭数量多、比例大,夫妇核心家庭数量上升明显。核心家庭是指由夫妇及其子女组成的家庭。但是在广义上,核心家庭可以包括以下几种类型:其一,标准核心家庭,即由夫妇及其子女组成的家庭;其二,夫妇核心家庭,即仅有夫妻二人组成的家庭;其三,缺损核心家庭,也称单亲家庭,指由夫妇一方与子女组成的家庭;其四,扩大型核心家庭,指由夫妇及其子女加上其未婚的兄弟姐妹组成的家庭。② 在所有类型的家庭中,核心家庭所占比例是最大的,1990年核心家庭占各类家庭总数的67.31%,2000年该比例为56.02%。从1990年到2000年核心家庭比例虽稍有下降,但其仍为大多数。同一时期,夫妇核心家庭所占比例则从6.48%上升到12.96%。③ (3)少子化。所谓少子化,是指0~14岁的少儿人口在平均家庭中所占比例逐渐降低。1964年平均每户家庭中的0~14岁的少儿人口占其总人口的40.69%,1982年为33.59%,1990年为27.69%,2000年为22.89%,2005年为19.55%。④ 可见在家庭户内人口结构的变化中,少子化的趋势已经非常明显。(4)家庭结构呈现复杂化和多元化趋势。单亲家庭、隔代家庭、空巢家庭等多种家庭结构在各类家庭结构中都占有一定的比例。(5)65岁以上的老年人口占平均每个家庭户内人数之比例逐渐提高。1964年该比例为3.56%,1982年为4.91%,1990年为5.57%,2000年为6.96%,2005年为9.08%。⑤ 仅在2000年至2005年这5年间,65岁以上老年人口占平均每个家庭户内人数之比例的增幅达到了30.5%,甚至高过了1990年至2000年的10年间该比例的增幅24.9%。可见家庭结构的这一变化有加快的趋势。

以上家庭结构方面的变化也改变了家庭之功能。我国传统社会中的家庭既是一个经济单位也是一个社会结构单元,因此具有生产、教育、养老等多种功能。而随着家庭结构的变化,家庭的以上功能都呈现出弱化的趋势。尤其

---

① 孟霞:《当代中国社会人口结构与家庭结构变迁》,载《湖北社会科学》2009年第5期。
② 王跃生:《当代中国家庭结构变动分析》,载《中国社会科学》2006年第1期。
③ 孟霞:《当代中国社会人口结构与家庭结构变迁》,载《湖北社会科学》2009年第5期。
④ 曾毅等:《老年人口家庭、健康与照料需求成本研究》,科学出版社2010年版,第9页。
⑤ 曾毅等:《老年人口家庭、健康与照料需求成本研究》,科学出版社2010年版,第9页。

是家庭养老功能的弱化对于我国的老龄化现状更是一个严峻的考验。养老具体包括赡养、疾病送治、心理慰藉等三个方面。而家庭养老在心理慰藉方面的作用尤其重要。正如学者谈到的:"从广义上说,赡养老人绝不仅仅是经济上的供给和生活上的照顾,还包括情感和精神上的慰藉,以及家庭成员间的交流与互动。在中国由于代际关系是双向的,是双向反馈模式,因此老年人不仅从经济上、生活上对子女依赖较多,而且从精神上对子女依赖也较多。它已经成为一种中国人心中的文化蕴含。人到老年有'儿孙绕膝之乐',对老年人常常是一种巨大的精神享受和精神安慰。近些年来'精神赡养'一词出现了,表现了老年人在中国特有的养老文化中的突出的需求。这种'精神赡养'只能在家庭成员和家庭中实现。从某种意义上说,社会养老是没有也不能取代家庭的这一功能的。"[①]但是,由于以下一些原因,传统的家庭养老已经遇到了前所未有的挑战:第一,家庭养老的观念淡化,"父母在,不远游"的观念已彻底打破,人口的高速流动使家庭养老渐渐变得困难。第二,高龄老人越来越多,"空巢"老人越来越多,老年家庭越来越多。第三,我国农村养老保障体系还没有完全建立起来,农村集体经济基础薄弱,拿不出较多资金来解决老年人的生活保障问题;城市养老保障体系也还有许多有待完善之处。第四,老年人的家庭地位发生了根本变化,老年人在家庭中的权威渐渐丧失。[②] 家庭养老功能的弱化使得老年人在赡养、扶病和心理慰藉方面能够从家庭获得的支持越来越少。因此,家庭、社会和政府等多方力量承担养老重任已经成为理论和实践工作者的共识。但是,具体的制度体系如何构建仍然是一个值得深入探讨的问题。这也是笔者不揣绵薄关注并研究老年人监护制度的动因。

三、立法现状

涉及老年人的问题,我们最常用到的词是"养老"。然而,养老要真正落到实处,还是需要具体的制度保障的。而具体的制度构建就包括法律制度的构建。从法律制度的构建之角度而言,首先,我国《宪法》中与老年人权益保护有关的第49条明确有"成年子女有赡养扶助父母的义务"及"禁止虐待老人"等

---

① 潘允康:《社会变迁中的家庭》,天津社会科学出版社2002年版,第331页。
② 曾毅等:《老年人口家庭、健康与照料需求成本研究》,科学出版社2010年版,第26页。

内容,该原则构成了其他法律对老年人保护进行具体规定的基础与依据。其次,与养老有关的民法上的制度主要有赡养和监护。另外,关于老年人的专门立法《老年法》也是从法律角度对老年人保护以及养老问题的回应,因此也值得关注并加以分析。笔者在下文中将分别对我国《婚姻法》中规定的赡养制度、《民法通则》中规定的监护制度、《老年法》的有关规定以及其他涉及老年人权益的法规进行具体分析。

(一)我国《婚姻法》中的赡养制度

我国《婚姻法》中有关赡养的条文如下:父母对子女有抚养教育的义务;子女对父母有赡养扶助的义务。父母不履行抚养义务时,未成年的或不能独立生活的子女,有要求父母付给抚养费的权利。子女不履行赡养义务时,无劳动能力的或生活困难的父母,有要求子女付给赡养费的权利。(第21条)有负担能力的祖父母、外祖父母,对于父母已经死亡或父母无力抚养的未成年的孙子女、外孙子女,有抚养的义务。有负担能力的孙子女、外孙子女,对于子女已经死亡或子女无力赡养的祖父母、外祖父母,有赡养的义务。(第28条)子女应当尊重父母的婚姻权利,不得干涉父母再婚以及婚后的生活。子女对父母的赡养义务,不因父母的婚姻关系变化而终止。(第30条)对遗弃家庭成员,受害人有权提出请求,居民委员会、村民委员会以及所在单位应当予以劝阻、调解。对遗弃家庭成员,受害人提出请求的,人民法院应当依法作出支付扶养费、抚养费、赡养费的判决。(第44条)对拒不执行有关扶养费、抚养费、赡养费、财产分割、遗产继承、探望子女等判决或裁定的,由人民法院依法强制执行。有关个人和单位应负协助执行的责任。(第48条)

通过以上几个条文我们可以看出:(1)赡养权利义务关系的形成是以赡养权利人与赡养义务人之间存在亲属关系为前提的,即以双方存在父母子女关系或者祖父母、外祖父母与孙子女、外孙子女之关系为前提。(2)赡养义务主要是物质上的生活供给义务。因为根据条文规定,首先父母只有在"无劳动能力或生活困难"时,才可提出赡养之请求;其次,子女或孙子女承担赡养义务是以他们"有负担能力"为基础的。由此可见,法律上的赡养义务主要是一种物质上的义务。(3)在"遗弃家庭成员"的情形下,如果遗弃的对象是赡养权利人,即构成对赡养义务之违反,经受害人请求,人民法院应当依法作出支付赡养费之判决。(4)关于赡养费的判决或裁定可以由人民法院依法强制执行。

根据以上对法条的分析,我们不难发现赡养制度在维护老年人权益、保护身为弱势群体的老年人方面所存在的局限性。首先,有子女、孙子女或外孙子女是老年人可能根据赡养制度得到赡养的前提条件。其次,符合上述条件的老年人还要满足"无劳动能力或生活困难"之条件才可能获得赡养。再次,赡养义务人实际具有负担能力是赡养实现的物质条件。最后,法院的强制执行仅能针对不支付赡养费的情形进行。也就是说,老年人要在满足诸多条件的情形下才可能获得赡养,而且其获得的赡养之内容也主要表现为物质上的供给,老年人情感方面的需要之满足是赡养制度所无能为力的。因此,我国《婚姻法》上的赡养制度对于老年人之保护其意义非常有限。养老所要求的经济支持、日常照料、精神慰藉等三个方面的具体内容仅经济支持一项可通过赡养制度得到有限的满足。

(二)我国《民法通则》中的监护制度

我国《民法通则》第二章第二节对监护作出了明文规定。该部分由第16条到第19条共4个条文构成。其中直接对监护有关事项作出规定的是第16条、第17条和第18条。第16条规定:"未成年人的父母是未成年人的监护人。未成年人的父母已经死亡或者没有监护能力的,由下列人员中有监护能力的人担任监护人:(一)祖父母、外祖父母;(二)兄、姐;(三)关系密切的其他亲属、朋友愿意承担监护责任,经未成年人的父、母的所在单位或者未成年人住所地的居民委员会、村民委员会同意的。对担任监护人有争议的,由未成年人的父、母的所在单位或者未成年人住所地的居民委员会、村民委员会在近亲属中指定。对指定不服提起诉讼的,由人民法院裁决。没有第一款、第二款规定的监护人的,由未成年人的父、母的所在单位或者未成年人住所地的居民委员会、村民委员会或者民政部门担任监护人。"第17条规定:"无民事行为能力或者限制民事行为能力的精神病人,由下列人员担任监护人:(一)配偶;(二)父母;(三)成年子女;(四)其他近亲属;(五)关系密切的其他亲属、朋友愿意承担监护责任,经精神病人的所在单位或者住所地的居民委员会、村民委员会同意的。对担任监护人有争议的,由精神病人的所在单位或者住所地的居民委员会、村民委员会在近亲属中指定。对指定不服提起诉讼的,由人民法院裁决。没有第一款规定的监护人的,由精神病人的所在单位或者住所地的居民委员会、村民委员会或者民政部门担任监护人。"第18条规定:"监护人应当履行监护职责,保护被监护人的人身、财产及其他合法权益,除为被监护人的利益外,不得处理被监护人的财产。监护人依法履行监护的权利,受法律保护。

监护人不履行监护职责或者侵害被监护人的合法权益的,应当承担责任;给被监护人造成财产损失的,应当赔偿损失。人民法院可以根据有关人员或者有关单位的申请,撤销监护人的资格。"第19条虽然不是直接对监护事宜进行的规定,但由于它是关于对精神病人为无民事行为能力人或者限制民事行为能力人之宣告的规定,而无民事行为能力或者限制民事行为能力则是精神病人受监护的要件,因此也与监护有着逻辑上的紧密联系。

从以上法条中,我们可以看出如下几点:(1)我国的监护制度仍是以行为能力制度作为其逻辑前提的。(2)我国的监护制度由未成年人监护和对无民事行为能力或者限制民事行为能力的精神病人之监护两部分共同构成。(3)法条规定了法定监护和指定监护这两种确定监护人的方式。(4)监护事务的内容为"保护被监护人的人身、财产及其他合法权益"。(5)对于无民事行为能力或者限制民事行为能力的精神病人之监护,其法定监护人范围是:①配偶;②父母;③成年子女;④其他近亲属;⑤关系密切的其他亲属、朋友愿意承担监护责任,经精神病人的所在单位或者住所地的居民委员会、村民委员会同意的。

在此,我们不难看出我国《民法通则》中的监护制度之如下局限性。(1)行为能力制度作为监护制度的逻辑前提对于监护制度功能的充分发挥形成掣肘。因为行为能力制度对人进行的是一种简单化、片面化、僵硬化的划分,因此以其为逻辑前提的监护制度是无法充分发挥其保护弱势群体的功能的。(2)我国的成年监护制度的保护对象范围非常窄,仅包括无民事行为能力或者限制民事行为能力的精神病人,未将其他一些同样应该加以保护的成年身心障碍者,例如老年人,包括在其保护范围之内。(3)目前的成年监护制度未给意定监护留有制度空间,使需要帮助的成年人无从根据自己的意愿对其可能接受的监护作出事先的自主安排。(4)虽然法条中对"人身监护"有所提及,但从整体来看,"财产监护"仍是目前监护事务的核心内容。(5)条文关于监护是权利还是职责规定得含糊不清、模棱两可。条文中既出现了"监护人应当履行监护职责"的表达,又出现了"履行监护的权利"之说法,引起了学界关于"监护是权利还是职责"的诸多本可以避免的争议。事实上,在罗马法中监护就被认为是一种公役(Munus Pupulicum)。而且,"履行监护的权利"也是一种不合常规的表达,通常"履行"一词所搭配的宾语为"义务"或"职责"。因此,将监护理解为权利的观点显然会影响监护制度的具体规定。除了以上大的方面的局限性,我国当前的监护制度在监护人的选任、监护人的义务之规定、监护之监督等细节方面还存在着一些缺陷。因此,当前的监护制度也无法很好地满足养老在经济支持、日常照料和精神慰藉等三个方面的要求。

(三)我国《老年法》中的相关规定

《老年法》是我国关于老年人保护的一部专门立法。我国《老年法》共计50条,依次分为总则、家庭赡养与扶养、社会保障、参与社会发展、法律责任、附则等6章。

我国《老年法》的出台,表明我国政府和全社会对于老年人权益保护的重视与关心,也表明了政府在老年人问题上坚持"法治"的思路和决心,这些无疑都是值得肯定的。但是,不得不承认,该法在许多方面还存在不完善之处甚至是重大缺陷。因此也受到了一些关心老年人权益保障的学者和社会工作者的建设性批评。这些批评意见中往往不乏真知灼见,因此非常值得重视。例如,有学者认为,《老年法》无论是在形式上还是在实质上都存在着缺陷。形式上的缺陷主要表现为总则和分则相互矛盾和脱节、法条的规定过于模糊和笼统而导致其约束力不强以及该法与其他相关法律存在重复规定甚至相互龃龉之处。实质上的主要缺陷被学者归纳为以下几点:第一,该法所规定的家庭养老为主不符合社会现实;第二,保障老年人权益的义务主体规定不合理;第三,一些重要概念被混淆。[①] 笔者在认同以上观点的基础上,还想对《老年法》存在以上缺陷的原因进行深入分析与思考。笔者认为以上缺陷存在的根源主要有两点:一是对于"老年人"的认识存在偏颇之处,即仅仅将老年人理解为家庭成员,而未在更高层面上来认识和理解老年人,即将老年人理解为社会成员和国家公民;二是在《老年法》的性质和定位问题上存在歧见。以上两个方面存在的认识误区才是导致《老年法》存在种种缺陷的最终根源。换言之,《老年法》所存在的缺陷正是以上认识方面存在的问题在立法上的具体表现而已。笔者在下文中将进一步对此作出分析。

首先,对老年人的认识局限具体表现在以下两个方面。第一,总则和分则存在相互矛盾之处。《老年法》第一章"总则"部分的第3条规定:国家和社会应当采取措施,健全对老年人的社会保障制度,逐步改善保障老年人生活、健

[①] 曾庆敏:《老年人权益保障与社会发展》,社会科学文献出版社2008年版,第67~123页。

康以及参与社会发展的条件,实现老有所养、老有所医、老有所为、老有所乐。第4条规定:国家保护老年人依法享有的权益。老年人有从国家和社会获得物质帮助的权利,有享受社会发展成果的权利。第6条规定:保障老年人合法权益是全社会的共同责任。如果说实现"老有所养、老有所医、老有所为、老有所乐"是《老年法》的目标,那我们从上述条文中可以看出,总则所规定的实现这一目标的义务主体主要是"国家和社会"。但是,在紧接着总则的第二章"家庭赡养与扶养"中,《老年法》第10条规定:老年人养老主要依靠家庭,家庭成员应当关心和照料老年人。第12条规定:赡养人对患病的老年人应当提供医疗费用和护理。根据这两条的规定,实现老年人"老有所养"和"老有所医"的重任被加在了老年人的家庭成员的头上。而"老有所为"和"老有所乐"目标之实现又有赖于"老有所养"和"老有所医"之实现,因此,实现四个"老有"目标的义务主体完全转为了家庭成员,而不再是"国家和社会"。这种立法安排实际上正暴露了将老年人主要看成家庭成员的狭隘认识。第二,对老年人的具体义务大部分都被加诸家庭成员尤其是老年人子女的头上。《老年法》第二章"家庭赡养与扶养"部分,第11条规定:赡养人应当履行对老年人经济上供养、生活上照料和精神上慰藉的义务,照顾老年人的特殊需要。赡养人是指老年人的子女以及其他依法负有赡养义务的人。赡养人的配偶应当协助赡养人履行赡养义务。第12条规定:赡养人对患病的老年人应当提供医疗费用和护理。第13条规定:赡养人应当妥善安排老年人的住房,不得强迫老年人迁居条件低劣的房屋。老年人自有的或者承租的住房,子女或者其他亲属不得侵占,不得擅自改变产权关系或者租赁关系。老年人自有的住房,赡养人有维修的义务。第14条规定:赡养人有义务耕种老年人承包的土地,照管老年人的林木和牲畜等,收益归老年人所有。第15条规定:赡养人不得以放弃继承权或者其他理由,拒绝履行赡养义务。赡养人不履行赡养义务,老年人有要求赡养人给付赡养费的权利。赡养人不得要求老年人承担力不能及的劳动。我们看到,以上条款都是有关赡养人义务的规定,这些义务几乎涉及老年人生活的各个方面,包括经济供养、生活照料、精神慰藉、提供医护、安排住房、耕种承包地,照管林木和牲畜等积极义务和不得拒绝履行赡养义务的消极义务。第16条还规定了老年人与其配偶的相互扶助义务。以上条款表明,老年人显然被主要理解为家庭成员,尤其是父母子女关系中的父母的角色,对其赡养义务主要由家庭成员承担,而没有反映出老年人作为社会成员和国家公民应该享受由政府和社会所尽的义务。

其次,对《老年法》的性质存在误解。从我国《老年法》的章节顺序以及具有操作性的条文所占之比重两个方面来看,当初该法的制定者似乎有将《老年法》私法化的倾向。第一,《老年法》在总则之后的第二章安排了"家庭赡养与扶养",其中规定了家庭成员对于老年人的赡养和扶养的许多具体义务。一般来讲,一部法律的分则部分应该是对总则内容的具体化展开,那么《老年法》在总则之后安排了"家庭赡养与扶养"一章,表明该法的制定者认为该部分内容的重要性在分则部分是居于第一位的。而该部分所调整的赡养与扶养关系恰恰正是在婚姻家庭法所调整的范围之内。而赡养与扶养关系一般被认为是属于私法性规范。私法性规范的内容在《老年法》中所占的重要位置使该法不免有被理解为私法的嫌疑。第二,《老年法》虽然在总则之后安排了第三章"社会保障"和第四章"参与社会发展",但这些章节的条文都过于笼统而缺乏可操作性。从整体来看,《老年法》中具有可操作性的条文仍主要集中在第二章"家庭赡养与扶养"部分,尽管该部分条文与《婚姻法》多有重复之处。因此,从以上两个方面来看,《老年法》似乎有被误解为私法之虞。

已有学者正确地指出,《老年法》属于汇合了公法和私法的社会法。① 笔者对这种观点非常认同。对老年法的这种定位也符合我国政府关于老年人工作的指导思想,即"政府主导,社会参与,全民关怀"。而《老年法》作为社会法,就需要与公法和私法分别接轨。《老年法》与公法的接轨超出了笔者的研究范围,此处不赘。《老年法》与私法的接轨笔者认为并不成功。我们不难看出,《老年法》与私法接轨本想倚重赡养与扶养制度,但是赡养与扶养制度主要是婚姻家庭法领域的制度,它们是以婚姻家庭身份关系的存在为前提的,这样就将很多老年人排除出了其适用的主体范围,例如无子女的孤寡老人等。而笔者认为,一个正确的方向更值得尝试,那就是和监护制度接轨,并为"意定监护"制度留出空间。

(四)其他与老年人监护有关的法规

除了《宪法》、《民法通则》、《婚姻法》和《老年法》中有老年人保护的相关内容外,还有《农村五保工作条例》、《遗赠扶养协议公证细则》等法规中也有与老年人监护相关的内容。

---

① 曾庆敏:《老年人权益保障与社会发展》,社会科学文献出版社 2008 年版,第 122 页。

1.《农村五保工作条例》(以下简称《五保条例》)第一章"总则"部分中的第2条规定:本条例所称农村五保供养,是指依照本条例规定,在吃、穿、住、医、葬方面给予村民的生活照顾和物质帮助。该条例第二章"供养对象"中第6条规定:老年、残疾或者未满16周岁的村民,无劳动能力、无生活来源又无法定赡养、抚养、扶养义务人,或者其法定赡养、抚养、扶养义务人无赡养、抚养、扶养能力的,享受农村五保供养待遇。《五保条例》第三章"供养内容"中第9条规定:"农村五保供养包括下列供养内容:(一)供给粮油、副食品和生活用燃料;(二)供给服装、被褥等生活用品和零用钱;(三)提供符合基本居住条件的住房;(四)提供疾病治疗,对生活不能自理的给予照料;(五)妥善办理丧葬事宜。"《五保条例》第四章"供养形式"中第12条规定:农村五保供养对象可以在当地的农村五保供养服务机构集中供养,也可以在家分散供养。农村五保供养对象可以自行选择供养形式。该章第13条规定:集中供养的农村五保供养对象,由农村五保供养服务机构提供供养服务;分散供养的农村五保供养对象,可以由村民委员会提供照料,也可以由农村五保供养服务机构提供有关供养服务。第14条规定:各级人民政府应当把农村五保供养服务机构建设纳入经济社会发展规划。县级人民政府和乡、民族乡、镇人民政府应当为农村五保供养服务机构提供必要的设备、管理资金,并配备必要的工作人员。根据《五保条例》的上述规定,我们可以看出:(1)从"五保供养"的内容来看,五保供养是指在吃、穿、住、医、葬方面给予需要帮助的村民以生活照顾与物质帮助。这就表明,五保供养与监护在功能上具有相似性,即都是为社会弱势者提供物质和精神上的帮助。(2)老年村民如无劳动能力、无生活来源又无法定赡养、抚养、扶养义务人,或者其法定赡养、抚养、扶养义务人无赡养、抚养、扶养能力的,就可以享受农村五保供养待遇。这说明农村五保供养待遇的主体范围是包括符合特定条件的老年人的。(3)从供养形式来看,五保供养可以分为集中供养和分散供养,集中供养由农村五保供养服务机构提供供养服务,分散供养可由村民委员会提供照料,也可由农村五保供养服务机构提供有关供养服务。可见无论是集中供养还是分散供养,农村五保供养服务机构都是最主要的供养服务的具体承担者。而该机构的必要设备、管理资金及工作人员都应当由各地县、乡、民族乡、镇等的人民政府配备。这就使得五保供养具有与公共监护非常类似的职能。当然,这种五保供养的局限性也是较为明显的:首先,在我国的城乡二元结构的大框架下,这种五保供养的受供养主体范围仅限于农村村民,而不包括城镇居民中情况类似的老年、残疾或未满16周岁的弱势者;其次,《五保条例》中虽然规定了"监督管理"和"法律责任"等内容,但这些规定仍有待进一步的完善;再次,《五保条例》本身的表现形式为行政法规,这就决定了它在效力等级上仍有别于一般的基本法律。因此,老年人监护制度一方面可以从"农村五保供养"制度中吸取其合理之处,但另一方面也需要突破其局限性。

2.《遗赠扶养协议公证细则》的相关规定事实上也为老年人监护提供了制度的可能性。该细则第2条规定:遗赠扶养协议是遗赠人和扶养人为明确相互间遗赠和扶养的权利义务关系所订立的协议。需要他人扶养,并愿将自己的合法财产全部或部分遗赠给扶养人的为遗赠人;对遗赠人尽扶养义务并接受遗赠的人为扶养人。第4条规定:遗赠人必须是具有完全民事行为能力、有一定的可遗赠的财产、并需要他人扶养的公民。第5条规定:扶养人必须是遗赠人法定继承人以外的公民或组织,并具有完全民事行为能力、能履行扶养义务。第6条规定:遗赠扶养协议公证,由遗赠人或扶养人的住所地公证处受理。第11条规定:遗赠扶养协议应包括下列主要内容:(1)当事人的姓名、性别、出生日期、住址,扶养人为组织的应写明单位名称、住址、法定代表人及代理人的姓名。(2)当事人自愿达成协议的意思表示。(3)遗赠人受扶养的权利和遗赠的义务;扶养人受遗赠的权利和扶养义务,包括照顾遗赠人的衣、食、住、行、病、葬的具体措施及责任田、口粮田、自留地的耕、种、管、收和遗赠财产的名称、种类、数量、质量、价值、坐落或存放地点、产权归属等。(4)遗赠财产的保护措施或担保人同意担保的意思表示。(5)协议变更、解除的条件和争议的解决方法。(6)违约责任。根据《遗赠扶养协议公证细则》的上述条文,我们不难看出:首先,就遗赠扶养协议所适用的主体范围而言,"具有完全民事行为能力、有一定的可遗赠的财产、并需要他人扶养的"老年人是完全可以通过这种制度安排来获得扶养的。其次,遗赠扶养制度其实已经突破了传统的婚姻家庭法意义上的扶养制度,因而可以在更广的范围内适用。我们知道,传统的婚姻家庭法中的扶养义务人一般都是以家庭成员之间的身份关系作为承担义务的前提的,而在遗赠扶养制度中扶养人"必须是遗赠人法定继承人以外的公民或组织,并具有完全民事行为能力、能履行扶养义务"。换言之,传统的婚姻家庭法上的扶养制度的基础是家庭关系,而遗赠抚养协议制度的基础则是扶养人与遗赠人之间的合意。再次,对于遗赠抚养协议的内容及其公证的相关规定,形成了遗赠扶养制度的监督机制。因为,作为遗赠扶养关系中的遗赠人处于需要扶养的一种弱势状态,为防止其利益受到侵害,是必须有相应的监督措施的。最后,从遗赠扶养的扶养内容来看,扶养人的义务包括照顾遗赠人的衣、食、住、行、病、葬及其责任田、口粮田、自留地的耕、种、管、收等。综上所述,遗赠扶养协议事实上具有与意定监护制度类似的功能,因此也可以为老年人监护制度所借鉴。

第二节 我国老年人监护制度之构建

在第一节中笔者分析了我国构建老年人监护制度的立法现状,分析了我国《婚姻法》、《民法通则》和《老年法》在老年人权益保护方面的不足与缺陷。通过分析,笔者认为老年人监护制度的建立在老年人保护方面还是大有可为的。而且,老年人监护制度之立法,可以在私法层面和公法层面分别进行。私法层面的制度构建又可分为法定监护制度和意定监护制度两个方面;公法层面的制度构建主要是公共监护制度之构建。在此,或许有人会问,法定监护、意定监护和公共监护在哪个意义上可以统一于监护制度的大旗之下?笔者认为关于监护的如下界定可以作为回答此问题的答案:监护是一种由国家法律创设的关系;此种关系的形成是由法院授予某人(监护人)以义务和权力来为另一个人(被监护人)的人身或财产事宜作出决定。当法官认定某人不能自行决定其事务时,即可为其指定监护人。[①] 该定义将监护看成是一种"关系",笔者非常赞同。法定监护、意定监护和公共监护正是在具体的法律关系的层面具有同质性,即都是对弱势一方的人身或财产的保护关系。除了私法和公法层面上的监护制度之规定外,作为社会法的《老年法》则可以通过转介条款,将以上公、私法两个层面的监护制度引入其中。如此一来,老年人监护制度的整个体系将由私法上的法定监护、意定监护和公法上的公共监护制度以及社会法上的《老年法》之相关转介条款共同构成。以下分别详述。

---

① Pamela B. Teaster, The Wards of Public Guardians: Voices of the Unbefriended, *Families and the Law*, 2002, Vol. 51, No. 4, p. 87.

一、法定监护制度之改革

大陆法系国家的法定监护制度根据其保护对象一般可以分为未成年人监护制度和成年人监护制度。涉及老年人所进行的法定监护制度之改革主要表现为成年人监护制度之改革。近几十年来大陆法系国家纷纷对其成年人监护制度进行了改革,其中不乏可资借鉴之处。笔者认为,我国成年人监护制度之改革如果想要在老年人保护方面有所建树,则以下之具体改革措施不容忽视。

(一)修正成年人监护与行为能力制度之逻辑关系

我国《民法通则》第 13 条规定:不能辨认自己行为的精神病人是无民事行为能力人,由他的法定代理人代理民事活动。不能完全辨认自己行为的精神病人是限制民事行为能力人,可以进行与他的精神健康状况相适应的民事活动;其他民事活动由他的法定代理人代理,或者征得他的法定代理人的同意。第 14 条规定:无民事行为能力人、限制民事行为能力人的监护人是他的法定代理人。从以上条文我们可以看出,无行为能力或限制行为能力是设置监护的逻辑前提,而且行为能力制度首先考虑的是无民事行为能力人和限制民事行为能力人的民事活动之效力问题,因此其直接后果是对无民事行为能力人和限制民事行为能力人的法定代理。可以说,这种逻辑关系反映出当时立法的价值取向首先考量的是交易秩序,而不是对无民事行为能力人和限制民事行为能力人的保护。而日本和我国台湾地区显然已经发现了该问题之存在,因此在改革其成年监护制度时,都对此作出了修正,值得大陆进行借鉴。

《日本民法》在其第 7 条规定了"监护开始的裁定",在第 11 条规定了"保佐开始的裁定",在第 15 条规定了"辅助开始的裁定"。而该法在其第 20 条"限制行为能力人的相对人的催告权"中,对"限制行为能力人"和"行为能力人"分别加括号进行了说明,其中前者是指"未成年人、成年被监护人、被保佐人以及受到按第 17 条第 1 项裁定的被辅助人",后者是指"行为能力不受限制的人"。① 通过以上条文我们可以看出,被监护、被保佐或者被辅助成为限制行为能力的逻辑前提,而设置监护、保佐和辅助的目的则显然都是为了保护相关的弱势者。可见,逻辑的改变反映着价值取向的改变。同样,我国台湾地区的监护制度改革对此也作了类似的处理。台湾地区的"民法"第 14 条规定了

---

① 渠涛注译:《最新日本民法》,法律出版社 2006 年版,第 5~8 页。

"监护之宣告与撤销",第 15 条规定了"受监护宣告人之能力",第 15-1 条规定了"受辅助宣告人之能力"。由以上条文之安排,我们同样可以看出,"受监护宣告"和"受辅助宣告"成为能力判定的逻辑前提,因此也显示出"弱者保护优先于交易秩序维护"的价值取向。所以笔者建议大陆未来立法应矫正目前《民法通则》中成年人监护与行为能力制度在逻辑关系方面的扭曲。

(二)扩大受保护的成年人之范围

矫正成年人监护与行为能力制度在逻辑关系方面的扭曲固然彰显了弱者保护之价值取向,但是真正落实该价值还需要考虑如何使成年人监护制度尽可能周全地保护需要保护的弱势者。我们目前的成年人监护制度仅仅将成年精神病人作为其保护的对象。然而,因为生产事故、交通事故、环境污染等成为部分或完全失能的成年人越来越多;而且,在我国人口老龄化和高龄化的现状下,需要保护的失能或部分失能的老年人也越来越多。仅仅保护精神病人显然与当前我国的社会现实严重脱节。因此,笔者建议,我国成年人监护制度的保护范围宜扩大为"因年龄、精神障碍或其他身心缺陷导致自身生活、财产以及其他利益需要得到照料和管理的成年人"。并且,由法官根据具体个案来判定何者属于该保护范围。

(三)由法院根据"被监护人最佳利益原则"选任监护人

台湾地区"民法"第 1111 条规定:法院为监护之宣告时,应依职权就配偶、四亲等内亲属、最近一年有同居事实之其他亲属、主管机关、社会福利机构或其他适当之人选定一人或数人为监护人,并同时指定会同开具财产清册之人。第 1111-1 条规定:法院选定监护人时,应依受监护宣告之人之最佳利益,优先考量受监护宣告之人之意见,审酌一切情状,并注意下列事项:(1)受监护宣告之人之身心状态与生活及财产状况;(2)受监护宣告之人与其配偶、子女或其他共同生活之人间之情感状况;(3)监护人之职业、经历、意见及其与受监护宣告之人之利害关系;(4)法人为监护人时,其事业之种类与内容,法人及其代表人与受监护宣告之人之利害关系。第 1111-2 条规定:照护受监护宣告之人之法人或机构及其代表人、负责人,或与该法人或机构有雇佣、委任或其他类似关系之人,不得为该受监护宣告之人之监护人。

笔者认为以上条文极具借鉴意义。首先,赋予法院在选任监护人时较大的裁量权,有利于实现个案公正。其次,对监护人的范围进行了灵活规定,并规定了复数监护人和法人监护人。笔者认为大陆可以根据实际情况,增加"所在社区"为可选之监护人,将监护人的范围规定为"配偶、四亲等内亲属、最近一年有同居事实之其他亲属、所在社区、主管机关、社会福利机构或其他适当之人"。最后,判断"受监护宣告之人之最佳利益"的标准,可以参考台湾地区"民法"第1111-1条和第1111-2条之规定。

(四)对于监护人的职责与权利进行更为具体细致地规定

首先,可以规定监护人对被监护人在日常照料、医疗救治、财产管理及其他与被监护人利益相关的方面负有保护与照管之职责;同时,根据权利与义务相对等的原则,应该规定监护人的代理权、获取报酬权、拒任权与辞任权。笔者建议,我国未来立法中可规定以下几点:第一,由法院根据被监护人的具体情况来确定监护人的具体代理权范围。第二,有支付能力的被监护人应该向监护人支付数额适当的报酬。对于无支付能力或支付能力不足的被监护人,应由民政部门向其监护人进行补偿或支付一定报酬,但子女、配偶、享受国家补贴政策或负有监护职责的机构担任监护人职责的情况除外。第三,自然人符合以下情形之一可以作为拒绝或辞去监护职责的事由:(1)已经年满60周岁;(2)已经承担一个或多个监护职责;(3)长期生活或工作在与被监护人相距较远的地方;(4)患有严重疾病或存在影响履行监护职责之残疾;(5)其他客观上导致无法履行监护职责的情形。

(五)建立监护登记制度

目前我国对成年人监护的公示方式实行的是行为能力宣告制度,即对无民事行为能力和限制民事行为能力进行宣告。但是,矫正了成年人监护和行为能力制度的逻辑关系之后,这样的公示方式显然必须加以废除。笔者建议,可以考虑设立专门的登记机关或者在法院体系内设立登记机构,并以单行法的形式对法定监护和意定监护的登记事宜进行统一规定;监护登记的记录对外进行公示;有利害关系者可以对记录进行查询。

(六)建立老年人监护监督制度

无论是法定监护还是意定监护,都应该加强对监护关系的监督。在法定监护中,法院可以根据成年被监护人、被监护人的亲属或者成年监护人的申请,或者依职权,在确有必要的情况下,指定合适的人选担任监护监督人。监护监督人应代表被监护人的利益监督监护事务并在必要时向法院提出监督意见。

二、意定监护制度之创设

意定监护制度又可称为任意监护制度,它是大陆法系国家在原来监护制度的基础上创设的一种新制度。英美法系中也有类似的制度,但是一般被称为持续代理制度。如果承认人类的社会生活在一定层面上具有相似性,那么不同社会中规范该层面生活的一些制度就应该具有相似性。意定监护和持续代理就是这样具有相似性的制度。由于监护制度与代理制度本来亦有联系,因此意定监护制度和持续代理制度虽然分别立基于监护制度和代理制度,但是仍不失其彼此间的相似性。

(一)意定监护制度与持续代理制度

大陆法系国家的意定监护制度与英美法系国家的持续代理制度既有共性也存在一定的差异。它们的共性主要表现在以下几个方面:第一,这两种制度产生的社会背景非常类似,即都是在社会老龄化和高龄化程度加重、生产事故、交通事故、自然灾害高发、环境污染问题日益严重的状况造成了越来越多的成年身心障碍者之背景下产生的。第二,意定监护制度和持续代理制度的适用主体范围主要都是社会中包括失能和部分失能之老年人在内的成年身心障碍者。第三,这两种制度在功能上其实也是殊途同归的。因为无论是意定监护制度还是持续代理制度,最终的目的都是尊重当事人在智识健全时为自己安排的监护人或者代理人,并在当事人出现身心障碍以致影响其自主判断力时继续认可其之前对自己的监护或者代理事宜之安排,只是在当事人失能或部分失能后需要有监护监督人对监护或者代理作出监督而已。第四,从具体的法律关系之内容的角度来看,此两种制度也具有相似性。无论是意定监护还是持续代理,其主要的内容都涉及被监护人或者被代理人的人身保护、医疗救治、财产管理及在一定范围内对被监护人或被代理人进行代理等事项。但两者也有不同之处,即两者所依托的具体制度基础不同。持续代理制度顾名思义,是依托于代理制度的;而意定监护制度依托的则是监护制度。正像学者指出的那样,持续代理制度是建立在代理法的基础上的,然而代理法是以本人有完全能力且可以监督代理人的代理行为作为其前提假设的;而持续代理的前提假设则是本人可能失去行为能力。由于这种前提预设的不同,持续代理制度就不能够在代理法的框架下得到很好的运行。① 因此,相比较而言,大陆法系国家依托于监护制度并将此种新制度称为意定监护制度应该更为合理与可取。

（二）意定监护制度与整个监护制度之体系

既然创设出了意定监护制度,那么该制度在整个监护制度体系中的位置就是一个必须考虑的问题了。笔者在上文中谈到我国的监护制度体系应该由法定监护、意定监护和公共监护共同构成,并且由《老年法》通过转介条款将以上之监护制度熔于一炉,共同服务于老年人权益之保护,构成实质意义上的老年人监护制度。那么,意定监护制度与法定监护制度以及公共监护制度之间的关系就值得深入研究了。

对于意定监护制度和法定监护制度的关系本书已有较多论述。从原则上讲,意定监护制度优先于法定监护制度,但法院认为情况特殊的除外。对此进行的理论阐释也较为一致,即认为意定监护制度优先于法定监护制度是对"尊重自我决定"的原则具体体现。笔者认为,除了体现"尊重自我决定"的原则外,意定监护优先于法定监护还存在客观上的原因。我们知道,以前的监护制度主要是婚姻家庭法上的一项制度,因此许多国家在立法中都是将其安排在婚姻家庭法部分。换言之,担任法定监护人者以家庭成员占绝大多数。一般来说,法定监护制度规定主要由家庭成员来承担监护职责在以前的社会中也基本能够起到保护被监护人利益的作用。但是,现代社会人口年龄结构和家庭结构都发生了变化,加之人口的高流动性、现代人生活压力的加大、生活节奏的加快等诸多因素之影响,仍僵化地规定由家庭成员来承担监护职责对家庭成员来说不免成为一种不能承受之重,既不符合社会现实,也逐渐不能有效地保护被监护人尤其是老年被监护人的利益。因此,由本人事先作出安排,选择其信任的人来担任自己的监护人就是很有必要的。因为此时当事人还处于意识能力健全的状况,因而是其最佳利益的判断者。但是,在监护关系中,被监护人始终是弱势一方,为了防止意定监护人滥用监护授权而损害被监护人利益,因此监护监督的引入就是必需的。

但是,如果再进一步将公共监护制度考虑进来,则意定监护制度与整个监

---

① Jennifer L. Rhien, No One in Charge: Durable Powers of Attorney and the Failure to Protect Incapacitated Principals, *the Elder Law Journal*, 2009, Vol. 17, No. 1, p. 170.

护制度体系之关系的问题就变得较为复杂了。笔者认为,意定监护、法定监护和公共监护制度的背后其实是自治与统治、个人与国家间之关系问题。我们知道,过去的监护制度体系以法定监护为主,似乎是国家在大包大揽地替社会弱势者保护其利益,但在具体的制度设计中,保护的职责往往又被加到了作为个人的家庭成员的头上,国家的角色更像是调度员。现在,一方面,意定监护制度实现了当事人一定限度的意思自治;另一方面,对于客观上确实需要从社会获得帮助者,由国家和社会以公共监护制度的方式加以保护。此时,国家的角色更像是一位开明的父亲,既以意定监护的方式赋予个人以自由空间,又以法定监护对其进行引导和支持,必要时还以公共监护的方式直接伸出援手。这样构成的监护制度之体系才相对完善并且能为需要监护的成年人提供帮助与保护。也正是在这个意义上我们可以说,法律是"平衡的艺术"。合理的监护制度体系的设计,则是这样一种"平衡的艺术"之展现。

(三)意定监护制度的具体设计

笔者认为,我国未来意定监护制度的设计可以借鉴以下几点:

1. 我国目前的遗赠扶养协议制度对于意定监护制度的构建极具借鉴意义,但应该对其加以进一步的完善。

2. 我国可以借鉴日本的做法,以单行法的形式对意定监护制度进行规定,以免造成对现有法定监护制度的过大冲击。

3. 由于意定监护制度的核心是意定监护协议,因此意定监护契约中应当规定,本人因精神障碍等原因判断能力严重低下时,须经本人、配偶、四亲等以内的亲属或者受委托的意定监护人的请求,在法院选任意定监护人的监督人之后,方发生效力。意定监护监督人监督意定监护人的监护事务,须向法院定期报告有关监护事务的内容;法院在认为必要时,有权要求意定监护监督人提出报告。[1]

4. 要求意定监护契约在监护登记机关登记之后才能生效,而且登记之前,意定监护的被监护人必须签署一份声明来证实自己知道并理解意定监护协议的内容且希望它在自己失去能力后仍然有效。意定监护人也需要签署一份声明证实自己理解意定监护协议的内容并了解自己应承担的责任。登记具有以下几个方面的作用:首先,登记机关可以对意定监护的设立进行必要的合

---

[1] 渠涛注译:《最新日本民法》,法律出版社2006年版,第433页。

法性审查;其次,意定监护协议在登记机构留底备案存档后,便于其他相关当事方查询;最后,最重要的是,登记时向意定监护监督人进行的告知便于他们开始监督意定监护人的行为。并且,意定监护的被监护人和监护人都有权提出登记。意定监护协议的被监护人有权登记是为了使其在具有意思能力时选择的意定监护人通过登记获得有效授权,实现了其意思自治。而允许意定监护人进行登记的原因在于,当意定监护的被监护人万一在其失去意思能力之前选择了意定监护人却没有能够及时进行登记,此时不允许其选择的意定监护人进行登记,那么就等于置他设立意定监护的意愿于不顾。因此,从这个意义上讲,允许意定监护人申请登记正是为了尊重意定监护的被监护人在具有意思能力时的意思自治。

5. 制度的设计在细节上可以参考英国的《意思能力法》。英国的立法实践其实已经走在了理论的前面。该法规定的严密程序在很大程度上弥补了其持续代理制度在理论上的缺陷。笔者认为其较有特色的一点是,要求持续代理的委托人(相当于意定监护的被监护人)填写统一的制式表格,该制式表格设有"受告知人"(相当于意定监护的监督人)一栏,填表人必须填写此栏且经过其指定的"受告知人"签字确认。此类受告知人也有权利向法院起诉关于持续代理人(相当于意定监护人)违反义务的行为。无论由哪一方提出登记请求,受告知人都可以从委托人的利益出发对持续代理人的行为开始进行监督。[1] 笔者认为该具体规定值得我们在未来立法中借鉴。

三、公共监护制度之构建

公共监护是指在有监护需要的人其家庭成员或者朋友中没有合适的监护人人选,而且其财力也不足以支付私人监护人的情况下,由公共监护管理机构指定一个公职人员或福利机构来承担法定监护人之职责。因此,笔者在上文中关于法定监护制度的改革中建议规定的"法院为监护之宣告时,应依职权就配偶、四亲等内亲属、最近一年有同居事实之其他亲属、所在社区、主管机关、社会福利机构或其他适当之人选定一人或数人为监护人"之部分已经为公共监护预留了制度空间。其中,"所在社区、主管机关、社会福利机构或其他适当

---

[1] Jennifer L. Rhien, No One in Charge: Durable Powers of Attorney and the Failure to Protect Incapacitated Principals, *the Elder Law Journal*, 2009, Vol. 17, No. 1, p. 170.

之人"便可以理解为公共监护人。但是鉴于公共监护制度与国家的福利和社会保障制度亦有紧密联系,因此,笔者建议对公共监护制度也应该考虑单独立法,以免在现有的立法上加补丁式地进行规定所导致的繁复臃肿。

(一)公共监护制度的理论基础

公共监护制度的理论基础是国家亲权(Parens Patriae)的理念。依照国家亲权的理念,国家有义务保护那些不能够自己照顾自己的市民。因此,公共监护人往往被视为是国家的代理人。但事实上,民主与国家亲权之间是存在着悖论的。前者的出发点是考虑并符合被监护人的偏好;而后者的立足点却是保护与国家亲权主义。换句话说,在监护的情形下,民主政治原则却被用于作为所谓的"法定死亡"者的公民身上。法律需要发挥平衡的作用的要求再一次显现了出来。具体到公共监护制度上,就是要寻求"保护"与"满足需求"之间的平衡。① 资金以及人员支持则是达成这种平衡的关键因素。我们从公共监护制度中可以得到宏观与微观两个层面的启示。在宏观上我们得到的启示是,作为"国家的代理人"的公共监护人履行职务的最终目的却是要保护作为个体的弱势社会成员的利益。可见,公共监护制度最终想要实现的其实是一种个人利益与国家利益的妥协与共赢。在微观上,公共监护给我们的启示在于,它实现其目标的具体措施却是想在现代法律赖以建立的陌生人社会建立起一种类似家人或朋友间的"准熟人关系"。

它通过对陌生人社会中这种人际关系之拟制,或许希望重建一种熟人社会。而以往的历史已经证明,熟人社会较之陌生人社会对于弱者的保障更有效率。这是值得我们深思之处,也是社区之所以被纳入公共监护人范围的重要原因和优势所在。

(二)公共监护制度的具体构建

在公共监护制度的具体构建上,美国公共监护制度的具体可行之处可以作为我们借鉴的对象。笔者认为,美国公共监护制度的以下几个方面的具体立法实践值得我们未来的立法加以参考。②

---

① Pamela B. Teaster, The Wards of Public Guardians: Voices of the Unbefriended, *Families and the Law*, 2002, Vol. 51, No. 4, p. 87.

② Pamela B. Teaster, Erica F. Wood, Susan A. Lawrence, Winsor C. Schimdt, Wards of the State: A National Study of Public Guardianship, *Stetson Law Review*, 2007, Vol. 37, No. 1, p. 203.

1. 公共监护的范围。美国至少有 29 个州都规定了公共监护的范围,允许公共监护人对被监护人进行人身或者财产方面的监护。只有两个州仅允许财产方面的公共监护,另外少数几个州仅允许人身方面的公共监护。笔者建议我国未来公共监护的范围应既包括财产方面的监护也包括人身方面的监护。

2. 公共监护机构的申请权。公共监护制度针对的既然是那些有监护需要但其家庭成员或者朋友中没有合适的监护人人选,而且其财力也不足以支付私人监护人的成年身心障碍者以及失能或部分失能的老年人,那么由谁来为其申请公共监护之保护就成为一个问题了。美国许多州的立法都赋予公共监护机构以申请权,允许那些具有公共监护人资格的机构来为需要公共监护者进行申请。但是,为了防止该申请权被滥用以套取财政补贴,对该申请的审核与监督就成为公共监护管理机关的重要职责。

3. 公共监护管理机关的设立。上文笔者提到"具有公共监护人资格的机构"和"公共监护管理机关"。而美国公共监护制度的构建中最核心的就是公共监护管理机关的设立。公共监护管理机关的具体职能包括对符合条件的公共监护机构进行注册登记、审核公共监护之申请、监督公共监护之履行、制定公共监护的服务标准、对各公共监护机构的工作进行考评、在各公共监护机构之间进行协调等。考虑到我国法院系统及各政府机构现有的职权及运行状况,似乎由民政部门建立专门的分支机构来对公共监护进行管理更为可行。

4. 公共监护人的职责与权限。美国各州有关公共监护的法规一般都规定,公共监护人的职责与权限同于以其他形式设立的监护人。但是各州的监护法规又同时授权法院以监护令的方式将公共监护人的职权限定在被监护人无法自主决定的事项范围内。我国可以考虑在公共监护立法中对此作出类似之规定。

5. 公共监护机构内部资金和人员的管理。在美国,公共监护机构内部资金和人员的管理被认为是决定公共监护制度成败的最重要因素。由公共监护管理机关对其进行监督、检查、考核、账目审计等管理活动非常必要。

6. 法院在公共监护中发挥更为积极的作用。除了作为公共监护纠纷的最终裁决者外,法院在公共监护中还扮演着更为积极的角色。美国许多州都规定,公共监护管理机关将其对公共监护人的管理监督以报告的方式向法院进行定期汇报。

这样,在实质上公共监护的履行就受到公共监护管理机关和法院的双重监督,更加有利于对被监护人利益的保障。我国未来立法也可对此进行借鉴。

在公共监护制度的构建方面,笔者有以下一些建议:(1)我国目前的"农村五保供养制度"对于公共监护制度的构建具有借鉴意义,但是其主体适用范围应予扩大。(2)对于公共监护的范围,笔者建议我国未来公共监护应既包括财产方面的监护也包括人身方面的监护。(3)我国未来的公共监护制度应当赋予公共监护机构以申请权,允许那些具有公共监护人资格的机构来为需要公共监护者进行申请。公共监护制度针对的既然是那些有监护需要但其家庭成员或者朋友中没有合适的监护人人选,而且其财力也不足以支付私人监护人的成年身心障碍者以及失能或部分失能的老年人,那么就必须有相关的机构来为其申请公共监护之保护,而公共监护机构则应承担起申请之职责。但是,为了防止该申请权被滥用以套取财政补贴,对该申请的审核与监督就成为公共监护管理机关的重要职责。(4)公共监护管理机关的设立。上文笔者提到"具有公共监护人资格的机构"和"公共监护管理机关"。公共监护制度的构建中最核心的就是公共监护管理机关的设立。公共监护管理机关的具体职能应包括对符合条件的公共监护机构进行注册登记、审核公共监护之申请、监督公共监护之履行、制定公共监护的服务标准、对各公共监护机构的工作进行考评、在各公共监护机构之间进行协调等。考虑到我国法院系统及各政府机构现有的职权及运行状况,似乎由民政部门建立专门的分支机构来对公共监护进行管理更为可行。(5)公共监护人的职责与权限原则上同于以其他形式设立的监护人。但是应同时授权法院以"监护令"或"监护证"的方式将对公共监护人的职权限定在被监护人无法自主决定的事项范围内。(6)公共监护机构内部资金和人员的管理是决定公共监护制度成败的最重要因素,笔者建议应由公共监护管理机关对其进行监督、检查、考核、账目审计等管理活动。(7)法院应在公共监护中发挥更为积极的作用。除了作为公共监护纠纷的最终裁决者,法院在公共监护中还应扮演更为积极的角色。公共监护管理机关应将其对公共监护人的管理监督以报告的方式向法院进行定期汇报。这样,在实质上,公共监护的履行就受到公共监护管理机关和法院的双重监督,更加有利于对被监护人利益的保障。

四、《老年法》对监护制度之引入

笔者在前文中分析过我国现行《老年人权益保障法》存在的缺陷,谈到导致《老年法》存在缺陷的根本原因是两个认识上的误区:一是仅仅将老年人狭隘地理解为家庭成员,忽视了老年人首先是作为一名社会成员而存在的事实,因此政府和社会应对老年人的福祉负首要责任;二是将《老年法》视为主要调整老年人家庭关系的私法,错误地放弃了《老年法》作为社会法的正确定位。《老年法》第10条规定的"老年人养老主要依靠家庭,家庭成员应当关心和照料老年人"即是一个证明。因此已有学者指出,我国将来进行《老年法》修订时,应坚持由政府对老年人的权益保障承担起责任。[①] 学者的这一观点无疑是正确的。但笔者想加以强调的是,宏观上目标与方向的正确固然重要,但微观层面上对涉及老年人利益的社会关系进行调整也是必不可少的。而这正是监护制度可以发挥其保护弱者之功能的用武之地。当然,在立法技术上如何处理《老年法》对监护制度之引入也是一个值得研究的问题。笔者在下文中将进行具体的分析。

(一)老年人权益保护与监护制度

老年人作为社会成员和家庭成员,首先是以个体生命形式存在的一个个鲜活的个体。对老年人权益的保障归根结底取决于对老年人在个体生活层面上的关心与保护,取决于老年人在其生活中作为个体与其他社会个体间建立起的良性的关系。因此,《老年法》在"政府主导、社会参与、全民关心"的正确方针指引下,其任务主要还是通过公法和私法规范来对涉及老年人利益的社会关系进行调整。老年人与政府间的纵向关系一般由公法规范来进行调整,而老年人与其他作为个体的社会成员间的横向关系则一般由私法规范来进行调整。公法规范的调整超出了笔者的研究范围,在此略过。而哪些私法规范能够在老年人保护方面发挥重要作用并因此被《老年法》吸纳则是一个值得研究的问题。通过对我国现行《老年法》的观察可以发现,《老年法》的思路是想与私法上的赡养和扶养制度建立起联系,将有关赡养和扶养的私法上之规范引入《老年法》中,以调整涉及老年人与其他社会成员间的横向法律关系。但这种思路显然有很大的局限性。正像学者所指出的那样:"在赡养问题上,法

---

① 曾庆敏:《老年人权益保障与社会发展》,社会科学文献出版社2008年版,第124页。

律运作的逻辑与社会生活的逻辑并不相同,法律上的'赡养'与它所要吸纳和维护的'传统美德'——'养'——更是貌合而神离,以至法律上的圆满解决,只能是把'赡养'问题合法地简化为钱财供应,而当事人则可能无可挽回地失去亲人看护、情感慰藉,所以,当事人总是把诉诸法律作为最后的和不得已的选择"。① 另外,赡养关系的建立是以家庭身份关系的存在为前提的,因此其适用范围就仅局限于家庭成员内部。而许多孤身老人则被排除出了赡养制度的调整范围。

既然《老年法》通过赡养制度与私法规范接轨这条路走不通,那么就需要另辟蹊径。而监护制度则是一个值得尝试的方向。在此,笔者仍想再次引用从关系角度出发对监护进行的界定:监护是一种由国家法律创设的关系;此种关系的形成是由法院授予某人(监护人)以义务和权利来为另一个人(被监护人)的人身或财产事宜作出决定。当法官认定某人不能自行决定其事务时,即可为其指定监护人。② 我们似乎不能过于狭隘地理解此处的"决定"一词,它应该既包括因主观因素也包括客观因素。监护关系的适用范围显然比赡养关系的适用范围要大得多。无论是法定监护、意定监护还是公共监护,最终从监护法律关系的主体、客体和内容的角度来看,都可以为老年人权益之保护提供制度空间。首先,需要监护并符合相关条件的老年人可以作为监护的保护主体;其次,对老年人的人身和财产权益作出保护属于监护关系客体之范围;最后,对老年人的财产监护和人身监护符合监护关系之内容。因此,笔者认为,我国《老年法》将来进行修订时应考虑通过监护制度与私法规范进行接轨。当然,这种接轨还需要特别的立法技术来完成。

(二)引入监护制度的立法技术——转介条款

我国台湾学者苏永钦先生曾从公、私法接轨的角度对转介条款有较为深入的研究与阐释。他还举出了我国大陆《合同法》第52条第5款作为转介条款之实例。我国大陆《合同法》第52条第5款规定了"违反法律、行政法规的强制性规定"作为合同无效的一种原因。③ 在此,"违反法律、行政法规的强制

---

① 邬沧萍、姜向群:《老年学概论》,中国人民大学出版社2006年版,第161~162页。
② Pamela B. Teaster, The Wards of Public Guardians: Voices of the Unbefriended, *Families and the Law*, 2002, Vol. 51, No. 4, p. 344.
③ 苏永钦:《民事立法与公私法的接轨》,北京大学出版社2005年版,第29页。

性规定"既然可以作为合同法上判定合同无效的原因,那么除合同法以外的"法律、行政法规的强制性规定"在合同法上就获得了适用之空间。可见,转介条款作为一项立法技术,其重要作用之一即在于引入对其他法律的适用。笔者建议我国修订《老年法》时,可以通过转介条款的形式,引入对监护之适用,规定"涉及老年人的监护问题,应适用其他有关监护之法律规定"。

(三)老年人监护制度之具体构建

老年人监护制度的构建主要涉及以下几个方面的问题:第一,应受监护的老年人之范围及其认定;第二,老年人监护的方式;第三,政府和社会责任担当的具体方式。下文中笔者将对上述几个方面的问题分别进行讨论。

1. 应受监护的老年人之范围及其认定

我国台湾地区"老人福利法"中除了对 65 岁以上的老年人的普遍保护外,还特别针对两类老年人的保护进行了具体规定:第一类是"心神丧失或精神耗弱致不能处理自己事务之老人",第二类是"有接受长期照顾服务必要之失能老人"。台湾"老人福利法"第 13 条规定:对于心神丧失或精神耗弱致不能处理自己事务之老人,法院得因主管机关之申请,宣告禁治产。① 同法第 15 条规定:直辖市、县(市)主管机关对于有接受长期照顾服务必要之失能老人,应依老人与其家庭之经济状况及老人之失能程度提供经费补助。由以上条文可以看出,仅"心神丧失或精神耗弱致不能处理自己事务之老人"被纳入了监护制度之范围。依笔者之拙见,"有接受长期照顾服务必要之失能老人"也应被纳入监护制度之范围,理由主要有以下几点:第一,"心神丧失或精神耗弱致不能处理自己事务之老人"与"有接受长期照顾服务必要之失能老人"的范围事实上存在着重合的部分,因为"有接受长期照顾服务必要之失能老人"之中必然有一部分老年人属于"心神丧失或精神耗弱致不能处理自己事务"者。而且,对"心神丧失或精神耗弱致不能处理自己事务之老人"的监护和辅助与对"有接受长期照顾服务必要之失能老人"的长期照顾服务在对象、内容、履行方式等诸多方面都具有相似性,而在法律上将一者纳入监护制度中却不考虑另

---

① 我国台湾地区"老人福利法"是 2007 年 1 月 31 日公布并自公布之日起实施的。而 2008 年 5 月 23 日台湾又公布了对于其"民法亲属编"第四章"监护"部分的修正并于公布 1 年零 6 个月后开始施行。新修订的"监护"部分已经取消了"禁治产宣告",而改之为"成年人监护与辅助"。因此,"老人福利法"中的"宣告禁治产"其实应理解为"进行监护或辅助之宣告"。

一者似乎从逻辑上无法得到合理的解释。第二,孔子有云:名不正则言不顺,言不顺则事不成。① 笔者认为,"长期照顾"就需要在法律上得以正名。首先,在长期照顾关系中,被照顾的老年人之利益需要法律的特别保护。作为长期照顾关系中的弱势者,被照顾的老年人的生活极大地受到照顾人的照顾活动之作用与影响。当然,在大部分情况下,照顾人的照顾对于老年人的生活都是一种积极的介入。但是在现实中往往也存在着照顾人在照顾活动中消极不作为甚至侵犯老年人某些权益的情形。此时,仅靠一般的侵权责任未必足以保护被长期照顾的老年人之权益。其次,从事长期照顾活动的照顾人的权益也需要得到必要的保护。例如,他们对老年人的紧急救援等就应当排除一般侵权责任之适用。最后,由于长期照顾活动的复杂性,必须有相应的监督机制方能保证其良好有序地进行,从而成为一项造福老年人的稳定制度。综合以上分析,笔者的观点是应该给"长期照顾"在法律上正名,即把它纳入监护制度之中,在监护制度的名义和框架下运行。这样一来,被照顾人、照顾人之间的关系就是一种监护关系,而对这种关系设立监护监督人也可以在监护制度框架内获得其合理性。因此,笔者的建议是,未来大陆的《老年法》应该将"心神丧失或精神耗弱致不能处理自己事务之老人"和"有接受长期照顾服务必要之失能老人"都作为老年人监护的保护对象。

在确定了"心神丧失或精神耗弱致不能处理自己事务之老人"和"有接受长期照顾服务必要之失能老人"为老年人监护的保护对象之后,接下来就要考虑如何认定符合保护条件的老年人了。对于"心神丧失或精神耗弱致不能处理自己事务之老人"的认定,一般由符合条件的精神科医师进行。对于"有接受长期照顾服务必要之失能老人"的认定,笔者认为我国台湾地区对于失能老人的主要认定标准具有借鉴意义。台湾地区将失能老人分为三类,即轻度失能、中度失能和重度失能。其中,轻度失能者是指经过日常生活基本活动能力评估,确定其于进食、移位、如厕、洗澡、平地走动、穿或脱衣裤鞋袜等六项活动中,有一项或者两项需要他人协助者;或者经过日常生活重要活动能力评估,确定其于上街购物、外出活动、食物烹调、家务维持、洗衣服等五项活动中,有三项以上需要他人协助且独居者。中度失能者是指经过日常生活基本活动能力评估,确定其于进食、移位、如厕、洗澡、平地走动、穿或脱衣裤鞋袜等六项活

---

① 《论语·子路》。

动中,有三项或者四项需要他人协助者。重度失能者是指经过日常生活基本活动能力评估,确定其于进食、移位、如厕、洗澡、平地走动、穿或脱衣裤鞋袜等六项活动中,有五项或者六项需要他人协助者。① 对于日常生活基本活动能力评估和日常生活重要活动能力评估,台湾也有非常具体细致的问卷调查表,用以对老年人的失能程度进行准确界定。日常生活基本活动能力评估的问卷调查项目包括进食、移位、如厕、洗澡、平地走动、穿脱衣裤鞋袜、个人卫生、上下楼梯、大便控制、小便控制等十项。日常生活重要活动能力评估的问卷调查项目包括上街购物、外出活动、食物烹调、家务维持、洗衣服、使用电话、服用药物、处理财务等八项。② 笔者认为,以上所述台湾地区将失能老人根据具体细致的调查问卷结果进一步细分为轻度失能者、中度失能者和重度失能者的做法值得我国大陆在未来老年人监护制度立法中进行借鉴。

应由何种机构来具体实施对老年人失能程度的评估也是制度设计时必须考虑的一个问题。我国台湾地区的做法是由县(市)政府派员实地评估个案之失能程度,除主要参考日常生活基本活动能力评估和日常生活重要活动能力评估的结果外,也结合个案的健康状况(包括意识状况、营养状况、疾病史、沟通能力、是否使用辅助器械、肌力及关节灵活度等)、认知能力、家居环境、家庭支持状况及社会资源利用状况等进行综合评估,以确定失能程度等级。③ 笔者建议大陆可以考虑由社区工作人员对个案进行评估,由各级民政部门对评估进行登记、管理和监督。而且,应由有权申请监护宣告或辅助宣告之人来申请对失能老人的失能程度进行评估。

2. 老年人监护的方式

由于需要监护的老年人各自的情况不同,因此老年人监护的主要履行方式也不同。虽然对于老年人的照顾目前并未在法律层面上以监护名之,但在一些国家和地区的实践中对老年人的照顾和帮助主要有三种表现形式:居家照顾、社区照顾和机构照顾。其实,从监护的角度来看,我们也不妨将以上三种形式称为居家监护、社区监护和机构监护。笔者下文结合我国台湾地区"老

---

① 伍小兰、曲嘉瑶:《台湾老年人的长期照护》,中国社会出版社2010年版,第150页。
② 伍小兰、曲嘉瑶:《台湾老年人的长期照护》,中国社会出版社2010年版,第122~128页。
③ 伍小兰、曲嘉瑶:《台湾老年人的长期照护》,中国社会出版社2010年版,第150页。

人福利法"对这三种老年人监护方式进行具体介绍。

台湾地区"老人福利法"第 17 条规定了"提供居家式服务"。为协助失能之居家老年人得到所需之连续性照顾,主管机关应自行或结合民间资源提供下列居家式服务:(1)医护服务。(2)复健服务。(3)身体照顾。(4)家务服务。(5)关怀访视服务。(6)电话问安服务。(7)餐饮服务。(8)紧急救援服务。(9)住家环境改善服务。(10)其他相关之居家服务。第 18 条规定了"提供小区式服务"①。为提高家庭照顾老年人之意愿及能力,提升老年人在小区生活之自主性,主管机关应自行或结合民间资源提供下列小区式服务:(1)保健服务。(2)医护服务。(3)复健服务。(4)辅具服务。(5)心理咨商服务。(6)日间照顾服务。(7)餐饮服务。(8)家庭托顾服务。(9)教育服务。(10)法律服务。(11)交通服务。(12)退休准备服务。②(13)休闲服务。(14)信息提供及转介服务。(15)其他相关之小区服务。第 19 条规定了"提供机构式服务"。为满足居住机构老年人之多元需求,主管机关应辅导老年人福利机构依老年人需求提供下列机构式服务。(1)住宿服务。(2)医护服务。(3)复健服务。(4)生活照顾服务。(5)膳食服务。(6)紧急送医服务。(7)社交活动服务。(8)家属教育服务。(9)日间照顾服务。(10)其他相关之机构式服务。前项机构式服务应以结合家庭及小区生活为原则,并得支持居家式或小区式服务。

依据上述规定并根据我们的生活常识可知,居家监护、社区监护和机构监护这三种方式并不是相互独立而是互为补充、互有联系的。换句话说,监护的职责并非完全由家庭成员来承担,也并非完全由政府来承担,而是两者相互配合来实现对老年人的保护。也就是说,监护制度并非完全的私法制度也并非完全的公法制度,而是兼具私法和公法性质的一种制度。在笔者看来,上述监护履行方式只是表面现象,它的实质其实是一种对于老年人较为明智的认识,即承认老年人既是家庭成员又是社会成员的双重身份。前述我国台湾地区"老人福利法"中规定的"提供居家式服务"、"提供小区式服务"和"提供机构式服务"其实主要是从公共监护,即政府责任的角度来进行规范的。而且,从其具体规定中也可以看出,公共监护也并非完全取代了以家庭为基础的监护,

---

① "小区式服务"在大陆通常称为"社区服务"。

② 台湾地区的强制退休年龄为 65 岁,因此已满 65 岁的老人有可能需要在办理退休手续等方面获得帮助。

更多的是对于以家庭为基础的监护提供支持和补充。当然,对于无法以家庭为基础获得所需之监护的老年人,公共监护确实是作为最后的保护方式而发挥作用的。而且,我们还可以从监护关系的角度来认识这一问题。我们看到,在上述三种监护方式中,尽管大部分需要监护的老年人还是以家庭为基础获得监护而仅有少部分需要监护的老年人是完全依靠专门的机构而得到监护,或者换句话说,在大部分的监护关系中,监护人主要还是家人,[①]但是与传统民法上理解的监护人所不同的是,现在由家庭成员担任的监护人也被理解为既以家庭成员之身份同时也以社会成员之身份在履行监护职责。因此,在其力有不逮之时,公共监护便可以向其伸出援手。而且,对于此类由家庭成员担任的监护人,公共监护体系还为其提供了许多其他的资源和便利条件。对此,笔者将在下文"政府和社会责任担当的具体方式"部分详述,故此处不赘。

综上所述,笔者认为老年人监护应该是由家庭、社会和政府共同承担责任,以家庭和社区为主要依托,以社会和政府的力量为主要资源保障的多元方式。

3. 政府和社会责任担当的具体方式

政府和社会在老年人监护中除了直接参与监护的多元方式外,还应承担以下一些具体的责任。

(1)政府相关部门应定期对老年人的生活状况进行调查,并相应调整关于老年人的政策、计划、项目等。

(2)以政府财政拨款或者社会募捐的方式筹集专项基金,并由相关主管部门用以对于低收入且需要监护的失能老人本人提供补贴,或者对由家庭成员进行监护的此类老年人之监护人提供补贴。

(3)为实际履行监护职务的老年人之家人,提供培训、信息支持、其他监护方式的支持以及喘息服务等。其中,喘息服务是指为了让家庭照顾者有暂时休息的机会,将家中需要照顾的失能老年人送至护理之家或养护机构接受照顾的服务。喘息服务的对象是家庭照顾者。当家庭照顾者因病或因故而短期或临时无法照顾老年人时,可暂时将老年人送到办理临托服务的老年人养护机构或护理之家,以舒缓家庭照顾者的压力和情绪,并确保老年人受到良好的

[①] 因为无论是居家监护、社区监护还是机构监护,从广义上来讲都是公共力量对于家庭成员作为监护人的支持和补充方式。

专业照顾。①

(4) 开发并提供老年人生活所需之辅助用具,鼓励并支持各类老年人志愿组织的兴办。

(5) 以社区为单位,建立对老年人志愿服务的"时间银行"体系。"时间银行"体系的具体运作方式是,首先对志愿服务者所提供的志愿服务的时数进行登记并"储存"到该志愿者的"时间账户"上。等到自己有需要时,志愿者可以将其"储蓄"的"时间货币"提取出来使用。"时间储蓄"可以"互助券"的形式在各社区进行,其实质是互助互信、相互受益。② 身心健康状况较好的老年人也可以担任志愿者并"储蓄"自己的志愿服务,等到自己年迈乏力、身心衰弱时,就可以通过"时间银行"体系而获得同等时数的志愿服务。

笔者自知,上述内容和相关建议单纯从学术角度来看显然已经超出了法学尤其是监护制度的范围,但愿能够因其出于一个诚实思考者的忧患意识而得到读者的宽宥。

第三节　老年人监护制度所需的良性环境

法律制度的构建如果仅仅停留在文本的层面而缺乏其赖以存活的环境,则这种构建最终必然是失败的。对此,我国古人早已有深刻认识,古人所讲"徒法不足以自行"正是对这种认识的精辟概括。因此,笔者在本节中想进一步讨论老年人监护制度所需要的良性环境这一问题。在此,"环境"主要是指社会文化环境。笔者认为,如果我们不是在一种较为狭隘的意义上理解"创新"的话,则构建制度属于创新,将我国传统文化中的精华加以继承并在此基础上营造制度运行所需的良好环境则是更深远意义上的和更高层面的创新。因为在笔者看来,观念的创新是制度创新的源头活水。基于这种认识,笔者将在下文中从我国传统文化的角度进行反思,以期对我国老年人监护制度及其他关系老年人切身利益的制度之良性运行环境尽绵薄之力。笔者的反思主要集中在中国传统文化中的伦理观念、敬养老人的孝文化两个方面。

---

① 伍小兰、曲嘉瑶:《台湾老年人的长期照护》,中国社会出版社 2010 年版,第 56 页。
② 伍小兰、曲嘉瑶:《台湾老年人的长期照护》,中国社会出版社 2010 年版,第 85 页。

一、重估传统伦理观念之价值

陈来先生关于传统的历史性权威之阐述极其精辟,可以作为我们看待传统的一个基本立场。他谈到:"历史作为过去,其本身可以具有权威意义,因为它代表了人类过去超出个体经历的经验。从而,任何一种在历史上绵延发展的传统本身具有一种由时间性赋予的、相对独立的权威,即历史性权威。"[①]在此基础上,他还谈到了价值对于历史性权威的依赖,认为"价值不取得一种外在的权威形式,或通过某种权威性的途径,其内化必定是不充分和不完善的。每一社会必须依某种形式建立价值的权威,价值不具有权威性就无法对社会进行引导,对个体实现制约。但价值的权威性不是自然拥有的,价值必须也必然从历史或通过历史来获得自己的权威形式。如果一个文化系统中价值的权威不能依赖于宗教性的最高存在,那么,它必然地,至少在某一程度上依赖传统的历史性权威,即'过去'本身的权威及经典的历史性权威"[②]。伦理观念则正是这样一种获得了历史权威性的价值。近现代以来,伦理观念受到了来自西方文化的强烈冲击,其价值受到了质疑甚至摒弃。但是,当今世界正面临生态危机、能源危机、核武器危机、恐怖危机和道德沦丧之危机,西方国家一些有识之士纷纷将目光投向了中国的传统文化,投向了传统文化中的伦理观念。这种"墙内开花墙外香"的现象是值得我们深思的。因此,我们中国人自己重估传统伦理观念之价值就更是一种责任了。

(一)伦理观念的一脉相承

伦理观念在中国历史上源远流长,且一脉相承绵延了数千年之久。"礼"则被认为是伦理观念的核心内容。据记载,"古之时,未有三纲六纪,民人但知其母,不知其父,能覆前而不能覆后,卧之法法,起之吁吁,饥则求食,饱则弃余,茹毛饮血而衣皮革,于是伏羲仰观象于天,俯察法于地,因夫妇,正五行,始是人道"[③]。另有记载,"伏羲以来,五礼始彰,尧舜之时,五礼咸备"[④]。以上记载虽不可考,但至少我们可以肯定一点,即礼在伏羲时代即有发端。谈到礼的

---

① 陈来:《传统与现代——人文主义的视界》,三联书店2009年版,第297页。
② 陈来:《传统与现代——人文主义的视界》,三联书店2009年版,第299页。
③ 《白虎通·号篇》。
④ 《通典·礼一》。

起源,荀子曾言"礼有三本",即"天地者生之本","先祖者类之本","君师者治之本"①。"君师者治之本"是后来儒家对古礼的发展,但以"天地者生之本","先祖者类之本"来说明古礼的起源还是恰当的。因为最早的礼制正是从效法天地建立夫妇关系开始的,因此礼在源头上就带有一定的自然宗教之色彩,是以"敬"作为心理基础从而具有约束作用的。礼制分为五大类,即:吉礼、凶礼、军礼、宾礼、嘉礼,合称五礼。伏羲氏首建夫妇关系的嘉礼,次为神农氏建吉礼,其后黄帝建其余诸礼。②

由于礼制在源头上就表现为一套包罗甚广的人类生活规范,因此,之后的历朝历代都对它加以承袭,其中最为突出的表现即周礼和以孔子为代表的儒家所推崇的儒家伦理。史上虽有"周公制礼"之说,但周公制礼并非平地起高楼,而是在古礼的基础上对其加以整理和系统化,是古礼的一个集大成者。周公之礼之所以在历史上影响巨大实则和周礼的实施效果有关。周公以礼治国,将礼作为行为规范贯彻到当时社会生活的方方面面,尤其是他推行的"立子立嫡制度"树立了亲亲尊尊的宗法伦理观念,在当时产生了"经国家、定社稷、序民人、利后嗣"的积极效果。正因为如此,周礼在后来得到了孔子的大力推崇,孔子"克己复礼"的思想就是指要恢复周礼;"周监于二代,郁郁乎文哉!吾从周"③则更直白地表达了孔子对周礼的向往。而后来孔子所开创并且成为中国传统文化主流意识形态的儒家伦理观念中也间或可见周礼的影子。

以孔子为代表并被传承数千年之久的儒家之伦理观念的具体内容又是什么呢?被称为"中国最后一位儒家"的梁漱溟先生的一段描述最能展现儒家伦理观念之内容。梁先生说:"伦理关系,即是情谊关系,亦即相互间的一种义务关系。人生实存于各种关系之上,而家人父子乃其天然基本关系;故伦理首重家庭。父母总是最先有的,再则有兄弟姐妹。既长,则有夫妇,有子女;而宗族戚党亦即由此而生。出来到社会上,于教学则有师徒,于经济则有东伙,于政治则有君臣官民,遇事相助则有乡邻朋友。随其年龄和生活之展开,而有其若近若远四面八方数不尽的关系。是关系,皆是伦理,皆有其情与义。然为表示彼此亲切,加重其情与义,则于师,恒曰'师父',而有'徒子徒孙'之说;于官,恒

---

① 《荀子·礼论》。
② 姜军、孙镇平:《中国伦理化法律的思考》,华文出版社1999年版,第215页。
③ 《论语·八佾》。

曰'父母官',而有'子民'之说;于乡邻朋友,则互以伯叔兄弟相称谓。举整个社会各种关系,而一概家庭化之,务使其情益深,其义益重。由是乃使居此社会中者,每一个人对于其四面八方的伦理关系,各负有相当义务。全社会之人,不期而辗转互相连锁起来,无形中成为一种组织。——我们所说'中国社会以伦理为组织',即指此。"①梁先生这段话,将儒家的伦理观念阐述得极为明白,也代表了传统的知识分子对儒家伦理的一种典型理解。我们现在所谓的伦理观念,一般也是指在这个意义上的儒家之伦理观念。

(二)伦理观念对法律制度的影响

学界对于中国传统法律一直有"伦理化的法律"或"法律的伦理化"之说法,足见伦理观念对于法律制度影响之深远。可以说,我国传统社会的法律都或多或少地受到了儒家伦理观念的影响,其中受到伦理观念影响最大的当属"一准乎礼"的唐律。唐初以礼法结合为核心的法律思想,是在总结秦汉魏晋南北朝立法经验的基础上,取其精华损益而成。儒家纲常礼教与法律的结合,自汉代开始以来,经历数百年演化渗透的融合过程,至唐代已达到发展的顶峰,成为中国伦理法律的代表,实现了"礼"与"法"的统一。所谓唐律"一准乎礼",是指唐律完全以儒家伦理纲常作为立法的指导思想和定罪量刑的理论依据。②

"一准乎礼"是唐律的核心精神,它具体表现在以下几个方面:第一,唐律以礼作为立法依据。《唐律疏议》提出的"德礼为政教之本,刑罚为政教之用"确立了礼作为立法依据的地位。"三纲五常"作为儒家所推崇的"礼"的具体规范形式,在唐律中都有充分的反映。首先,作为"三纲"之首的"君为臣纲"就被唐律加以确立和维护。例如,"谋反、谋大逆"等危及皇室君权统治的行为,都被规定在"十恶"范围内加以重点打击;再如,处罚有碍于皇帝生命安全、尊严及权力行使的规定遍布唐律各篇,其中专涉侵犯皇权而处死刑的条文就不下20条。③ 其次,唐律对父权与夫权也加以严格维护。唐律中规定了男性尊长作为家父拥有财产权、对子孙的教令权和主婚权。唐律中对男尊女卑的夫权统治也加以维护。这从夫妻相殴斗的同罪异罚即可看出。《唐律·斗讼二》

---

① 梁漱溟:《中国文化的命运》,中信出版社2010年版,第134~135页。
② 姜军、孙镇平:《中国伦理化法律的思考》,华文出版社1999年版,第215页。
③ 姜军、孙镇平:《中国伦理化法律的思考》,华文出版社1999年版,第215页。

"妻殴詈夫"条规定:"诸妻殴夫,徒一年。若殴伤重者,加凡人斗伤三等,死者,斩。"反之,如果是夫"诸殴伤妻者,减凡人二等。死者以凡人论"①。可见唐律处理斗伤罪,因夫妻身份之不同而量刑一加一减,对其尊卑之确定昭然若揭。唐律中,类似以上所举维护纲常伦理的例子实在是不胜枚举。第二,以礼为注释经典。唐律的"疏议"部分以概念准确、阐述详明、语言凝练、逻辑严谨而著称,而长孙无忌等人注疏唐律,往往直接引证于礼。如《名例律》疏解"大不敬"罪曰:"礼者,敬之本;敬者,礼之舆。故《礼运》云:'礼者,君之柄,所以别嫌明微,考制度,别仁义。'责其所犯既大,皆无肃敬之心,故曰'大不敬'。"另据粗略统计,唐律直接引证"三礼"疏律者达50余处之多,引其他儒家经典则更是不尽详计。② 第三,唐律中"矜老恤幼"的规定也是对儒家伦理观念的体现。唐律中有如下一些规定:"年七十以上,十五以下及废疾犯流罪以下,收赎";"年八十以上,十岁以下及笃疾,犯反、逆、杀人应死者,上请";"九十以上,七岁以下,虽有死罪,不加刑"。这些规定显然也是儒家伦理观念法律化的著例。

除了唐律作为典型代表反映了我国传统法律的伦理化特征之外,其他朝代的法律也都受到伦理观念的影响,并且其社会之兴衰似乎也与其对伦理观念的接受或拒斥不无关联。儒家伦理思想本身的超越现实性决定了它在不同的社会制度和不同的社会结构下都有其存在的意义与价值。

(三)伦理观念对当今社会现实之镜鉴

儒家的伦理观念从本质上反映出儒家的社会理想,或者说儒家伦理观念即是儒家社会理想的具体实施方略。儒家的社会理想从以下儒家典籍中即可见一斑。《礼记·礼运篇》云:"故人不独亲其亲,不独子其子。使老有所终,壮有所用,幼有所长,鳏寡孤独废疾者,皆有所养。"《论语·公冶长》有云:"老者安之,朋友信之,少者怀之。"尽管任何一个社会都不可能完全实现儒家的社会理想,但至少我国传统社会的确是以儒家的这种社会理想为目标来构筑其社会生活之方方面面的。直到近现代,我们国家因为受西方文化的影响,才逐渐背离了儒家的这种社会理想。

儒家的伦理观念及其社会理想从被称之为"伦理本位"的我国传统社会的财产关系上最能表现出来。梁漱溟先生对此有一段精辟的说明:"伦理社会

---

① 姜军、孙镇平:《中国伦理化法律的思考》,华文出版社1999年版,第217页。
② 姜军、孙镇平:《中国伦理化法律的思考》,华文出版社1999年版,第221页。

中,夫妇、父子情如一体,财产是不分的。有时祖父在堂,则祖孙亦不分;父母在堂,则兄弟等亦不分。分则视为背理。——是曰共财之义。不过伦理感情是有差等的,而生活以分居为便,故财不能终共。于是在兄弟之间或近支亲族间,便有分财之义。最初是在分居时分财,分居后富者时或再度分财于贫者。亲戚朋友,彼此间有无相通,是曰通财之义。通财,在原则上是要偿还的:盖其分际又自不同。遇到某一种机会,施财亦是一种义务;则大概是伦理上关系最宽泛的了。要之,在经济上皆彼此顾恤,互相负责,有不然者,群指目以为不义。此外如许多祭田、义庄、义学等,为宗族间共有财产;大都是作救济孤寡贫乏和辅助教育之用。这是从伦理负责观念上产生出来的一种设备,与集体生活相似而不同。我们可以看出这种社会经济生活,隐然有似一种共产。不过其相与为共的,视其伦理关系之亲疏厚薄为准:愈亲厚,愈要共,以次递减。同时,亦要看这财产之大小:财产愈大,将愈为多数人所共。盖无力负担,人亦相谅;既有力量,义务随之而宽。然则其财产不独非个人有,非社会有,抑亦非一家庭所有;而是看作凡在伦理关系中都有份的了。"①

儒家的社会理想所描绘的景象以及伦理社会的财产关系与当今的社会现实大相径庭,恰成对照。正如学者所指出的,儒家主张上下"和敬",邻里"和顺",家庭"和亲"。虽然古代儒家处理的人际关系范围要比现代社会来得狭小,但其处理人际关系的原则具有普遍性。现代工业社会与后工业社会,人际疏离、家庭解体、老人失养的现象日趋普遍。现代社会组织以法律为依托,得以使内部秩序严整有序,但上下左右的关系未臻和谐。"和"所倡导的并不是单向的行为,是个人作为主体的、相互的尊重、理解和关怀,这对现代科层官僚社会的人际关系可以提供矫治的基础。② 学者所指出的"人际疏离、家庭解体、老人失养"的现象在我们国家也逐渐严重。在此,以史为鉴、重估传统伦理观念的价值就显得很必要了。

二、重拾我国传统孝道精神

"孝"的思想在我国起源很早,后来经过孔子的阐释,最终成为儒家伦理观念的重要构成部分。有学者指出,孔子的伦理观念以"仁爱"为最高原则,以

---

① 梁漱溟:《中国文化的命运》,中信出版社 2010 年版,第 135～136 页。
② 陈来:《传统与现代——人文主义的视界》,三联书店 2009 年版,第 215 页。

"孝悌"为其基本规范。① 此言不谬。而"孝悌"之中,"悌"又是从"孝"推演而来。可见,"孝"是儒家伦理观念的核心内容之一。"孝"在我国文化传统中一直受到重视与倡扬。但是到了近现代,由于受到西方文化的冲击,"孝"被视为一种封建思想而受到排斥。笔者认为,当代的社会现实已经迫使我们重新对"孝"的价值进行思考。

(一)"孝"的起源与含义

"孝"的起源与原始宗教的祭祀活动有关。据学者介绍,"孝"作为一种观念成于周代。在西周,孝的主要含义是尊祖敬宗的"追孝",孝的对象主要是过去的祖先而非健在的父母,孝主要产生并体现于对祖先的祭祀活动中,具有浓厚的宗教意味。② 生儿育女、传宗接代成为孝的最初含义之一似乎也与尊祖敬宗的"追孝"观念有关,因为既然祭祀祖先被视为孝举,那么生儿育女、传宗接代,使得尊祖敬宗的祭祀活动后继有人也就是孝的题中应有之义了。但是,到了春秋至战国之际,孝的含义发生了重大转变,即由西周和春秋时的尊祖敬宗、生儿育女、传宗接代之初始含义,转向了"善事父母"之含义。③ 这种转变以当时社会状况和家庭结构的变化为客观背景,但儒家对"孝"所进行的阐释与发挥则是孝的含义发生转变的主因。较之周代重神事之倾向,孔子则强调重人事。而重人事就要求对人与人之间的相处之道提出规范,而人与人之间的关系最重要的当然是血缘关系,因此亲子关系就成为首先需要规范的关系。于是孔子提出了"善事父母"的孝作为规范,后来儒家对孝的理解也正是基于"善事父母"这一核心,并且儒家这种对"孝"的阐释成为一种稳定的孝文化而绵延至今。

儒家以"善事父母"为核心的孝观念包含以下几个方面:第一,在心理层面,强调"孝"以"敬"为基础。《论语·为政》载:"子游问孝。子曰:'今之孝者,是谓能养。至于犬马,皆能有养,不敬,何以别乎?'"其实,敬是孝的本质,这是和孝的宗教起源分不开的。正如学者所言:"周代之孝不过表现为对祖先宗主的敬,而孔子之孝主要要求敬父母。"④ 可见,儒家强调的敬,只是敬的对象为

---

① 肖群忠:《孝与中国文化》,人民出版社2001年版,第35页。
② 肖群忠:《孝与中国文化》,人民出版社2001年版,第35页。
③ 肖群忠:《孝与中国文化》,人民出版社2001年版,第37页。
④ 肖群忠:《孝与中国文化》,人民出版社2001年版,第36页。

父母而已。第二,在行为规范层面,把行孝与守礼结合在一起。《论语·为政》记载:"孟懿子问孝。子曰:'无违。'樊迟御,子告之曰:'孟孙问孝于我,我对曰无违。'樊迟曰:'何谓也?'子曰:'生,事之以礼;死,葬之以礼,祭之以礼。'"这里即强调无论父母生前还是死后,都应按照礼的规定来行孝。① 第三,在孝的标准方面,以"事父母几谏"将"孝"与"愚孝"区别开来。孔子所言"事父母几谏"与《礼记·内则》所谓"父母有过,下气怡色柔声以谏,谏若不如,起敬起孝,悦则复谏"的思想是相通的。② 可见,"孝"的标准并非不分是非、毫无原则的"愚孝",而是讲求方式方法、对父母之过可进行劝谏的明智之孝。

(二)历史上以"孝"入法

儒家以"善事父母"为核心的孝道观念不但在思想文化层面发挥着作用,还渗透到了作为行为规范并具有强制力的法当中。以"孝"入法主要表现在如下几个具体方面。

1. "不孝"入罪。中国传统法律是伦理化的法律,所以其中体现包括"孝"在内的伦理思想之处不胜枚举,但最能直接反映伦理化法律中对"孝"的肯认的,恐怕要数"不孝"入罪了。在唐、元、明、清的法律中,"不孝"的罪名都被列入"十恶"之范围;对于"不孝"的内容,也都在名例(相当于总则部分)上作了列举,包括告言诅骂祖父母父母、祖父母父母在别籍异财、供养有缺、居父母丧自身嫁娶、作乐释服从吉、闻丧匿不举哀、诈称祖父母父母死等项;对于如何治罪在条文(相当于分则部分)中也都有明确的规定。而且,即便不在"不孝"所列举的范围内,对于子女对父母的不逊行为,父母仍然可以上告,法司同样会受理。此外,父母如果以不孝的罪名呈控,请求将子处死,往往也不会遭到拒绝,虽然被告之子的不孝行为可能罪不至死。③

2. 留养。魏《法例律》中即有关于留养的规定,指犯流罪而祖父母、父母年老,无人侍养,鞭笞留养,亲终从流,不在原赦之例。唐、宋律规定,祖父母、父母老疾无人侍养者,流罪亦可权留养亲,但不在赦例,如以后家有进丁或亲终已期年,仍须流配。明、清律规定,凡是犯徒流刑而合乎留养条件的,止杖一百,余罪收赎,存留养亲。留养之后,亲终亦不再流配,显然比魏律和唐、宋律

---

① 肖群忠:《孝与中国文化》,人民出版社2001年版,第37页。
② 肖群忠:《孝与中国文化》,人民出版社2001年版,第38页。
③ 瞿同祖:《中国法律与中国社会》,中华书局2003年版,第11页。

的规定更宽。①

3. 代刑。犯人犯了重罪,本来在法律上没有宽宥的理由,但因为传统法律对伦常孝悌之道的崇尚,犯人往往可以因为其子孙兄弟请求代为服刑而刑罚被赦免或减轻。历史上对于此类代刑之例多有记载。学者曾提到以下两例:(1)古时山阳民有父得罪当杖,其子代请。明太祖说:"今此人身代父母,处于至情。朕为孝子屈法以激天下,其释之。"(2)景泰时阳谷县主簿马彦斌犯斩罪,子震奏愿代死。法司为请,特宥彦斌,编震充边卫军。因有例可循,犯人的子孙兄弟往往可以依例声请。明宪宗时甚至规定凡民八十以上及笃疾有犯,应永戍者,以子孙发遣。② 可见,在传统的司法实践中,代刑有时不但可以是一项权利,甚至也可以成为一项义务。

(三)"孝"的当代价值

中华民族的"孝"文化源远流长,尤其是儒家以"善事父母"为核心的"孝"道观念不但对中国文化有着深远的影响,其影响力甚至远及日、韩等亚洲国家。在21世纪的今天,甚至西方国家也对中国的"孝"文化传统深感兴趣。作为炎黄子孙的我们,就更加有责任与义务来阐发"孝"的当代意义与价值。

有学者将孝在当代的价值概括为五个方面:(1)孝有助于当代社会养老问题的解决;(2)弘扬孝文化有助于家庭亲子关系和代际关系的和谐,进而推动和谐社会建设;(3)弘扬孝文化有助于推动当代社会的道德建设;(4)弘扬孝文化有助于提高中华民族的凝聚力,有助于构建中华民族的精神家园;(5)弘扬孝文化有助于中华文化走向世界,推动世界和平。③ 笔者非常赞同该学者的概括,认为孝文化是医治当今诸多社会弊病的一剂良药;尤其是在对待家庭和社会中的老年成员时,以"敬"为本的孝文化对我们的行为具有指导意义。而且,传统孝文化包含的对老年人的积极理解也对我们具有启示意义。今天许多人往往认为老年人是社会和家庭的负担。但我们在日常生活的语言中却有许多对"老"的价值之肯定,例如,"不听老人言,吃亏在眼前","老将出马,一个顶俩"……这种对"老"的肯定,其实包含着人类生活经验的智慧,也是值得我

---

① 瞿同祖:《中国法律与中国社会》,中华书局2003年版,第70页。
② 瞿同祖:《中国法律与中国社会》,中华书局2003年版,第67~68页。
③ 肖群忠:《中华孝道的当代价值与实践弘扬》,载肖群忠、王才、肖波:《孝文化与构建和谐社会》,武汉出版社2009年版,第12页。

们重新认识和思考的。

强调在当代社会重新弘扬孝文化并非要将对于老年人的责任完全推卸给家庭,而是需要在新的意义上阐释"孝"的当代价值。已有学者正确地指出,我们应该构建家庭、政府和社会"三孝合一"的大孝道,以彰显中华传统孝文化在老年人权益保障方面焕发出的新魅力。① 该学者认为,应该进一步明确政府和社会的责任,推进政府"孝政"和社会"慈孝"。在推进政府"孝政"方面,该学者也提出了如下一些具体建议:(1)公务员应带头践行孝道,将尽孝作为公务人员基本行为规范的内容之一;(2)政府应树立孝子典型并予以奖励;(3)对于尽孝的老年人之子女,应当在税收、住房、医疗等方面给予优惠和支持。在推进社会"慈孝"方面,该学者也建议社会力量投资兴办养老机构,并发展针对老年人的社会工作者队伍、志愿者团体、民间组织和社区服务组织等,使全社会兴起敬老孝老的孝文化风尚。② 笔者认为,学者的以上观点对于老年人监护制度的构建极具启发意义。

在本章的最后,笔者想说的是,任何设计精良的制度,如果缺乏了对其在文化层面的价值认同,那么都将成为一部冷血的机器,并不能给人带来最终的人性关怀。老年人监护制度的构建亦不例外。无论是法定监护制度、意定监护制度、还是公共监护制度,如果失去了对我国传统文化中的伦理精神以及孝文化的认同,则这些制度最终都不可能为老年人带来福祉,甚至可能陷老年人于更深的困苦之中。

---

① 胡泽勇:《重建与创新:充分发挥孝文化对老年人权益的保障功能》,载肖群忠、王才、肖波:《孝文化与构建和谐社会》,武汉出版社 2009 年版,第 308 页。

② 胡泽勇:《重建与创新:充分发挥孝文化对老年人权益的保障功能》,载肖群忠、王才、肖波:《孝文化与构建和谐社会》,武汉出版社 2009 年版,第 310~311 页。

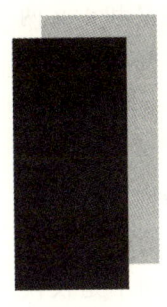

结 语

　　监护制度是民法中的一项古老而重要的制度。它早在《十二表法》时期即已出现。在各个不同的历史时期,监护制度的具体形式也有所不同,主要表现为监护制度的受保护主体范围之不同、保护内容之不同、保护方式之不同等几个方面。但万变不离其宗,无论监护制度的具体表现形式如何变化,其保护社会弱势群体的功能始终没有变。这也是笔者之所以在广义上使用"监护"之概念,并将狭义之"监护"、"保佐"、"禁治产"、"辅助"、"照管"等称谓归之于该广义监护的概念之下的依据。这也是笔者理解整个监护制度的一个重要出发点。笔者的这一出发点是一种"合"的整体思路的体现。曾有学者概括中国文化与西方文化重要的不同在于中国文化重"合"而西方文化重"分"。笔者赞同这种概括,并且认为"分"与"合"各有其用武之地。然而,在本书的写作过程中,笔者主要是受到中国传统文化中"合"的思想之影响。因为,每当进行诚实思考的时候,笔者往往会发现,已经被"分"的思维所肢解的驳杂概念根本无助于我们深入地理解监护制度。为了避免"只见树木,不见森林"的弊端,笔者深感如果不能把握一个"合"而成之的相对完整的整体之制度,则似乎不能奢望了解那被"分"所肢解了的制度之局部。因此,笔者坚守这种对于"合"的追求其实并非刻意为之,而实在是出于诚实思考之必要。

　　本文的主要思考路径是这样的:首先,笔者对目前关于监护制度的理论和学说进行梳理,其中主要涉及监护的概念、性质、分类和功能。另外,在现代民法体系中,监护制度和其他一些具体制度都有着紧密联系,因此笔者也分别对监护制度与行为能力、代理、扶养等制度之间的联系进行了分析,尤其是反思了现代民法中监护制度与行为能力制度的逻辑关系问题,认为监护制度不应以理性主义的行为能力制度为其逻辑前提,而应恪守其保护弱者之立场。其次,笔者对老年人监护制度的价值进行了思考,认为它符合人文主义和正义两种价值在当代语境下的要求。最后,笔者在对国外老年人监护制度立法进行分析和比较的基础上,对我国未来构建老年人监护制度提出了一些建议和设想。

本书尝试进行的创新之处主要有二:一是方法上的创新,二是内容上的创新。方法上的创新主要在于功能分析的方法和价值分析的方法。首先,功能分析的方法使我们能够在一个更为深入的层面上理解监护制度,而不是仅仅停留于一些浅表的词语分析。其次,价值分析的方法使我们能够矫正法学研究上的"工具理性主义"倾向。内容上的创新主要集中在对监护功能的认识、对理性主义及行为能力与监护制度逻辑关系的反思、对监护的国家责任之阐述、对老年人作为家庭成员和社会成员双重身份的理解、对传统儒家伦理和孝道精神的重估等几个方面。

本书的写作也留有不少遗憾之处。其中最大的一处不足在于对我国老年人监护制度的构建未能提出具有可操性的细致设计,而仅限于在理论层面进行的探讨和从宏观体系出发所提的建议。这些不足与缺憾将鞭策笔者继续对老年人监护制度进行细致和全面的研究,以期为我国未来的老年人立法贡献绵薄之力。笔者自知才学浅陋,因此本书恐难免有疏漏讹误之处,诚请学界指正。

参考文献

一、著作

(一)中文著作

[1] 曹诗权:《未成年人监护制度研究》,中国政法大学出版社 2004 年版。

[2] 曹为、王书江译:《日本民法》,法律出版社 1986 年版。

[3] 陈来:《传统与现代——人文主义的视界》,三联书店 2009 年版。

[4] 陈苇:《外国婚姻家庭法比较研究》,群众出版社 2006 年版。

[5] 陈苇:《中国婚姻家庭法立法研究》,群众出版社 2010 年第 2 版。

[6] 陈智慧、李学兰:《婚姻、收养、监护与继承——亲属法原理》,复旦大学出版社 1997 年版。

[7] 陈卫佐译注:《德国民法典》,法律出版社 2004 年版。

[8] 陈鈨雄:《民法总则新论》,台湾三民书局 1982 年版。

[9] 党俊武:《老龄社会引论》,华龄出版社 2004 年版。

[10] 邓曾甲:《日本民法概论》,法律出版社 1995 年版。

[11] 邓正来:《小路上的语与思》,北京大学出版社 2006 年版。

[12] 董莲池:《说文解字考正》,作家出版社 2005 年版。

[13] 费孝通:《乡土中国》,上海世纪出版集团 2007 年版。

[14] 傅静坤:《民法总论》,中山大学出版社 2005 年版。

[15] 付子堂:《法律功能论》,中国政法大学出版社 1999 年版。

[16] 高凤仙:《亲属法:理论与实务》,台湾五南图书出版公司 1998 年版。

[17] 高留志:《扶养制度研究》,法律出版社 2006 年版。

[18] 郭钦铭:《亲属继承:案例式》,台湾五南图书出版公司 2008 年版。

[19] 韩松:《民法学》,中国政法大学出版社 2004 年版。

[20] 何建华:《分配正义论》,人民出版社2007年版。

[21] 何勤华、魏琼:《西方民法史》,北京大学出版社2006年版。

[22] 华东政法学院法律系:《法学新问题探论》,上海社会科学院出版社2000年版。

[23] 姜军、孙镇平:《中国伦理化法律的思考》,华文出版社1999年版。

[24] 蒋月:《民法总论》,厦门大学出版社2007年版。

[25] 蒋月、何丽新:《婚姻家庭与继承法》,厦门大学出版社2002年版。

[26] 金眉:《唐代婚姻家庭继承法研究:兼与西方比较》,中国政法大学出版社2009年版。

[27] 李超:《老年维权之利剑——老年人法律保护制度研究》,上海人民出版社2007年版。

[28] 李开国:《民法原理与实务》,中国政法大学出版社2002年版。

[29] 李浩培、吴传颐、孙鸣岗译:《法国民法典》,商务印书馆1979年版。

[30] 李少伟、王延川:《私法文化:价值诉求与制度构造》,法律出版社2009年版。

[31] 李双元、温世扬:《比较民法学》,武汉大学出版社1998年版。

[32] 李霞:《民法典成年保护制度》,山东大学出版社2007年版。

[33] 李霞:《婚姻家庭继承法学》,山东大学出版社2006年版。

[34] 李宜琛:《民法总则》,中国方正出版社2004年版。

[35] 李瑜青等:《人文精神与法治文明关系研究》,法律出版社2007年版。

[36] 梁鸿、赵德余等:《人口老龄化与中国农村养老保障制度》,上海世纪出版集团2008年版。

[37] 梁慧星:《中国民法典草案建议稿附理由·亲属编》,法律出版社2006年版。

[38] 梁慧星:《中国民法典草案建议稿附理由·总则编》,法律出版社2004年版。

[39] 梁慧星:《民法总论》,法律出版社2001年版。

[40] 梁慧星:《中国民法经济法诸问题》,法律出版社1991年版。

[41] 梁漱溟:《中国文化的命运》,中信出版社2010年版。

[42] 林端:《儒家伦理与法律文化:社会学观点的探索》,中国政法大学出版社2002年版。

[43] 刘得宽:《民法总则》,中国政法大学出版社2006年版。

[44] 刘进田:《人本价值与公共秩序》,中国社会科学出版社2010年版。

[45] 刘进田、李少伟:《法律文化导论》,中国政法大学出版社2005年版。

[46] 刘喜珍:《老龄伦理研究》,中国社会科学出版社2009年版。

[47] 刘云生:《民法与人性》,中国检察出版社2005年版。

[48] 龙卫球:《民法总论》,中国法制出版社2001年版。

[49] 罗结珍译:《法国民法典》(上册),法律出版社2005年版。

[50] 马忆南:《婚姻家庭继承法学》,北京大学出版社2007年版。

[51] 潘允康:《社会变迁中的家庭:家庭社会学》,天津社会科学院出版社2002年版。

[52] 彭万林:《民法学》,中国政法大学出版社1999年版。

[53] 齐云译,徐国栋审校:《巴西新民法典》,中国法制出版社2009年版。

[54] 丘汉平:《罗马法》,方正出版社2004年版。

[55] 渠涛编译:《最新日本民法》,法律出版社2006年版。

[56] 渠涛:《中日民商法研究》(第8卷),法律出版社2009年版。

[57] 渠涛:《中日民商法研究》(第1卷),法律出版社2003年版。

[58] 瞿同祖:《中国法律与中国社会》,中华书局2003年版。

[59] 全国老龄工作委员会办公室:《国外老龄政策概览》,华龄出版社2010年版。

[60] 上海社会科学院法学研究所译:《德意志联邦共和国民法典》,法律出版社1984年版。

[61] 宋健:《中国农村人口的收入与养老》,中国人民大学出版社2006年版。

[62] 宋豫、陈苇:《中国大陆与港、澳、台婚姻家庭法比较研究》,重庆出版社2002年版。

[63] 苏永钦:《民事立法与公私法的接轨》,北京大学出版社2005年版。

[64] 陶立群:《中国老年人社会福利》,中国社会出版社2002年版。

[65] 王歌雅:《扶养与监护纠纷的法律救济》,法律出版社2001年版。

[66] 王洪:《婚姻家庭法》,法律出版社2003年版。

[67] 王利明:《人格权法新论》,吉林人民出版社1996年版。

[68] 王丽萍:《婚姻家庭继承法》,北京大学出版社2010年版。

[69] 汪萍:《婚姻家庭法》,科学出版社2005年版。

[70] 王石泉:《中国老年社会保障制度与服务体系的重建》,上海社会科学院出版社2008年版。

[71] 王书江译:《日本民法典》,中国人民公安大学出版社1999年版。

[72] 汪行福:《分配正义与社会保障》,上海财经大学出版社2003年版。

[73] 邬沧萍、姜向群:《老年学概论》,中国人民大学出版社2006年版。

[74] 伍小兰、曲嘉瑶:《台湾老年人的长期照护》,中国社会出版社2010年版。

[75] 郗杰英、鞠青:《家庭抚养和监护未成年人责任履行的社会干预研究报告》,中国人民公安大学出版社2004年版。

[76] 肖群忠、王才、肖波:《孝文化与构建和谐社会》,武汉出版社2009年版。

[77] 肖群忠:《孝与中国文化》,人民出版社2001年版。

[78] 谢怀栻:《民法总则讲要》,北京大学出版社2007年版。

[79] 徐国栋:《优士丁尼〈法学阶梯〉评注》,北京大学出版社2011年版。

[80] 徐国栋:《民法总论》,高等教育出版社2007年版。

[81] 徐学鹿:《商法研究》(第3辑),人民法院出版社2001年版。

[82] 薛晓明:《转型时期的弱势群体问题》,中国经济出版社2010年版。

[83] 杨大文:《亲属法》,法律出版社2004年版。

[84] 杨大文:《婚姻家庭法学》,复旦大学出版社2002年版。

[85] 杨大文:《婚姻家庭法》,中国人民大学出版社2000年版。

[86] 杨立新:《亲属法专论》,高等教育出版社2005年版。

[87] 杨立新:《侵权行为法》,复旦大学出版社2005年版。

[88] 杨立新:《人身权法论》,人民法院出版社2002年版。

[89] 杨震:《法价值哲学导论》,中国社会科学出版社2004年版。

[90] 曾庆敏:《老年人权益保障与社会发展》,社会科学文献出版社2008年版。

[91] 曾毅等:《老年人口家庭、健康与照料需求成本研究》,科学出版社2010年版。

[92] 张敏杰:《中国弱势群体研究》,长春出版社2003年版。

[93] 郑冲、贾红梅译:《德国民法典》,法律出版社1999年版。

[94] 郑玉波:《民法总则》,中国政法大学出版社2003年版。

[95] 周国平:《安静》,北岳文艺出版社2002年版。

[96] 周谨平:《机会平等与分配正义》,人民出版社2009年版。

[97] 周枏:《罗马法原论》(上),商务印书馆1994年版。

[98] 周运清、彭锦:《空巢老人玫瑰梦》,武汉大学出版社2008年版。

(二)中文译著

[1] [法]安德烈·比尔基埃等:《家庭史》,袁树仁等译,三联书店1998年版。

[2] [英]巴里·尼古拉斯著:《罗马法概论》,黄风译,法律出版社2004年版。

[3] [美]彼得·皮特森著:《老年潮》,王晶译,台湾联经出版事业公司2000年版。

[4] [意]彼德罗·彭梵得著:《罗马法教科书》,黄风译,中国政法大学出版社2006年版。

[5] [日]川岛武宜著:《现代化与法》,申政武等译,中国政法大学出版社1994年版。

[6] [英]丹尼斯·罗伊德著:《法律的理念》,张茂柏译,新星出版社2005年版。

[7] [美]德克尔 D. L. 著:《老年社会学》,沈健译,天津人民出版社1986年版。

[8] [德]迪特尔·梅迪库斯著:《德国民法总论》,邵建东译,法律出版社2001年版。

[9] [德]迪特尔·施瓦布著:《民法导论》,郑冲译,法律出版社2006年版。

[10] [美]E. 博登海默著:《法理学:法律哲学与法律方法》,邓正来译,中国政法大学出版社2004年版。

[11] [日]富井政章著:《民法原论》(第1卷),陈海瀛、陈海超译,中国政法大学出版社2003年版。

[12] [英]亨利·梅因著:《古代法》,高敏、瞿慧虹译,九州出版社2007年版。

[13] [美]亨利·马瑟著:《合同法与道德》,戴孟勇、贾林娟译,中国人民政法大学出版社2006年版。

[14] [美]霍曼、基亚克著:《社会老年学:多学科的视角》,周云等译,中国人口出版社2007年版。

[15] [美]J. R. 埃什尔曼著:《家庭导论》,潘允康译,中国社会科学出版社1991年版。

[16] [美]马克·赫特尔著:《变动中的家庭:跨文化的透视》,宋践、李茹等译,浙江人民出版社1988年版。

[17] [德]马克斯·韦伯著:《经济·社会·宗教》,郑乐平编译,上海社会科学出版社1997年版。

[18] [奥]M. 米特罗尔、R. 西德尔著:《欧洲家庭史》,赵世玲译,华夏出版社

1987年版。

[19] [德]诺贝特·埃利亚斯著:《个体的社会》,翟三江、陆兴华译,译林出版社2003年版。

[20] [法]让·雅克·卢梭著:《社会契约论》,杨国政译,陕西人民出版社2004年版。

[21] [美]理查德·波斯纳著:《衰老与老龄》,周云译,中国政法大学出版社2002年版。

[22] [美]泰格、利维著:《法律与资本主义的兴起》,纪琨译,学林出版社1996年版。

[23] [日]我妻荣、有泉亨著:《日本民法·亲属法》,夏玉芝译,工商出版社1996年版。

[24] [古罗马]西塞罗著:《论老年 论友谊 论责任》,徐奕春译,商务印书馆1998年版。

[25] [古罗马]优士丁尼著:《法学阶梯》,徐国栋译,中国政法大学出版社2005年版。

[26] [美]约翰·罗尔斯著:《正义论》,何怀宏等译,中国社会科学出版社1988年版。

[27] [美]Z. Smith Blau 著:《变迁社会与老年》,朱岑楼译,台湾巨流图书公司1993年版。

(三)外文著作

[1] [日]田山辉明:《成年后见法制の研究》(上卷),成文堂2000年版。

[2] [日]田山辉明:《成年后见法制の研究》(下卷),成文堂2000年版。

[3] [日]沼正也:《亲族法の総论的构造》,京都三和书房1960年版。

[4] Cotterrell, Roger, *Law, Culture and Society*, Ashgate Publishing Limited, 2006.

[5] A. Kimberley Dayton & Thomas P. Gallanis & Molly M. Wood, *Elder Law*, Anderson Publishing Co., 2003.

[6] James A. Thorson, *Aging in a changing society*, New York Brunner-Routledge Company, 2000.

[7] Richard V. Mackay, *The Law of Guardianships*, Oceana Publication Inc., 1980.

[8] Roach, Sharynl & Anleu, *Law and Social Change*, SAGE Publications,

2000.

[9] United Nations, ed., *Living Arrangements of Elder Persons: Critical Issues and Policy Response*, United Nations Publication, 2001.

[10] United Nations, ed., *Aging and the Family*, United Nations Publication, 1994.

[11] Steven Vago, *Law and Society*, Prentice-Hall Inc., 2000.

[12] Alan Watson, *Roman Law & Comparative Law*, the University of Geogia Press, 1991.

二、论文

（一）中文论文（包括学位论文）

[1] 包国祥：《人本主义思潮的历史轨迹》，载《内蒙古民族师院学报》（哲社版）1998年第4期。

[2] 陈宜中：《个人自由、集体安全与社会正义》，载《开放时代》2005年第6期。

[3] 龚梅：《试论我国老年监护制度的构建》，载《法制与社会》2009年第12期。

[4] 顾功耘：《关于商法基础理论的几个问题》，载徐学鹿：《商法研究》（第3辑），人民法院出版社2000年版。

[5] 胡泽勇：《重建与创新：充分发挥孝文化对老年人权益的保障功能》，载肖群忠、王才、肖波：《孝文化与构建和谐社会》，武汉出版社2009年版。

[6] 黄少宽、林琳：《我国人口老龄化问题及其社区服务之对策》，载《中山大学学报》（社会科学版）2000年第6期。

[7] 黄伊梅：《关于希腊古典人文主义的内涵与特质》，载《学术研究》2008年第12期。

[8] 何宏莲、王威武：《老龄化社会背景下我国成年监护制度的立法》，载《学术交流》2007年第5期。

[9] 康娜：《我国老年人监护制度探究》，载《法商研究》2006年第4期。

[10] 李娜：《老年人监护立法研究》，黑龙江大学2008年硕士学位论文。

[11] 李怡、颜同林：《人文主义与五四新文化运动》，载《福建论坛》2006年第1期。

[12] 梁志坚：《术语humanism汉译探讨》，载《天津外国语学院学报》2009年

第 6 期。

[13] 廖申白:《论西方主流正义概念发展中的嬗变与综合(上)》,载《伦理学研究》2002 年第 2 期。

[14] 廖申白:《论西方主流正义概念发展中的嬗变与综合(下)》,载《伦理学研究》2003 年第 1 期。

[15] 孟霞:《当代中国社会人口结构与家庭结构变迁》,载《湖北社会科学》2009 年第 5 期。

[16] 倪娜:《行为能力的现代误解》,载《甘肃政法学院学报》2009 年第 6 期。

[17] 欧阳英:《关于正义的不同认识》,载《哲学动态》2006 年第 5 期。

[18] 潘光旦:《派与汇》,载费孝通:《乡土中国》,上海世纪出版集团 2007 年版。

[19] 任凤莲、高成新:《关于构建我国老年人监护制度的思考》,载《山西大学学报》(哲学社会科学版)2009 年第 3 期。

[20] 王跃生:《当代中国家庭结构变动分析》,载《中国社会科学》2006 年第 1 期。

[21] 王竹青:《德国从成年人监护制度到照管制度的改革与发展》,载《北京科技大学学报》2005 年第 2 期。

[22] 徐贲:《正义和社会之善》,载《开放时代》2004 年第 1 期。

[23] 徐国栋:《普通法中的国家亲权制度及其罗马法根源》,载《甘肃社会科学》2011 年第 1 期。

[24] 徐国栋:《从身份到理性》,载《法律科学》2006 年第 4 期。

[25] 徐国栋等译:《〈十二表法〉新译本》,载《河北法学》2005 年第 11 期。

[26] 徐瑄、谢龙:《现代人文精神与社会主义法治国家》,载《北京大学学报》(哲社版)2000 年第 2 期。

[27] 徐之顺:《论人文精神与构建社会主义和谐社会》,载《南京社会科学》2007 年第 5 期。

[28] 薛军:《法律行为理论在欧洲私法史上的产生及术语表达问题研究》,载《环球法律评论》2007 年第 1 期。

[29] 张芳:《老年人监护制度研究》,扬州大学 2008 年硕士学位论文。

[30] 张黎:《老年人监护制度研究》,黑龙江大学 2009 年硕士学位论文。

[31] 张丽娟:《论我国老年人监护制度的立法完善》,载《山西高等学校社会科学学报》2009 年第 5 期。

[32] 张旭:《海德格尔论人道主义的双重意义》,载《中国人民大学学报》2009年第2期。

(二)外文论文

[1] A. Frank Johns, Guardianship Adjudications Examined within the Context of the ABA Model Rules of Professional Conduct, *Stetson Law Review*, 2007, Vol. 37, No. 1.

[2] Carolyn Johnson & Jane Liddle, The Mental Capacity Act 2005: a New Framework for Healthcare Decision Making, *Journal of Medical Ethics*, 2007, Vol. 33, No. 2.

[3] Jennifer L. Rhine, No One in Charge: Durable Powers of Attorney and the Failure to Protect Incapacitated Principals, *the Elder Law Journal*, 2009, Vol. 17, No. 1.

[4] Charles Sherman, The Debt of the Modern Law of Guardianship to Roman Law, *Michigan Law Review*, 1913, Vol. 12, No. 2.

[5] T. Hari Singh, Mental Health Act 1983: Guardianship Order And Definition Of Mental Impairment, *British Medical Journal*, 1989, Vol. 299, No. 6710.

[6] Pamela B. Teaster & Erica F. Wood & Susan A. Lawrence & Winsor C. Schmidt, Wards of the State: A National Study of Public Guardianship, *Stetson Law Review*, 2007, Vol. 37, No. 1.

[7] Pamela B. Teaster, The Wards of Public Guardians: Voices of the Unfriended, *Families and the Law*, 2002, Vol. 51, No. 4.

[8] Linda S. Whitton, Durable Powers as an Alternative to Guardianship: Lessons We Have Learned, *Stetson Law Review*, 2007, Vol. 37, No. 1.

三、资料

(一)词典

[1]新华词典编纂组编:《新华词典》,商务印书馆1980年版。

[2]谢大任:《拉丁语汉语词典》,商务印书馆1985年版。

[3]马桂琪:《现代德汉词典》,外语教学与研究出版社2004年版。

(二)网络资料

[1]郭彦林、刘红尘:《以养老机构延伸服务社区解决养老难题》,http://

news. sohu. com/20091028/n267803456. shtml,下载日期:2011 年 2 月 26 日。

[2]卫敏丽、刘娟:《民政部:中国未来 5 年步入人口老龄化加速发展期》,http://www. chinadaily. com. cn/micro-reading/china/2011-02-26/content_1869206. html,下载日期:2011 年 2 月 26 日。

西藏老年人权益保护相关立法浅析

随着我国老年人口占总人口比例的不断增加,老年人权益的法律保护问题也日益引起了我国社会的关注。我国也早在1996年就通过了《中华人民共和国老年人权益保护法》(以下简称《老年法》),并在该法第3条提出了"实现老有所养、老有所医、老有所为、老有所学、老有所乐"的保护老年人合法权益的5个"老有"之总体目标。但是这个目标的实现是一个系统工程,不但有赖于我们整个社会的努力以及其他各种制度的配套实施,即便仅就立法的角度而言,《老年法》本身的具体落实和实施也还有赖于各省、直辖市和自治区的地方立法将其进一步细化。而且《老年法》本身也要求各省、直辖市和自治区依照具体情况制定实施办法或者细则。该法第5条规定:"各级人民政府应当将老年事业纳入国民经济和社会发展计划,逐步增加对老年事业的投入,并鼓励社会各方面投入,使老年事业与经济、社会协调发展。国务院和各省、自治区、直辖市人民政府采取组织措施,协调有关部门做好老年人权益保障工作,具体机构由国务院和省、自治区、直辖市人民政府规定。"该法第49条还规定:"民族自治地方的人民代表大会,可以根据本法的原则,结合当地民族风俗习惯的具体情况,依照法定程序制定变通的或者补充的规定。"

依照《老年法》的要求和基本原则,西藏自治区八届人大常委会第二十次会议于2005年9月28日审议通过了《西藏自治区实施〈中华人民共和国老年人权益保障法〉办法》(以下简称《办法》)。该《办法》的条文总数虽然只有29条,但却不乏可圈可点之处。首先,该《办法》充分体现了政府在老年人权益保护中的主导作用,这是非常具有远见的。我们看到,该《办法》的大多数条文都是对于政府相关职责的规定。在当前家庭结构发生巨大变化和家庭养老功能日渐弱化的客观形势下,该《办法》并没有把对老年人的保护、供养、照料等责任大部分都推给家庭成员,而是对政府应当承担的职责进行了具体的规定,应当说这是很有洞见的。这样的立法在本质上反映了一种深刻的思想认识,即把老年人看作应该共享社会发展成果的社会成员和公民,因此政府应负担起相应的义务,而不是将老年人仅仅视为家庭成员,而让家庭承担起对老年人几乎所有的义务。

该《办法》除了反映出立法理念上的先进性,在对《老年法》的具体细化和落实方面也有许多亮点。(1)对"老有所养"作了较为具体的规定。例如,《办法》第4条第2款规定:自治区财政部门应当在国家发行的福利彩票公益金中,每年安排15‰的资金用于老年人事业。《办法》第22条规定:对80周岁以上的老年人,自治区人民政府颁发"寿星证"。对100岁以上的老年人,每人每年发放不低于800元的健康补贴;对90周岁至99周岁的老年人,每人每年发放不低于500元的健康补贴;对80周岁至89周岁的老年人,每人每年发放不低于300元的健康补贴。老年人健康补贴所需资金纳入自治区各级财政预算。离退休老年人健康补贴由民政部门协同工资关系所在单位发放;城乡老年人健康补贴由县级人民政府组织发放。《办法》第23条规定:"城市的老年人,无劳动能力、无生活来源、无赡养人和扶养人的,或者其赡养人和扶养人确无赡养能力或者扶养能力的,由当地人民政府给予救济。农村的老年人,无劳动能力、无生活来源、无赡养人和扶养人的,或者其赡养人和扶养人确无赡养能力或者扶养能力的,由农村集体经济组织负担保吃、保穿、保住、保医、保葬的五保供养,乡、民族乡、镇人民政府负责组织实施。"以上这些规定,对于保障老年人"老有所养"有着切实可行的积极效果。(2)《办法》对于"老有所医"的落实也有较为具体的规定。例如,《办法》第18条规定:"卫生部门应当重视老年病的预防、治疗与研究,采取多种形式普及老年人医疗保健知识,增强老年人自我保健意识;鼓励医疗机构为老年人进行体检、义诊;老年人在挂号、检查、治疗、取药等方面享受优先待遇;有条件的医疗机构应当设立老年人门诊、老年人家庭病床,对行动不便的老年人出诊到户;有条件的地方卫生医疗服务机构为老年人建立健康档案、提供医疗护理、健康检查、保健咨询等多种形式的服务;对90周岁以上的老年人,当地卫生医疗部门应当每年组织为其免费常规体检。"《办法》第23条规定:"各级人民政府及其有关部门应当逐步建立和完善农牧区医疗制度。农牧区老年人可以免交个人医疗筹资款项,有条件的地方,由集体经济组织给予适当帮助;没有条件的地方,当地人民政府给予补贴。"这些措施有力地保障了老年人"老有所医"。(3)《办法》对老年人的优惠待遇也进行了具体可行的规定。例如,《办法》第21条规定:"自治区人民政府民政部门对60周岁以上的老年人发给'西藏自治区老年人优待证',持此证的老年人,在我区行政区域内享受下列优惠待遇:(一)优先购买车票、飞机票,优先上车、登机;(二)到医疗机构就医,优先挂号、就诊、取药、住院,并免收普通挂号费;(三)半价乘坐市内公共交通车;(四)免费使用收费厕所;(五)免费进入公园、博物馆、展览馆、图书馆、纪念馆、老年活动中心;(六)进入旅游景区(点)门票免费。"该条第2款还规定:"县级以上人民政府根据本地条件,可以扩大老年人享受优惠待遇的范围。"以上这些条文的规定,对于保障老年人的合法权益、使老年人共享社会发展成果具有积极的现实意义。

当然,该《办法》同时也存在着一些应予进一步完善之处。依笔者之拙见,《办法》在以下几个方面还有待细化。(1)《老年法》第7条规定:"全社会应当广泛开展敬老、养老宣传教育活动,树立尊重、关心、帮助老年人的社会风尚。青少年组织、学校和幼儿园应当对青少年和儿童进行敬老、养老的道德教育和维护老年人合法权益的法制教育,提倡义务为老年人服务。"而在《办法》中却似乎难以找到对该条进行具体落实的条文。《老年法》第7条从表面上看似乎只是一个原则性规定,并没有具体的实施规则,但该条所具有的重要意义却不容忽视。同时,这也恰恰是地方性立法可以发挥其能动性对其进行补充和细化之处。尤其是对于青少年组织、学校和幼儿园等主体,地方立法可以细化其在敬老、养老的道德教育和维护老年人合法权益的法制教育以及义务为老年人服务等方面的具体职责,例如,规定青少年组织、学校和幼儿园等应定期开展敬老、养老的道德教育和维护老年人合法权益的法制教育活动,并定期开展为老年人义务服务等活动。在建立在市场经济基础上的现代社会中,人们的竞争意识强烈而合作观念相对淡薄,这也就决定了多数社会成员更多地关注社会竞争本身以及竞争的优胜者而漠视竞争中的弱势者和已经退出竞争者。老年人则恰恰就在被忽视之列。但是,老年人的今天就是少年和壮年人的明天和后天。因此,重视和关注老年人,尊老、敬老、养老,应该成为全社会共同的道德风尚。而肩负着教育青少年之使命的学校等教育机构和相关组织,就更应该担负起对青少年学生进行敬老、孝老教育的职责。而且,从另外一个方面来讲,任何法律制度的实施,都需要人们内在的观念的认同与支持,而教育是一种最直接的培养观念的方式。因此,地方立法对学校等主体设定相关敬老教育方面的义务就绝不是多余的。(2)《老年法》第8条规定:各级人民政府对维护老年人合法权益和敬老、养老成绩显著的组织、家庭或者个人给予表扬和奖励。对此,《办法》第5条也作了相应的规定:县级以上人民政府应当协调有关部门做好老年人权益保障工作,并对保障老年人合法权益做出显著成绩的单位、家庭和个人给予表彰奖励。如果说《老年法》由于有待地方立法的变通或补充,对于表彰奖励在保障老年人合法权益方面做出显著成绩的单位、家庭和个人仅作了原则规定尚有情可原,那么西藏自治区实施《老年法》的该《办法》也只有这样的原则性规定就由于缺乏可操作性而显得过于单薄了。同时,《老年法》第38条规定:广播、电影、电视、报刊应当反映老年人的生活,开展维护老年人合法权益的宣传,为老年人服务。而《办法》第6条第2款也对此作了相关规定:自治区各新闻媒体应当积极开展敬老、爱老、养老的宣传,对侵犯老年人合法权益的行为进行舆论监督。笔者窃以为,在表彰、奖励为保障老年人合法权益做出显著成绩的单位、家庭和个人方面,新闻媒体大有可为。地方性立法完全可以考虑将表彰奖励在保障老年人合法权益方面做出显著成绩的单位、家庭和个人与发挥新闻媒体的宣传功能这两个方面结合起来,对新闻媒体设定相关的职责和义务,让新闻媒体发挥表彰奖励和舆论监督的双重职能。(3)《老年法》在其第三章"社会保障"中的第35条规定:发展社区服务,逐步建立适应老年人需要的生活服务、文化体育活动、疾病护理与康复等服务设施和网点。发扬邻里互助的传统,提倡邻里间关心、帮助有困难的老年人,鼓励和支持社会志愿者为老年人服务。《办法》中对于"社区服务"和"社会志愿者为老年人服务"等未作出具体规定。事实上,家庭、社会和政府应共同承担对老年人的义务已经成为一种共识。而《老年法》的相关条文其实是为社会养老服务提供了一种法律上的制度框架,这种制度框架是老年人权益保护的重要机制。社会服务是除家庭和政府之外的维护老年人权益、满足老年人需求的重要力量,而且在实践中发挥着越来越重要的作用。因此,各地方立法时应该将"社区服务"和"社会志愿者为老年人服务"等机制纳入老年人立法,为社会力量参与老年服务提供法律上的制度空间。

除了以上对西藏自治区现有的老年人立法,即《西藏自治区实施〈中华人民共和国老年人权益保障法〉办法》进行的分析之外,笔者还想结合我国《老年法》未来的立法发展趋势,对西藏自治区未来的老年人立法提出以下一些建议。根据我国第六次人口普查的结果,我国的老年人已经达到1.77亿,占到了总人口的13.26%,较之第五次人口普查时的比重上升了2.93个百分点。随着我国老龄化形势的日益严峻,我国《老年法》的修订已经被提上了议事日程。而西藏自治区目前60岁以上的老人也已经达到20余万人,占全区总人口的比例接近10%,亦即接近了老龄社会的指标。在全区的老年人口中,城镇"三无老人"[①]有2340名,农牧

---

① 城镇"三无"老人指的是具有城镇户籍、无劳动能力、无生活来源、无赡养人和扶养人的,或者其赡养人和扶养人确无赡养能力或扶养能力的老年人。

区五保对象共1.3万余名。受地理、历史、经济等因素影响,西藏社会福利事业发展严重落后于经济社会发展的矛盾仍相当突出。① 因此,无论是具体落实《老年法》的修订,还是应对自治区自身老年人口的变化趋势,西藏自治区关于老年人的地方立法在未来进行相应的修订与完善都势在必行。

目前,我国《老年法》的修订工作已经基本完成。根据媒体和相关专家学者的介绍,新《老年法》草案(以下简称"草案")主要有三大亮点②:第一,更加强调对老年人的精神关怀。"草案"新增加了"精神慰藉"一章,其中有这样的规定:家庭成员不得在精神上忽视、孤立老年人;此外,还特别强调了"与老年人分开居住的赡养人,要经常看望或者问候老人"。无疑,在人口流动性不断增大,空巢老人日益增多的情况下,这样的规定是很有现实针对性的。尽管一些人认为这样的规定有"道德法律化"之嫌,认为将"孝顺老人"这样的道德要求用法律加以规定,在法律的解释和执行方面将产生许多问题和困难。依笔者之私见,认为凡是法律就一定要能够量化并能够强制执行实则是一种对于法律的较为狭隘的理解,也是一种将法律与道德对立起来的狭隘看法。其实,许多法律条文都具有价值宣示的作用,同时也为相关主体创设了法律上的权利与义务,将所涉主体的相关行为纳入了法律调整的范围。对老年人的精神慰藉之规定就是这样的法律规范。一方面,它为赡养人创设了在精神上关心老年人的法律上之义务;另一方面,老年人对于其赡养人在精神方面疏于关心自己的过分行为若想寻求法律之救济,则该规定就为老年人提供了法律上的依据。因此,西藏自治区未来对《老年法》的修订,同样应该规定对老年人的精神照料。第二,"草案"特别强调了社会养老责任。从"社会保障"一章里拆分出了部分内容,"草案"另外单独形成了"社会照料"一章,其中主要规定了对高龄老人、生活不能自理的老人,以及不能和子女居住在一起的老人生活照料给予社会帮助,并逐步实现社会照料专业化。在家庭结构发生变化、家庭养老功能逐渐淡化的现状下,强调社会养老责任无疑是明智的。但社会养老责任的具体落实还存在着观念支持、资金来源、人员缺口及政策配套等诸多方面的困难,因此需要各地方的立法针对这些问题进行细致规定。例如,对养老服务机构的鼓励、扶持政策应如何加以明确和细化,对老年人享受社会照料的具体标准之

---

① 新华网:《西藏60岁以上老人占总人口近10%》,http://www.cncaprc.gov.cn/info/8668.html,下载日期:2012年3月9日。
② 侯文学:《新"老年法"值得期待》,http://news.ifeng.com/opinion/gundong/detail_2011_1/06/4027857_0.shtml,下载日期:2012年3月9日。

设定等。这同样也是西藏自治区未来关于老年人立法应该下大力气研究和解决的问题。第三,"草案"还涉及逐步建立和完善老年人社会福利制度问题。例如,80岁以上老人"高龄津贴"就有望实现全国统一。如笔者在前文所述,西藏自治区现行的《办法》中对各个年龄段的老年人的补贴标准已经作出了较为细致的规定。但未来要配合《老年法》的修订,自治区立法对于补贴的具体发放办法和相关程序还有必要作出详细且切实可行的规定。

此外,笔者对于未来自治区《老年法》的修订在立法技术上还有一点建议:为老年人、老龄工作者、老年志愿服务者、司法工作者等寻法之方便,在修订关于老年人的《办法》时,可以采用转介条款的方式,将相关问题的现有规定加以指引。对于转介条款,我国台湾学者苏永钦先生曾有过较为深入的研究与阐释。他举出了我国大陆《合同法》第52条第5款作为转介条款之实例。我国大陆《合同法》第52条第5款规定了"违反法律、行政法规的强制性规定"作为合同无效的一种原因。① 在此,"违反法律、行政法规的强制性规定"既然可以作为《合同法》上判定合同无效的原因,那么除《合同法》以外的"法律、行政法规的强制性规定"在《合同法》上就获得了适用之空间。可见,转介条款作为一项立法技术,其重要作用之一即在于引入对其他法律的适用。我们知道,老年人权益的法律保护涉及众多的法律法规,例如,《婚姻法》、《社会保险法》、《农村五保工作条例》等。自治区未来关于老年人的《办法》之修订当然要考虑到和以上相关法律法规的协调与配合问题,但又不必进行立法上的重复规定。那么,一个可行的方案就是采用转介条款的方式,可以分别规定:老年人在婚姻家庭方面享有我国《婚姻法》和自治区相关法规所规定的一切权利;老年人享有《社会保险法》和自治区相关法规所规定的基本养老保险制度之相关权利;符合条件的老年人有享受农村"五保供养"的权利。这样既可以避免法条的重复规定,又为当事人寻找相关法律提供了明确的指引。

老年人的生存现状往往会影响其所在社会中育龄人口的生育观念,进而会在长远意义上影响这个社会的全面发展。西藏自治区作为我国的一个少数民族聚居区,制定出配合《老年法》并符合自治区区情的切实可行的老年人法规尤其具有重要意义。但愿笔者以上的抛砖引玉之论能为西藏自治区未来修订老年人相关立法提供些微参考。

---

① 苏永钦:《民事立法与公私法的接轨》,北京大学出版社2005年版,第29页。

西藏自治区实施《中华人民共和国老年人权益保障法》办法

西藏自治区人大常委会公告[2005]8号

（西藏自治区八届人大常委会第二十次会议于2005年9月28日审议通过，自2006年1月1日起施行。）

第一条 根据《中华人民共和国老年人权益保障法》和有关法律法规，结合西藏实际，制定本办法。

第二条 本办法所称老年人，是指60周岁以上的公民。

第三条 自治区保护老年人在政治、经济、文化、社会和家庭生活等方面依法享有的权益。

老年人有从国家和社会获得物质帮助、享受社会发展成果等权利。

第四条 县级以上人民政府应当将老年事业纳入当地国民经济和社会发展规划和计划，根据当地经济发展水平和老年人口规模，将老年事业经费纳入财政预算，使老年事业与经济、社会协调发展。

自治区财政部门应当在国家发行的福利彩票公益金中，每年安排15％的资金用于老年人事业。

老年事业经费专款专用，任何单位和个人不得截留、挪用。

第五条 县级以上人民政府应当协调有关部门做好老年人权益保障工作，并对保障老年人合法权益做出显著成绩的单位、家庭和个人给予表彰奖励。

各级民政部门、老龄委员会、老年人工作机构和老年人协会应当按照各自职责，做好老年人权益保障工作。

乡（镇）人民政府和村（居）民委员会应当确定分管老年人权益保障工作的人员。

第六条 保障老年人合法权益是全社会的共同责任。自治区各级国家机关、社会团体、企事业单位、村（居）民委员会、家庭和公民，都有保障老年人合法权益的义务。

自治区各新闻媒体应当积极开展敬老、爱老、养老的宣传,对侵犯老年人合法权益的行为进行舆论监督。

第七条 县、乡、村(居)民委员会和社区等应当设立老年人协会或者其他老年人组织。老年人协会和老年人组织应当反映老年人的要求,开展维护老年人权益的法制宣传教育活动,为老年人服务。

第八条 每年农历九月九日为自治区老人节。节日期间,各级人民政府、有关单位及社会团体应当积极开展形式多样的敬老、爱老、助老活动。

第九条 老年人有权依法通过遗嘱、遗赠和扶养协议等形式,处理自己的合法财产。

老年人承包的土地、林木、草场,养殖的牲畜、家禽等,赡养人有义务为其经营管理,收益归老年人所有,任何人不得侵占、骗取、哄抢、私分或者破坏。

第十条 老年人的婚姻自由受法律保护。老年人离婚、再婚,子女或者其他人不得干涉或者歧视。子女不得因其赡养的老人再婚而拒绝履行赡养义务,不得妨碍老年人再婚后的家庭生活和对财产的处分。

第十一条 老年人与配偶有相互扶养的义务。

老年人有权要求子女或者有赡养义务的孙子女、外孙子女赡养;子女或者有赡养义务的孙子女、外孙子女、遗赠扶养义务人应当主动关心、照料年迈病残或者丧失自理能力的老年人,不得侮辱、虐待、遗弃老年人。

第十二条 对无经济收入、生活确实困难的城镇老年人优先享受自治区城市居民最低生活保障待遇;对农牧区无劳动能力、无生活来源、无法定扶养人的老年人,当地基层组织应当将其纳入保吃、保穿、保住、保医、保葬的五保供养范围。

对城乡特别困难的老年人,应优先给予资金和物资的救助。

政府鼓励孤寡老年人与社会团体、村(居)民委员会或者个人订立遗赠扶养协议。

第十三条 离退休人员按照国家和自治区规定享受的住房、养老、医疗等生活待遇以及政治待遇,任何单位和个人不得擅自降低或者取消。应当发给离退休人员的各种费用,有关单位应按时足额发放。

第十四条 国家机关、社会团体、企事业单位应当根据老年人的意愿和专长,鼓励支持其依照国家规定开展经济、科技、教育、法律等服务活动和社会公益活动。

第十五条 各地应当大力发展老年人事业,积极建立福利院、敬老院、老年活动中心、老年服务站等老年服务设施,开展各项有益于老年人身心健康的活动;老年服务设施不得改作他用。

各级人民政府应当结合本地实际,将老年服务设施、福利设施和活动场所的建设,纳入城镇建设规划,并组织实施。

鼓励、支持社会组织和个人兴办各类老年福利机构。

在开展老年活动中,应当执行民族政策,尊重民族习惯,倡导并支持移风易俗。

第十六条　各级人民政府应当鼓励、引导老年人生活用品的生产、经营,发展为老年人服务的产业,方便老年人的生活。

第十七条　公共交通行业应当为老年人在购票、乘车、乘机、托运行李、进出站(港)等方面提供方便。

第十八条　卫生部门应当重视老年病的预防、治疗与研究,采取多种形式普及老年人医疗保健知识,增强老年人自我保健意识;鼓励医疗机构为老年人进行体检、义诊;老年人在挂号、检查、治疗、取药等方面享受优先待遇;有条件的医疗机构应当设立老年人门诊、老年人家庭病床,对行动不便的老年人出诊到户。

有条件的地方卫生医疗服务机构为老年人建立健康档案、提供医疗护理、健康检查、保健咨询等多种形式的服务;对90周岁以上的老年人,当地卫生医疗部门应当每年组织为其免费常规体检。

第十九条　新建或者改造城镇公共设施、居民区和住宅,应当考虑老年人的特殊需要,配套设计、建立老年人活动场所等为老年人服务的设施。

第二十条　文化、教育、体育等部门应当支持老年人开展适合其特点的文化、教育、体育、娱乐活动。

第二十一条　自治区人民政府民政部门对60周岁以上的老年人发给《西藏自治区老年人优待证》,持此证的老年人,在我区行政区域内享受下列优惠待遇:

(一)优先购买车票、飞机票,优先上车、登机;

(二)到医疗机构就医,优先挂号、就诊、取药、住院,并免收普通挂号费;

(三)半价乘坐市内公共交通车;

(四)免费使用收费厕所;

(五)免费进入公园、博物馆、展览馆、图书馆、纪念馆、老年活动中心;

(六)进入旅游景区(点)门票免费。

县级以上人民政府根据本地条件,可以扩大老年人享受优惠待遇的范围。

第二十二条　对80周岁以上的老年人,自治区人民政府颁发《寿星证》。对百岁以上的老年人,每人每年发放不低于800元的健康补贴;对90至99周岁的老年人,每人每年发放不低于500元的健康补贴;对80至89周岁的老年人,每人每年发放不低于300元的健康补贴。老年人健康补贴所需资金纳入自治区各级财政预算,离退休老年人健康补贴由民政部门协同工资关系所在单位发放;城乡老年人健康补贴由县级人民政府组织发放。

第二十三条 各级人民政府及其有关部门应当逐步建立和完善农牧区医疗制度。农牧区老年人可以免交个人医疗筹资款项,有条件的地方,由集体经济组织给予适当帮助;没有条件的地方,当地人民政府给予补贴。

第二十四条 老年人合法权益受到侵害时,有权要求有关部门加以制止、处理和保护,或者向人民法院提起诉讼。

任何单位和个人都有制止、检举、控告侵害老年人合法权益行为的权利和义务。

司法机关和法律服务机构应当为老年人提供优先服务。司法机关对经济确有困难的老年人实行诉讼费的缓交、减交或者免交。法律援助机构对无力支付法律服务费的老年人实行无偿法律援助。

司法机关和有关部门对侵害老年人合法权益的行为应当依法及时查处,不得推诿、拖延。

第二十五条 对不履行老年人权益保障职责的部门或者单位,由其上级主管部门给予批评教育,责令改正;有关部门或者单位的工作人员失职、违法,致使老年人合法权益受到损害的,对责任人员依法给予行政处分;构成犯罪的,依法追究刑事责任。

第二十六条 老年人与家庭成员因赡养、扶养或者住房、财产发生纠纷,可以要求家庭成员所在单位或者居民委员会、村民委员会调解,也可以直接向人民法院提起诉讼。

调解前款纠纷时,对有过错的家庭成员,应当给予批评教育,责令改正。

人民法院对老年人追索赡养费或者扶养费的申请,可以依法裁定先予执行。

第二十七条 干涉老年人婚姻自由,或者因老年人婚姻关系变化而拒不履行赡养义务的,由赡养人所在单位或者居民委员会、村民委员会给予批评教育,责令改正;构成犯罪的,依法追究刑事责任。

第二十八条 对侮辱、虐待、遗弃老年人的,由有关单位或者组织给予批评教育;违反治安管理规定的,由公安机关依法给予治安管理处罚;构成犯罪的,依法追究刑事责任。

第二十九条 本办法自2006年1月1日起施行。

后 记

壬辰年春日,乍暖还寒。我终于提笔为这本在我博士论文基础上改进完成的书稿写后记了。我的思绪不由又重新回到了写作论文的那个时空中。那是一个很纯粹的时空,远离了浮世的喧嚣,光阴就在芙蓉湖的波光和木棉花的艳影中穿梭。与我在厦大三年读书生活相伴的还有那和厦大校园一墙之隔的南普陀寺早晚的钟声以及寺门前那一池幽静的莲花,还有那将厦大的莘莘学子迎来送往的多情的凤凰花,还有那图书馆窗外的树木,叶子在阳光下熠熠闪光,还有丰庭公寓窗外清脆的鸟鸣。正是这样一个纯粹的时空,使我可以进行一种纯粹的思考和平静地写作。

我关注老年人法律保护问题并以老年人监护制度为题进行博士论文写作,是基于两个方面的动因:首先,是出于对现实的忧虑。也许不需要列举数据,我们在日常生活中就已经能真实地感受到我国社会的老龄化状况。在公交车上,在公园里,在集市上,日益增多的老年人的身影随处可见。我在想:我们社会中越来越多的老年人如何才能够得到其他社会成员的关心,并受到来自法律的护佑。目前有一个较为明显的事实是,我们重幼轻老,我们整个社会给予老年人的关心远远不及给予未成年人的。但同时,也存在着另外一个无情的事实,那就是我们每个人的肉身都注定要去分别经历幼、壮、老这三个阶段,在岁月中慢慢变老。换句话说,幼、壮、老三个阶段共同组成了个体生命的完整历程。但是,个体生命在"老"和"幼"这两个阶段都处于弱势状态,我们往往关注"幼"之弱势,却常常忽略了"老"之弱势。而事实上,关注老年人就是关注每一个个体生命的人生去向。所以,我希望通过自己的写作,引起更多对于老年人的关心与关注。对社会老龄化以及老年人问题的现实之忧又促使我进行学理上的深入思考,这种思考激发了我写作本书的另一个动因,一个学理上的动因,那就是向以理性主义为其根基的现代行为能力制度宣战。因为,老年人之所以被忽略,很大程度上就在于理性主义对人的评判标准,即它仅以理性程度作为拣选法律保护对象的弱势者的唯一标准。那么,经由这个标准拣选出的弱者都是理性上的弱者。而现代监护制度又是以这种理性主义的行为能力制度为其逻辑前提的。也就是说,现代监护制度保护的也仅仅是那些被行为能力制度的理性主义标准所拣选出来的理性上的弱者。但常识告诉我们,老幼之弱,并非仅仅是理性之弱,而事实上还伴随着体能之弱。同时,在本不应该处于弱势的壮年人群中,事实上也存在着理性上的弱者和体能上的残障者,即精神障碍者和残疾人。而理性主义的行为能力制度仅仅选择了未成年人和成年人中的精神障碍者将其交由监护制度加以保护,而将其他事实上处于弱势者排除在了监护制度的保护之外。这就不得不引起我们对现代行为能力制度及以其为逻辑前提的监护制度的反思。事实上,一些国家的成年监护制度改革就已经表现出了这种反思。我们发现,这些改革已经在试图扭转行为能力制度和监护制度的逻辑关系,即首先规定需要保护的弱势者受监护制度之保护,然后再认定这些弱者的行为能力状况。这显然是对理性主义的行为能力制度的反动。而我写作本书,则想抛砖引玉,以期引起在该问题上更多和更深入的反思。

　　检视自己的整个写作过程,我想说,尽管我的写作态度是诚挚的,但文中的观点难免有许多浅陋偏颇之处,有些部分的论证或许由于缺乏强有力的例证而显得单薄。这些都是我以后需要继续努力加以改进之处。当然,我也期待着学界的师友对本书提出更多的批评与意见来促使我进一步探索并不断修正自己对相关问题的理解与识见。

　　本书能够最终完成,应该感谢很多人。首先,要感谢我的导师徐国栋教授。从我选题、完成初稿到最终定稿,徐老师给了我很多高屋建瓴的指导意见,并且在我为文章收集资料的过程中,徐老师也给了我很多帮助。师恩难忘,徐老师对我的教诲并不是简单的一句"谢谢"所足以表达的。我还要感谢蒋月教授,她对我的写作也给予了很多鼓励与帮助,尤其是给我提供了对文章写作很有价值的一些资料。对她的帮助我将铭记心间。厦门大学法学院的李琦教授也是我要诚挚感谢的。我多次听过李老师的精彩讲座,从中受益良多。祝愿李老师的慧见能惠及更多厦大学子!还有几位老师也是我特别要感谢的,他们是西北政法大学的李少伟教授、刘进田教授和高在敏教授。从我硕士阶段起,几位老师就对我的学术成长寄予了关切并给予诸多帮助。尤其是李少伟教授在指导我的硕士论文时对我的鼓励给了我莫大的信心与勇气,让我在求学的道路上更加执着与坚定。在我写作博士论文的过程中,李老师和刘老师还给我提出了宝贵意见,让我很受启发。对

后　记

几位老师的恩情我将没齿不忘。当然，我的家人们也给了我最有力的支持和鼓励，尤其是我的母亲焦婉玲女士和我的丈夫黄克勤先生。没有家人们的理解和支持，我很难坚持完成自己的学业。还有许多亲朋与好友也都给了我极大的关心和鼓励，这种温暖将一直存于我心间，但是恕我不能够在此一一将他/她们的名字列出了。

本书最终能够付梓出版，我要特别感谢西藏民族学院法学院的侯明院长及其他领导和老师的关心与支持；同时，我还要向厦门大学出版社的施高翔先生和甘世恒先生致以衷心的感谢。没有他们所做的一切工作，这本书将不能够以现在的面貌呈现在读者面前。

倪　娜
壬辰年春三月于故都咸阳

图书在版编目(CIP)数据

老年人监护制度研究/倪娜著. —厦门:厦门大学出版社,2012.12
(西藏民族学院法学文库)
ISBN 978-7-5615-3514-1

Ⅰ.①老… Ⅱ.①倪… Ⅲ.①老年人-监护-社会制度-研究 Ⅳ.①C913.6

中国版本图书馆 CIP 数据核字(2012)第 161003 号

厦门大学出版社出版发行
(地址:厦门市软件园二期望海路 39 号 邮编:361008)
http://www.xmupress.com
xmup @ xmupress.com
厦门市明亮彩印有限公司印刷
2012 年 12 月第 1 版 2012 年 12 月第 1 次印刷
开本:787×960 1/16 印张:15.25 插页:3
字数:250 千字 印数:1～1 200 册
定价:32.00 元
本书如有印装质量问题请直接寄承印厂调换